KB104044

늙지 않는 뇌

늙지 않는 뇌

미국 최고의
신경과학자가 전하는
기억력의 비밀

리처드 레스탁 지음
윤혜영 옮김

The Complete Guide to Memory

유노라이프

추천사

노화와 기억에 대한 걱정을 멈추는 법

인지심리학자로서 확실히 알고 있는 것은 바로, 우리는 생각보다 '절대로 많이 늙지 않는다'라는 점이다. 특히나 생각을 담당하는 뇌는 더더욱 그렇다. 그렇다면 왜 사람들은 중년기에만 들어서도 자신의 뇌가 늙어간다고 스스로 평가절하를 할까? 일종의 자기도피 또는 변명일까? 아니면 무언가 심리적인 방어기제가 작동하기 때문일까? 게다가 이런 고민이 제대로 해소되지 않는 과정을 거듭하다 보면 궁극적으로 우리는 치매를 걱정하기에 이른다.

멀쩡히 작동하는 자동차를 보면서 '조만간 퍼질 거야'라고 근거 없이 염려하면서 새 차를 구입하는 낭비를 한다면 매우 어리석은 일일 것이다. 하물며 우리의 뇌는 새것으로 교체할 수도 없지 않은가. 언젠가부터 나 역시 나이가 들면서 이제 갓 50세 또는 60세를 넘긴 분들 중에서도 '이제 난 틀렸어', '난 이제 새로운 것을 하기에는 너무 늦었어'라고 말하는 안타까운 모습을 점점 더 많이 보게 된다. 이는 분명히 심각한 문제다.

우리가 무언가를 가졌다고 해 보자. 그것이 스마트폰이든 컴퓨터든 아니면 자동차든 말이다. 그렇다면 우리가 해야 할 일이 있다. 아마도 다음과 같을 것이다.

- 무언가를 제대로 알려면 작동방식을 이해해야 한다.
- 무언가를 제대로 쓰려면 매뉴얼을 읽어야 한다.
- 무언가를 제대로 고치려면 일종의 트러블슈팅(작업을 진행하는 도중에 문제가 발생하였을 때 이것을 진단하고 해결하는 일)을 가지고 있어야 한다.
- 무언가를 오래 사용하려면 내구성을 해치는 요인들을 알아야 한다.

이 책은 위의 네 가지 모두를 아우르는 책이다. 우리 생각의 가장 중요한, 그러하기에 뇌가 가장 많은 부분을 할애하는 '기억'을 통해서 말이다. 그런데 가장 중요한 점은 기억에 관한 학문적 지식에 그치는 것이 아니라, 그 지식을 통해 우리가 알고 싶어 하는 실제 질문들에 초점을 맞추고 있다는 사실이다. 아무리 기억에 관한 심리학과 신경과학을 많이 공부했다 하더라도 사람들이 겪는 실제 어려움이나 지니고 있는 궁금증에 대한 답을 해야 할 때에는 전혀 다른 방식으로 그 이론적 지식과 정보를 연결해야 한다. 이는 매우 어려운 일이다. 아무리 열심히 공부한 의사라 하더라도 실제 환자를 진찰하고 치료한 경험이 얼마나 많은가는 별개의 문제인 것과 마찬가지다.

예를 들어보자. 다음의 두 가지 문제가 있다. 실제로 책의 첫머리에 나오는 내용 중 일부다.

증상 1. "여행을 가려고 차에 올라탔는데, 어디로 가려고 했는지 목적지가 생각나지 않았다."

증상 2. "예전에는 카드 게임을 제법 잘했는데, 지금은 내가 어떤 카드를 이미 사용했는지 기억나지 않는다. 이제는 아무도 나와 함께 짝짓고 싶어 하지 않는다."

과연 둘 중 어느 쪽이 더 기억과 뇌에 큰 손상이 있는 경우일까? 내가 재직하고 있는 아주대학교에서 심리학과 내 다른 전공도 아닌 (기억을 전문적으로 공부하는) 인지심리학 전공 대학원생들 열두 명에게 물었더니 한 명을 제외하고는 모두 첫 번째 증상이 더 심각할 것이라고 응답했다. 하지만 리차드 레스탁의 대답은 정반대다(그 이유는 책에 자세히 나와 있으니 굳이 여기서 흥미를 반감할 필요는 없을 것이다). 게다가 나 역시도 마찬가지로 첫 번째가 더 심각한 문제라고 처음에는 생각했다. 하지만 이 책을 읽고 난 뒤 그 이유를 알게 되면서 우리 모두는 무릎을 쳤다(유일하게 B가 더 심각한 문제라고 응답한 친구가 지금까지 내 대학원 강의에서 가장 질문을 많이 한 학생이다). 이렇게 관련 분야 지식이 있는 전공자들도 문제의 경중을 가리는 데 힘들어한다. 그런데 이 책은 사람들의 실제 궁금증과 문제를 훌륭하게 풀어내고야 말았다. 그로 인해 우리가 우리 자신의 기억에 대해 지니고 있는 근거 없는 자신감과 불안감을 제자리로 돌려놓는 데 매우 중요한 역할을 한다.

인지심리학자로서 수많은 사람에게 늘 진지하면서도 명확하게 알리고자 했던 점이 하나 있다. 바로, 인간이 가장 쉽고 빠르게 불행해지는 방법에 대한 이야기다. 인간은 바꿀 수 없는 일을 바꾸려고 할 때 가장 쉽고 빠르게 불행해진다. 그리고 가장 허망하면서도 낭비적인 인생을 사는 것은 바꿀 수 있는 일을 걱정만 하면서 그대로 놔두며 사는 것이다. 마찬가지다. 신경과학자 리처드 레스탁은 우리가 나이 들면서 뇌와 노화를 걱정하는 불행을 멈추려면 무엇을 알아야 하는지 정확하게 알려 주고 있다. 이는 우리 삶에서 중요한 생각을 만들어 내는 가장 중요한 중추인 뇌에 당연히 적용되어야 하는 바다. 이 책은 기억과 뇌의 노화를 다루고 있는 것처럼 보이지만 결국, 우리 인생에 있어서 길잡이가 되어 주는 소중한 의미를 지니고 있다.

인지심리학자

김경일

프롤로그

당신의 기억력은 정상적으로 작동하는가

기억력에 신경 써야 하는 이유는 다양하다. 기억력이 매우 뛰어나면 주의력과 집중력, 추상화, 공간 시각화, 이름 짓기, 단어 및 언어 습득 기능 등이 향상된다. 한마디로 기억력은 두뇌 강화에 가장 중요하다.

오늘날 미국에서는 50세 이상이라면 누구나 알츠하이머병을 두려워하며 살아간다. 소규모 사교 모임(만찬, 칵테일 파티 등)에서는 공영 라디오 방송 NPR에서 매주 방영한 퀴즈 프로그램 〈잠깐만… 말하지 마(Wait Wait… Don't Tell Me!)〉의 한 코너를 즐기고는 한다. 모든 사람이 열광하는 최신 미니시리즈에서 배우가 연기하는 역할의 이름을 먼저 생각하기 위해 손님들이 서로 치열한 경쟁을 벌인다. 예상하건대, 누군가는 가장 먼저 정답을 말하는 사람의 답이 맞는지 확인하고자 휴대전화를 꺼낼 것이다. 다른 사람들에게 알츠하이머병의 초기 증상이 있다고 의심 받지 않도록 빨리, 더 빨리, 가장 빨리 답해야 한다.

알츠하이머병은 많은 사람이 두려워할 만큼 흔하지 않다. 그런데도 기억력 감퇴를 인지하게 되면 친구들 사이에서도 알츠하이머병을 걱정하며 이야기한다. 55세 이상의 사람들이 담당 의사에게 호소하는 가장 흔한 불평이기도 하다. 기억력 감퇴를 걱정하는 마음은 보통 정당화되지 않는 불필요한 불안감을 불러일으킨다. 그러다가 뚜렷한 근거나 이유 없이 극도의 불안감에 휩싸이면 기억력 감퇴가 알츠하이머병의 초기 증상이라는 고정 관념에 사로잡혀 갑자기 극심한 공포감을 느낀다. 이렇게 공황 상태에 빠지는 이유 중 하나는 많은 사람이 기억력을 어떻게 형성할지 혼란스러워하기 때문이다.

오늘 아침에 일어났던 일을 기억하려고 노력해 보자. 특별한 일이 아니고 평범한 일이어도 괜찮다. 이제는 그 기억을 어떻게 떠올렸는지 생각해 보자. 내가 이렇게 요청하지 않았다면, 당신은 오늘 아침에 있었던 일을 떠올리려고 노력하지도 않고 생각해 내지도 못했을 것이다. 그러나 당신은 내 요청대로 사건이나 상황을 기억하며 기억력을 복구했다.

본질적으로 감퇴한 기억력은 과거의 일을 회상하는 방법으로 기억력을 형성한다. 결정적으로 기억력은 우리 뇌에 저장된 정보를 복원하고자 노력한 현재의 최종 산물이다. 꿈이나 상상력의 창작 행위와 마찬가지로 기억은 사람마다 서로 다르다. 기억은 사람마다 개인적인 인생 경험을 바탕으로 형성하기에 개개인에 따라 명확하게 다르다. 기억은 또한 과거 사건의 사진이나 영상과도 다르다. 이러한 기술적인 사진이나 영상은 기억 자극제 역할을 할 수 있지만, 그 자체로 기억력을 형성하지는 않는다.

"당신의 기억력은 정상적으로 작동하는가?"

이 질문에 답하기 위해서 우선 정상적인 기억력 작동의 개념을 살펴보자. 그런대로 괜찮은 기억의 사례인지 아니면 잠재적으로 심각한 기억력 장애의 초기 증상인지를 확인할 수 있는 증상들은 다음과 같다.

증상 ①. "신문을 훑어보고 할인 상품을 몇 가지 고른 후, 차를 몰고 쇼핑몰에 갔다. 차를 주차한 뒤 할인 상품을 판매하는 가게로 들어갔다. 가게를 나왔을 때는 어디에 주차했는지 기억나지 않고, 찾기가 어려웠다. 붐비는 주차장에서 차를 찾기까지 몇 분이 걸렸다."

답 ❶. 이 경우는 지극히 정상적인 망각이다. 쇼핑몰로 차를 몰고 갔을 때, 구매할 할인 상품에 정신적으로 몰두했을 가능성이 크다. 이때의 집중력은 차를 어디에 주차할지와 관련된 일상적 관심사와는 거리가 멀었다. 그저 가게와 가장 가까운 곳에 우선 차를 재빨리 주차하고 가게로 급히 들어가 할인 상품을 구매하기 시작했다. 차를 주차한 위치에 전혀 집중하지 않았기에 가게에서 나왔을 때 주차 장소를 기억할 수 없었다. 200년 전 새뮤얼 존슨Samuel Johnson은 "기억력의 기술은 집중력의 기술이다"라고 말했다. 새뮤얼 존슨이 언급한 집중력은 단일 외부 개체에 정신력을 고정하는 내적 집중력이다. 주차 장소에 집중하지 못하면, 오로지 불완전한 기억만 형성하거나 이런 특정한 경우에는 전혀 기억하지 못할 수 있다. 집중력에 대해서는 나중에 좀 더 자세히 다룰 것이다.

증상 ②. "가게로 들어가서 할인 상품을 몇 가지 구매하고 나와 보니, 내가 쇼핑몰로 차를 몰고 왔는지, 누가 나를 쇼핑몰에 내려 줬는지 기억나지 않는다."

답 ❷. 이 경우는 정상적인 기억 기능에서 잠재적으로 심각한 기억력 장애의 초기 증상일 수 있다. 많은 내용(주차 위치 같은) 중 한 가지를 기억하지 못한 것이 아니라, 애초에 쇼핑몰에 어떻게 도착했는지도 기억하지 못했다. 먼저 대중교통을 이용했다면 좌석을 선택하거나 창밖을 바라보는 일, 또는 누군가가 쇼핑몰까지 데려다 줬다면 운전자와 대화하거나 라디오를 듣거나 하는 모든 상호 작용을 기억하는 능력을 상실했다.

증상 ③. "손주 이름이 기억나지 않는다."

답 ❸. 손주 이름을 기억하는 일은 일반적으로 아이들이나 손주에게 얼마나 관심을 두는지와 밀접하게 연관되어 있다. 새뮤얼 존슨이 이야기했듯이, 관심은 집중력의 토대를 형성한다. 우리는 관심이 없는 대상에 거의 집중하지 않는다. 손주에게 관심이 없어서 이름을 기억하지 못하는 일은 어쩌면 가족 간의 갈등에 잠재적 영향을 미칠 수 있지만, 반드시 기억력 장애의 징후는 아니다.

증상 ④. "나와 여동생이 만나면, 우리가 어렸을 때 함께했던 가족 행사에 대한 기억이 서로 매우 다르다."

답 ❹. 형제자매, 심지어 일란성 쌍둥이도 똑같은 경험을 공유하지 못한다. 나이나 성별, 성인, 특히 친척과의 상호 작용 등에서 생기는 모든 차이는 확실히 다른 경험으로 이어질 수 있기에 기억이 다를 가능성이 크다. 이 사례는 기억력에는 아무런 문제가 없는 경우이다.

증상 ⑤. "예전에는 브리지 카드 게임을 제법 잘했는데, 지금은 게임을 내가 다 망치고 있다. 내가 어떤 카드를 이미 사용했는지 기억나지 않는다. 이제는 아무도 나와 함께 짝짓고 싶어 하지 않는다."

답 ❺. 이 경우는 잠재적으로 심각한 기억력 장애의 초기 증상이다. 과잉 학습된 절차를 잊어버리고 부수적인 일을 수행하지 못하는 상황은 걱정스러울 수 있다. 어떤 일을 더 오래 할수록 그 일을 잊어버릴 가능성이 적다. 그렇다면 이런 걱정스러운 기억력 장애는 얼마나 많은 변화로 나타날까? 최선을 다하더라도 겨우 중간급의 실력이었다면, 현재의 위축된 결과는 중대한 기억력 문제가 아닐 수 있다. 어쩌면 그저 게임이나 함께하는 사람들이 지루해졌을 것이다. 가장 중요한 문제는 '이런 기억력 장애는 얼마나 많은 변화로 나타날까?'이다. 만약 과거에 매우 실력자였지만 현재 아무도 당신과 함께 게임하고 싶어 하지 않는다면, 자신의 기억력을 주의 깊게 살펴볼 필요가 있다.

증상 ⑥. "사무실에서 집까지 차를 몰고 가는데, 출구를 잘못 찾았다. 예전에는 그런 적이 없었다."

답 ❻. 운전은 신경과학자들이 말하는 '절차 기억(Procedural Memory)'과 관련이 있다. 한 가지 일을 여러 번 반복해서 충분히 수행하고 나면, 나중에 그 일을 할 때는 더 이상 의식적으로 집중력을 발휘할 필요가 없다. 집에서 직장까지 갔다가 다시 직장에서 집까지 되돌아오는 운전은 출구를 빠져나갈 때를 포함해 시간이 지나면서 절차 기억으로 자리 잡는다. 이런 현상은 뇌의 특정 네트워크에서 자동화된다. 이때 절차 기억은 백일몽(실현될 수 없는 헛된 공상)이나 집중력 부족, 주의력 부족으로 지워질 수 있다. 이는 또한 과도한 연습이 오히려 역효과를 가져오는 경우를 설명하기도 한다. 이를테면 운동선수들은 '득점을 올리려고 애를 쓰는 것'이 실제로 자신들의 경기력을 방해할 수 있다는 사실을 경험을 통해 배웠다. 득점을 올리려고 무던히 노력한 경우에 학습된 절차 기억은 기본적으로 수백 시간 또는 심지어 수천 시간 동안 과실행하면서 확립되었으며, 예전에 자동화되었던 의식적인 운동 프로그램으로 희미해진다. 이는 또한 '숨이 막힐 듯이 답답한 감정'의 기반이 되기도 한다. 운동선수는 자신의 경기력에 불안감을 느끼기에 스스로의 절차 기억 프로그램을 무시한다. 사무실에서 집까지 차를 몰고 가는데 출구를 잘못 찾은 사례에서 볼 수 있듯이, 기억의 다른 측면들은 서로 충돌할 수 있다.

증상 ⑦. "다른 사람들의 이름을 기억하는 일이 점점 더 어렵고 힘들다."

답 ❼. 위에서 언급한 사례들은 아마도 모든 연령대의 사람들이 저마다 기억력 걱정을 호소하는 가장 흔한 불평일 수 있다. 사람들은 행여나 치매에 걸릴까 봐 두려워하지만, 위 문제들은 사실 정상적인 기억력 범주에 잘 들어맞는 매우 흔한 현상이다. 잠시 생각해 보면, 이름은 또 다른 이름으로 쉽게 바꿀 수 있다. 이를테면 나의 이름은 리처드 레스탁이지만, 데이비드 레스탁이나 저스틴 레스탁, 심지어 세바스찬 레스탁과 같은 화려한 이름으로 쉽사리 지어질 수도 있다. 가장 중요한 사실은 이름과 얼굴 사이에 반드시 연관성이 존재하지 않는다는 점이다. 그런 이유로 이름은 기억하기가 매우 어렵고 힘들다. 나중에 자세히 살펴보겠지만, 이름과 얼굴을 관련짓는 방법은 존재한다. 조금만 연습한다면 수십 명의 이름을 기억하는 방법을 익힐 수 있으며, 소개하고자 어떤 사람의 이름을 애써 떠올리려고 노력하지만 도무지 생각나지 않는 '일시적 건망증'을 거의 겪지 않을 수 있다.

집중력 다음으로, 정상적인 기억력 작동의 두 번째 원칙은 의미 부여와 관련이 있다. 이름은 생생한 사진이나 청각적 연상 이미지와 이름 사이에 연관성을 생각해 내지 않는 한 의미가 없다. 숫자나 문자, 이미지, 연상 등의 정형화된 패턴을 이용하면 무언가를 기억하는 데 도움이 되므로, 의미를 부여하는 것은 기억술의 과학이다. 기억술의 기원은 중세 시대, 심지어 그보다 더 이른 시대로 거슬러 올라갈 수 있다. 이런 초기 역사의 일부를 1장에서 다룰 예정이다.

증상 ⑧. "나는 식료품점에 가기 전에 구매할 품목을 모두 기록해야 한다. 그렇지 않으면 한두 가지를 잊어 버린다. 하지만 나의 직업인 전문 배우로서는 80대임에도 아무런 문제가 없다. 주말에 대본을 읽고 암기하면 월요일에 프롬프트 대본을 보지 않고 리허설에 몰두한다. 어떻게 그럴 수 있을까?"

답 ❽. 전문 배우로서 그의 행동은 집중력과 동기 부여, 심사숙고, 생생한 이미지 등 이 책에서 다룰 많은 주제를 예고한다. 그가 식료품점에서 구매할 상품의 일부를 기억하지 못하는 증상은 80대의 예상 기억력 작동 범위 내에서 그런대로 괜찮은 사례이다. 나이가 들수록 쇼핑몰로 가기 전에 구매할 모든 품목을 미리 기록하지 않으면 나중에 모조리 기억하기가 점점 더 어려워진다. 다음 장에서 이야기하겠지만, 이런 문제를 해결할 방법은 있다.

전문 배우로서 기억력은 매우 흥미롭다. 새로운 대본을 읽고 암기하는 상황은 나이 든 배우에게 제2의 천성이자 자율적인 과정이다. 그가 식료품점에 가기 전에 앉아서 구매할 품목을 기록할 때 뇌가 작동하는 방식과, 앉아서 대본을 읽을 때 뇌가 작동하는 방식은 다르다. 이때의 뇌는 배우가 대사를 암기하는 데 관여한다. 식료품점에 가기 전에 구매할 품목을 기록하는 상황에서는 80대 노인으로서 기억력의 특징적인 모든 변천 과정을 겪는다.

배우로서의 경험과 일상생활에서 드러나는 이런 상반된 상황은 배우의 선택이 아니다. 하지만 대본을 읽고 암기하는 상황은 결국 배우가 수년간 학습한 결과이다. 나이 든 모든 배우가 반드시 그렇다는 말은 아니다. 대다수의 배우가 노년기에 접어들면 기억력이 떨어지는 부담을 덜고자 극장에서 공연하기를 포기하고 영화 출연을 선호한다. 하지만 노년기에 연극 무대를 어쩔 수 없이 포기해야 할 필요는 없다. 세계적으로 호평 받는 어느 80대 유명 영화배우는 무대에서 공연할 때 이어폰을 끼고 소리로 대본을 듣는다. 짐작건대, 그는 대본을 신속하게 한 번 읽고 암기할 만큼 강력한 기억력을 더 이상 발휘할 수 없기 때문일 것이다.

40대 배우에게 80대 배우의 이러한 이분법적인 현상에 관해 물었을 때, 그는 이렇게 대답했다.

"제 추측으로는 80대 배우가 대본을 읽고 암기하려고 할 때 단순히 대사를 암기하는 게 아닐 겁니다. 그는 자신이 연기할 배역의 대본을 읽으면서 특정 대사를 전달하는 배역의 동기 부여를 파악하고 그에 맞는 행동을 예측할 겁니다. 흔히 나이 든 배우는 말뿐만이 아니라 생각도 구현해서 배역의 개성을 표현하는 방식으로 연기합니다. 대본을 읽고 암기하는 대본 학습에도 '근육 기억'의 요소가 있습니다. 대본 학습은 쇼핑 목록을 기억하는 방식과 완전히 다릅니다. 무대에서 대사를 전달할 때, 배우는 맡은 배역의 동기와 의도를 교감하고자 신체와 마음을 온전히 활용합니다. 대본을 읽고 암기하는 과정은 특히 진지하고, 매우 집중해야 하고, 신중합니다. 이때, 대본의 대사는 활동적인 언어 범위를 훨씬 넘어선 뇌 영역과 연결됩니다."

증상 ⑨. "여행을 가려고 차에 올라탔는데, 어디로 가려고 했는지 목적지가 생각나지 않았다."

답변 ❾. 믿기 어려운 경험일 수 있지만, 위의 경우는 기억력이 괜찮은 사례이다. 나는 클락 그리스월드Clark Griswold와 같은 이런 경험을 과로로 피로와 스트레스가 가득 쌓여 오랫동안 아껴 둔 자신만의 긴 휴가를 일부 쓰기로 마지못해 결정한 환자에게서 들었다. 비록 환자가 휴가 준비를 대부분 직접 하고 아내가 나머지를 준비했지만, 환자의 기억력 감퇴는 불안감과 가벼운 공황 장애 증상이 드러나는 동안 발생했다. 하지만 전반적인 기억력 검사를 포함한 전면적인 의학 정밀 검사를 한 결과 환자의 기억력은 정상적으로 작동했다. 따라서 다소 기괴하게 들리는 이런 실제 사례를 기억력이 정상적인 경우라고 포함시킬 수 있다. 기억력에 대한 모든 불평 사례는 반드시 개개인이 호소하는 기억력 불평이라는 맥락에 포함해야 하는 예시로만 여길 수 있다.

한 사람이 자신의 기억력을 신뢰할 수 있는지는 각자 스스로의 기억력을 얼마나 제대로 훈련하느냐에 따라 상당히 달라진다. 이제 기억력을 어떻게 훈련할 수 있는지, 어떻게 늙지 않는 뇌로 나의 두뇌를 강화할 수 있는지 알아볼 것이다.

목차

2장 진실이 걱정을 뛰어넘는 순간

기억력의 강화

3장 쓰면 쓸수록 현명해진다

기억력의 활성화

4장 우리는 때때로 잊어버리며 산다

기억력의 손상

5장 기억하려는 의지가 당신을 만든다

기억력의 역할

6장 인생을 허비하지 않는 삶

기억력의 향상

· 1장 ·

시간은 거꾸로 돌릴 수 있다

기억력의 진실

내 기억력은 얼마나 신뢰할 만한가

비교적 증상이 가벼운 유형의 기억 상실증인 건망증은 대다수의 사람들에게 삶의 정상적인 한 부분으로 여겨진다. 한때 인식했던 중요한 일을 기억하려고 노력하지만 기억하지 못할 때마다 가벼운 유형의 기억 상실증을 경험하고 있을 수 있다. 그러므로 기억 상실증은 희귀한 기억력 장애가 아니다. 자신만은 예외라고 생각하는가? 일단 가설을 세워 검증해 보자.

오늘 점심에 무슨 일이 일어났는가? 오늘 점심에 일어난 일을 정확히 기억하는 데 문제가 없는가? 한 달 전 점심시간에는 어땠는가? 그때를 기억할 수 있다면, 아마도 그날에는 어떤 특별한 일이 일어났을 것이다. 이제 한 달을 더 거슬러 올라가 보자. 오늘부터 두 달 전 점심시간에 무슨 일이 일어났는지 기억나는가?(일부 기억술사들은 그때를 기억할 수 있다)

다시 한번 더 강조하지만, 두 달 전 점심시간에 별다른 사건이나 특별한 일이 일어나지 않았는데도 그날을 기억할 수 있다면, 이는 흔치 않은 가장 특이한 경우이다.

방금 참여한 작은 실험은 매우 중요한 점을 증명한다. 까다롭고 어려운 일에 도전할 때, 대부분은 생각보다 기억력을 제대로 발휘하지 못할 것이다. 하지만 사건이 있거나 감정적으로 자극하는 어떤 일이 기억하려고 노력하는 부분과 관련된다면, 우리의 기억력은 매우 강화될 것이다. 따라서 기억력은 무엇보다 감정적 요소에 영향을 받는다.

기억력 형성의 세 가지 조건

기억력은 근본적으로 부호화, 저장, 상기의 세 가지 과정에 따라 형성된다. '부호화 오류'를 예로 들면, 당신이 새로운 누군가를 소개받을 때 어떤 일에 몰두하거나 몽상에 빠져 있다고 가정해 보자. 이때 당신은 소개받은 사람의 이름을 기억할 가능성이 낮다. 집중력이 부족해서 기억이 형성되거나 부호화되지 못했으므로, 나중에도 소개받은 사람의 이름을 떠올릴 수 없을 것이다. 말 그대로 기억력은 형성되지 않았다.

'상기 오류'는 한 가지 정보를 성공적으로 부호화하고 저장하지만, 그 정보를 상기시킬 수 없는 현상을 가리킨다. 이 경우에 정보는 부호화될 수 있으나, 그 정보를 다시 생각해 낼 수는 없다.

부호화 오류와 상기 오류 사이의 뚜렷한 차이점은 여러 상황에 따라 정보를 생각해 내는 능력과 관련된다. 기억력 검사 과정에서 상기 오류는 매우 흔하게 발생하므로, 기억력 검사는 대부분 객관식으로 설계된다. 객관식 기억력 검사는 점수를 계산하기가 훨씬 더 수월하다. 직접적인 주관식 질문에서 생각해 낼 수 없었을 답변을 정확히 인식할 수 있기에 객관식 질문에서 답변을 더욱 잘할 수 있다.

기억력의 3단계 가운데 첫 번째인 부호화는 매우 중요하다. 이 책에서 제안하는 대부분은 기억력 부호화를 향상하는 방법과 관련이 있다. 단어를 시각적 이미지로 전환하며 기억력 부호화를 발전할수록 한층 더 자연스럽게 다가올 수 있다. 모든 기능이 정상적으로 발달한다면, 우리는 정상 시력을 갖고 태어나기에 눈으로 보는 방법을 따로 학습할 필요가 없다. 하지만 때때로 읽고 쓰는 방법은 열심히 배워야만 한다. 기억력이 뛰어나도록 강화하는 방법은 시각적 이미지를 가장 선명하고 명확하게 형성하는 것이다. 이와 관련된 내용은 3장에서 더욱 자세히 다룰 것이다.

앞에서 언급했듯이, 감정적인 요소는 생생한 이미지를 창조하고 기억력을 형성하는 데 가장 중요한 자극제이다. 만약 내가 매주 골프 시합에서 친구들을 상대로 압도적인 승리를 거두었으며, 이 사실을 모두에게 자랑하고 싶어 견딜 수 없었다고 가정해 보자. 하지만 18번 홀에서 홀 아웃하고 승리하여 열 살 난 딸이 당신을 축하해 주고자 뛰쳐나온 순간, 딸은 벌에 쏘여 심폐소생술을 받아야 했다. 다행스럽게도 아나필락시스(몸이 특정 물질에 과민 반응을 일으키는 증상)에서 완전히 회복되었다. 이때 자신에게 어떤 기억이 남아 있을 가능성이 크다고 생각하는가?

이처럼 뚜렷이 형성된 순간은 잊혀지지 않는다. 하지만 내가 좋아하는 작가 중 한 명인 조지 오웰George Orwell은 다음과 같이 말했다.

"대개 어떤 시기에 대한 기억은 그 시기에서 멀어질수록 반드시 희미해진다. 기억은 새로운 사실을 끊임없이 익히고 있으며, 오래된 기억은 새로운 기억을 위한 자리를 마련해 주고자 물러나야 한다. 하지만 기억은 과거를 새롭게 바라보고, 오래된 사실들을 각각 따로 분리하여 새로운 사실로 인지하기에, 오랜 시간이 흐른 뒤에도 오래된 기억이 새삼스럽게 더욱더 선명해질 수 있다."

시간이 지날수록 희미해지는 기억도 결국 기억력을 연마하고 유지한다면 알츠하이머병과 다른 치매의 피해로부터 가능한 한 자신을 보호할 수 있기에, 스스로의 기억력에 신경 써야 한다. 성공적으로 기억력을 강화하고 유지하려면 이 책에서 제안한 기억력 강화 방법을 매일 얼마나 적용하느냐에 따라 달라질 수 있다. 당신은 내가 제안한 기억력 강화 방법을 효과적일 뿐만 아니라 도전적으로 즐겁게 적용해야 한다. 내 기본적인 목표는 당신이 흥미를 느끼고 열정을 불태우면서 기억력을 발달시키도록 돕는 일이다.

마지막으로 한 가지 중요한 사실을 강조하자면, 현재로서는 궁극적으로 알츠하이머병이 어느 누구에게도 발생하지 않는다는 사실을 보장할 수 없다는 점이다. 유감스럽게도 나는 수년간 신경학적 진료를 보면서 알츠하이머병이나 다른 퇴행성 뇌질환에 시달리는 환자가 기억력이 고도로 조정된 상황을 보지 못 했다. 바꿔 말하면, 기억력 감퇴는 반드시 치매로 이어지지 않지만, 기억력이 뛰어난 사람은 사실상 기억력 감퇴와 치매에서 모두 벗어날 수 있다. 다시 말해서, 스스로 기억력을 강화하는 사람은 자신에게 유익한 모든 부분을 얻게 되고, 잃을 부분이 없다.

기억력을 강화시키기 위해서, 기억력을 논리적으로 판단하는 사고가 수 세기에 걸쳐 어떻게 발달했는지 알아보자. 사람들은 언제 맨 처음으로 기억력에 신경 썼을까? 어떤 방법으로 기억력을 강화했을까? 기억력의 중요성에 바탕을 둔 이론들은 무엇이며, 이러한 이론들은 오늘날 얼마나 서로 밀접하게 연관되어 있을까?

이 질문들에 답하기 위해서 지난 2000년 동안 기억력 사상가들이 내놓은 제안을 간단히 조사해 보자.

기억은 창의적 사고를 위한 도구였다

기억력을 강화하는 데 이용되는 현재의 많은 원리들은 수백 년, 심지어 수천 년 전으로도 거슬러 올라간다. 가장 현명한 사람들 중 일부는 수년간 기억력을 판단하고 기록한 모든 자료를 학습할 필요가 없다고 생각한다. 하지만 그래도 이들이 강조한 기억력 접근법과 개념에 어느 정도 익숙해진다면 오늘날 기억력을 훨씬 더 쉽게 이해하고 강화할 수 있다.

고대인들에게 기억력은 과거를 보존하는 수단뿐만이 아니라, 현재 우리에게 필요한 창의적 사고를 개발하는 도구로도 여겨졌다. 고대인들은 마음속에 새로운 사고를 구축하여 독창적이고 창의적인 사고와 서로 연관시키면서 체계적으로 정돈된 기억력을 형성하는 방법이 가능하다고 생각했다.

성 아우구스티누스Saint Augustine는 자신의 뛰어난 기억력을 이렇게 기록했다.

"기억력의 거대하고 웅장한 대저택은 감각으로 인지하고 상상할 수 있는 모든 유형의 사물에서 들여온 무수한 정신적 이미지(언어에 따라 마음속에 떠오른 감각적 이미지, 이를테면 시각적 이미지와 청각적 이미지, 미각적 이미지, 후각적 이미지, 촉각적 이미지 등으로 세분화된다)들로 소중히 보존되었다. 우리는 감각이 알리는 정보를 창의적인 사고로 확대하거나 축소하거나 어떤 식으로든 바꾸는데, 이때 기억력의 대저택에는 우리가 만들어 내는 수정된 이미지가 숨겨져 있다. 내가 인지할 수 있었던 모든 것이 하늘과 땅과 바다에 포함되어 있기에, 나는 내 기억력의 드넓은 대저택 안마당에서 하늘과 땅과 바다를 이용할 수 있다."

시모니데스의 놀라운 기억력

그리스인들은 기억력을 완벽하게 높이고자 최초로 특별한 기술을 사용한 사람들이었다.

고대 그리스의 서정 시인 시모니데스Simonides는 연회장에서 공연을 했다. 그런데 연회장이 갑자기 붕괴했고, 시모니데스는 다행히도 붕괴되기 몇 분 전에 밖으로 나갔기에 살아남았다. 시모니데스는 자신의 기억력을 이용하여 연회장에서 공연하는 동안 앉아 있었던 참석자들의 좌석 위치를 하나하나 기억해 냈다. 그럼으로써 사망한 사람들의 신원을 확인할 수 있었다. 시모니데스가 참석자들의 좌석 위치를 마음속에 그리며 정확히 말할뿐더러, 그들이 착용하고 있던 의복과 사람들마다 각기 다르게 구별되는 특징들을 명확히 식별할 수 있었다는 사람들의 말이 전설적으로 내려온다. 이런 놀라운 기억력의 성과는 기억술의 중요한 원칙을 시사했다. 로마의 정치가이자 철학자 키케로Cicero는 시모니데스의 통찰력에 관해 다음처럼 이야기했다.

"시모니데스는 연회장에서 자리에 앉아 있던 참석자들의 좌석 위치를 식별하고 그들의 신원을 기억할 정도로 기억력이 좋았다. 시모니데스처럼 기억력을 강화하고 싶다면 특정 상황에 따른 정신적 이미지를 형성해야 한다."

시모니데스는 각각 순서대로 자리에 앉아 있는 사람들의 좌석 위치를 복원하는 수단으로 좌석 배열에 따라 정신적 이미지를 형성하였기에, 이들의 좌석 위치를 기억할 수 있었다. 결국 기억력을 강화하는 데 가장 중요한 원칙은 '정신적 이미지'를 형성하는 것이었다.

창의적 사고는 정신적 이미지에서 생겨난다

기억력을 꿰뚫어 보는 그리스인의 또 다른 통찰력은 아리스토텔레스Aristotle의 데 아니마(De Anima, 영혼)로 거슬러 올라갈 수 있다. 심오한 통찰력 측면에서, 아리스토텔레스는 통찰력이 정신(현재는 두뇌라고 언급함)으로 옮겨져 '정신적 이미지(Mental Image)'로 정교해진다고 주장했다. 아리스토텔레스의 주장에 따르면, 정신적 이미지의 형성은 인장 반지(자극)로 왁스(두뇌)에 새긴 자취와 같다. 기억력은 결국 왁스와 인장 반지의 조건에 따라 달라지는 셈이다. 이러한 비유에서 경험은 인장 반지에, 왁스는 두뇌에 해당한다.

일부 나이 든 사람들은 상당한 자극을 받더라도 질병이나 나이 때문에 기억이 명확하지 않다. 매우 어린아이들도 흐릿하거나 어렴풋한 흔적을 정신적 이미지로 받아들이기가 힘들기 때문에 기억을 확실하게 해내지 못한다. 이런 이유 때문이라면 매우 어린 사람들과 늙은 사람들은 기억력이 감퇴될 것이다. 하지만 이들은 기억력이 감퇴되더라도 유동적인 상태에 놓여 있으므로 매우 어린 사람들은 기억력이 강화될 수 있고, 늙은 사람들은 기억력이 한층 더 감퇴될 수 있다.

아리스토텔레스가 상상력으로 형성한 정신적 이미지는 기억력뿐만이 아니라 모든 창의적 사고의 기초가 되었다. 아리스토텔레스는 '창의적 사고는 정신적 이미지에서 생겨난다'라고 믿었다.

기억력은 특정한 과거 경험에 따라 기억력 시스템들 가운데 일부가 작동되어 형성된다. 사람들은 각자 자신만의 독특한 기억력 시스템을 갖추고 있다. 예를 들어 북부 기후에서 자란 사람은 '흰색'이라는 단어를 '눈'과 관련지어 생각할 수 있지만, 겨울 날씨에 익숙하지 않은 사람은 '흰색'이라는 단어를 '우유'와 관련지어 생각할 가능성이 더 크다.

아리스토텔레스가 이야기한 정신적 이미지는 지난 2000년 동안 창의적 사고와 연결되면서 다양한 기억술을 발달시켰다. 이런 모든 기억술은 의도적으로 형성하고 조작한 정신적 이미지에 기반한다. 대부분의 기억력 시스템에는 기억하려고 하는 사물에 맞춰 상상력으로 정신적 이미지를 만드는 방법과 자신에게 익숙한 장소를 연결하여 기억력을 강화하는 방법이 포함되어 있다.

정신적 이미지를 사용하여 기억을 형성하는 근본에는 한 가지 핵심적인 원칙이 숨겨져 있다. 이를테면 단어를 암기해야 하는 상황에서 목록을 읽고 무작정 외우는 방법보다 단어에 따른 정신적 이미지를 떠올리는 방법이 기억하기에 훨씬 수월하다. 이때 기억력을 형성하는 근본 원칙은 본질적으로 뇌가 단어를 읽도록 설계되지 않았으며, 읽기는 누구에게나 자연스럽게 이뤄지지 않는다는 사실에 기초한다. 우리는 읽는 방법을 배워야 하지만, 그렇다고 해서 우리 주변에 존재하는 사물과 사람들에 적합한 정신적 이미지를 형성하는 방법을 학습하지는 않는다. 역사적으로 읽기는 오로지 고대 이집트의 상형 문자와 페니키아 문자, 그보다 훨씬 더 뒤를 이은 구텐베르크 인쇄기의 출현과 함께 점진적으로 진화했다.

결과적으로 기억력 향상에는 정신적 이미지를 형성하는 방법이 단어를 읽고 암기하는 방법보다 더 중요하기 때문에, 이름에 맞춰 정신적 이미지를 형성한다면 어떤 이름이든 가장 수월하게 기억할 수 있다. 하지만 이러한 방법이 효과적이기 위해서는 정신적 이미지를 완전히 명확하게 시각화해야 한다.

키케로는 "정신적 이미지를 명확하게 형성하려면, 밝은 조명으로 연회장의 수많은 좌석을 밝게 비춰야 하고, 좌석을 적당한 간격으로 떨어뜨려 순서대로 분명하게 배치해야 한다"라고 주장했다. 앞에서 나온 연회장과 관련하여 정신적 이미지를 명확하게 형성하려면 키케로의 말처럼 '적극적이고, 선명하고, 독특하며, 신속하게 정신을 꿰뚫어서 관통하는 능력'을 갖춰야 한다.

수세기 동안 다양한 전문가들은 기억력을 강화하는 데 취할 수 있는 여러 방법들을 언급했다. 먼저 13세기 유창한 작가이자 수사법(산문의 작문법) 전문가인 본콤파그노 다 시그나Boncompagno da Signa는 1190년대 중반부터 1230년대까지 볼로냐대학교에서 수사학을 강의하면서 기억력에 관한 가장 설득력 있는 정의를 다음과 같이 제시했다.

“기억력은 우리가 과거를 회상하고, 현재를 이해하며, 과거와 유사한 경험을 통해 미래를 심사숙고하도록 자연이 우리에게 주는 영광스럽고 경이로운 선물이다.”

800년이 지난 후에도 기억력을 이렇게 우아하고 간결하게 규정한 사람은 아무도 없다. 시그나는 기억력을 강화하는 12가지 특징으로 사색과 연구, 토론, 논의, 대화, 개혁, 변화, 습관, 경쟁, 비판에 대한 두려움, 칭찬을 향한 갈망, 탁월함에 대한 야망을 제시했다. 시그나는 심지어 강력한 기억력을 형성하는 데 방해가 되는 다섯 가지 정신 상태로 쓸모없는 걱정과 탐욕스러운 야망, 우리에게 소중한 사람들에 대한 불안감, 적당하지 못한 음주, 과식을 꼽았다.

12세기 후, 기억술은 수도자들이 오래된 기억력 시스템을 전반적으로 바꾸고자 손으로 직접 쓴 책이 개발된 덕분에 빛을 잃게 되었다. 책에서 찾아볼 수 있는데, 왜 무언가를 애써 기억하려고 노력하겠는가? 하지만 16세기 동안, 기억술은 마르실리오 피치노Marsilio Ficino와 조반니 피코 델라 미란돌라Giovanni Pico della Mirandola 덕분에 부활했다. 이 두 사람은 피렌체 사회에서 메디치 가문을 둘러싼 훌륭한 집단의 일원이었으며, 또한 신플라톤주의로 알려진 운동의 공동 창설자이기도 했다.

신플라톤주의는 고대이집트의 예언자 헤르메스 트리스메기스투스Hermes Trismegistus가 저술한 헤르메스주의 책《헤르마티카》에 기반을 두고 있다. 마르실리오 피치노가 주장한 바에 따르면, 또 다른 신플라톤주의자 트리스메기스투스는 조각가가 돌을 새기거나 깎아서 형상을 만드는 방식과 마찬가지로, 상상력으로 형성한 정신적 이미지가 정신을 완전히 변화시킬 수 있다고 적극적으로 제안한 덕분에 카리스마적인 인물이 되었다. 따라서 고귀하고 고무적인 정신적 이미지는 정신을 신령스럽게 만들고 '진정한 지혜'를 획득하는 수단이 될 수 있었다. 이러한 신념을 바탕으로, 마르실리오 피치노와 조반니 피코 델라 미란돌라가 기억된 자료를 복원하기 위해 선택한 견본은 종교적이고 신비적인 개념으로 구성되었다.

기억력 시스템의 창조자로 유명한 조르다노 브루노Giordano Bruno는 자신이 집필한 두 도서《그림자》와《도장》을 통해 우주적 힘과 접촉하여 정신을 조직화하는 다양한 기술을 설명했다. 흥미롭게도,《도장》은 뇌의 신경 세포망에 관해 현대에 서술한 내용과 놀라울 정도로 매우 유사하다.

기억력의 핵심은 집중력이다

볼로냐대학교 교수인 줄리오 카밀로Giulio Camillo는 1532년, 특출나게 강력한 기억력 시스템을 통해 정신을 변화시키는 방법을 제안했다. 바로, 줄리오 카밀로의 〈기억 극장〉이다. 이것은 16세기 유럽에서 알려지게 되었으며, 고대 로마 원형 극장의 형태를 따서 나무로 만든 기억의 궁전으로 구성되었다. 극장의 모습과 기능을 이해하고 싶다면, 플라투스 보시스Flatus Vocis가 제작한 유튜브 채널 마리오 팔리니Mario Fallini의 '개념주의와 줄리오 카밀로'라는 짧은 영상을 자세히 살펴보길 바란다.

기억력을 형성하고 지혜를 얻는 경험

카밀로의 기억 극장에서는 기억술을 대표로 수행하는 관객이 위에서 아래로 뻗은 7개의 통로마다 7단 구조로 배열된 좌석들을 마주보면서 무대 위에 서 있다. 7개의 통로에는 각각 7개의 행성을 나타내는 문이 있다. 이러한 문들은 유대교 신비주의 카발라와 헤르메스, 영적 세계 형상 등의 이미지로 장식되어 있다.

기억 극장의 각 좌석 밑면에는 서랍이 있는데, 서랍 안에는 그 당시에 알려졌거나 심지어 잠재적으로 인식할 수 있는 모든 것을 상세히 설명하는 카드가 들어 있다. 카밀로는 기억 극장을 통해 "좌석 위치와 정신적 이미지의 원칙을 이용한다면, 우리는 전 세계에 존재하는 모든 사물과 인간 개념을 완전히 익히고 기억할 수 있다"라고 기록했다.

카밀로는 기억 극장을 묘사할 때, 기억력을 형성하고 지혜를 얻는 과정을 울창한 숲에서 몰두하는 경험에 비유했다. 누구나 처음에는 숲 전체를 바라보고 싶은 욕구가 주변 나무들 때문에 좌절된다. 하지만 경사지를 따라 올라갈 수 있는 방법을 찾아낸다면, 그때는 숲의 대부분을 바라볼 수 있게 된다. 산꼭대기에 다다르면 숲 전체를 바라볼 수 있다. 카밀로는 "나무는 우리가 사는 이 세상인 하계이고, 경사지는 천국을 초월한 천상계이다"라고 주장했다. 카밀로의 숲 비유는 그가 기억 극장을 낮은 곳인 하계에서 더욱더 영적인 천상계로 올라가는 방법을 제공하고자 의도했다는 사실이 확연히 드러난다.

"하계에 존재하는 사물들을 이해하기 위해서는 우리가 하계에 존재하는 사물들을 더욱 확실하게 인식할 수 있도록 더욱 높은 천상계로 올라가야 한다."

카밀로가 구성한 목조 기억 극장은 현재 사라졌지만, 신과 인간 사이의 소통을 통해 인간이 신의 삶에 참여하는 활성화된 르네상스식 정신을 나타냈다. 카밀로와 그의 추종자들은 인간이 기억력 덕분에 실세계(공상이 아닌 현실 세계)와 신명계(신명들이 사는 세계)를 연결할 수 있으므로 신적 능력을 갖추었다고 믿었다. 카밀로는 "좌석 위치와 정신적 이미지의 원칙을 이용한다면, 우리는 전 세계에 존재하는 모든 사물과 인간 개념을 완전히 익히고 마음에 담아 둘 수 있다"라고 기록했다.

이러한 주장에 따라 정신적 이미지는 충분한 능력으로 마음에 각인되는데, 이렇게 각인되는 사람은 기억력 덕분에 실세계의 외부 모습이 영적으로 통일된다고 본다. 어쩌면 기억력의 역사적 측면에서 세계적 권위자인 프랜시스 예이츠Francis Yates의 다음과 같은 주장이 맞을지도 모른다.

"줄리오 카밀로가 기억 극장에서 이끌어 낸 정신적 이미지는 관람자가 우주의 내용 전체를 한눈에 읽어내며 정신적 이미지를 점검하는 현상을 가능하게 했다."

지금까지 논의된 모든 기억력 강화 방법은 집중력과 반복 학습이 매우 중요하다는 사실을 강조한다는 점에 주목해야 한다. 기원전 400년에 쓰인 다이알렉시스Dialexis의 고대 유고 단편에는 "당신이 정신을 가다듬어 집중력을 발휘한다면, 정신을 통한 사건이나 상황들은 더욱 잘 판단되고 인식될 것이다"라고 기록되었다. 나중에 성 아우구스티누스는 기억력을 정신이라는 위장에서 일어나는 현상의 일종인 '정신적 소화(Venter Amimi)'로 언급했다. 성 아우구스티누스는 특정한 글을 읽고 다시 읽으면서 기억력을 형성하는 현상을 '소가 되새김질하는 행위'에 비유했다. 이런 표현에 따르면, 독자들은 본문 내용을 마음속으로 깊이 생각하면서 큰소리로 읽고 다시 읽으며 확실하게 소화하고 기억할 수 있다.

오래 전부터 집중력은 '아무 생각이 없는' 운동이라기보다는 오히려 상상력과 혁신, 발명으로 이어지는 창의적 행동으로 여겨졌다. 기억력에 관한 국제적 권위자인 메리 카루더스Mary Carruthers는 "고대부터 기억술은 우리가 현재 창의적 사고라고 칭하는 부분을 선택하고 복원하기 위한 조사 도구로 여겨졌다. 또한 기억술은 이전에 배운 것들을 발견하고 재구성하는 발명의 도구로도 활용되었다"라고 주장했다.

정신적 이미지를 극적으로 과장하라

14세기 캔터베리 대주교인 토마스 브래드워다인Thomas Bradwardine이 정신적 이미지를 형성하기 위해 특별히 지시한 구체적인 지침은 다음과 같다.

"인간이 집중적으로 학습하는 부분들은 마음속에 강하게 남아 더욱 깊이 기억되고 더욱 잘 유지되기 때문에, 정신적 이미지는 경이롭고 강렬해야 한다. 인간이 집중적으로 학습하는 것들은 대부분 적당하지 않고 극도로 아름답거나 못생기고, 기쁘거나 슬프고, 존경하거나 조롱할 만한 가치가 있고, 대단히 위엄 있거나 비열한 것들이다."

다시 말해서, 정신적 이미지가 기억되기 위해서는 가능한 한 극적으로 과장되어야 한다.

우리의 기억력에 대해 잠시 생각해 보면, 브래드워다인의 조언은 사실로 밝혀진다. 우리는 기억력이 형성되는 순간에 우리의 감정을 불러일으키는 것과 사건들을 기억하는 경향이 있다. 따라서 어제 점심에 무엇을 먹었는지는 기억하지 못할 수도 있지만, 음식점으로 차를 몰고 가는 동안 경험한 아슬아슬한 사고는 매우 뚜렷하게 기억할 것이다. 야코부스 푸블리시우스Jacobus Publicius는 1475년에 출간된 《기억술》에서 "극단적인 것들은 평균적인 것들보다 훨씬 더 강한 힘으로 인간의 감각과 정신을 흥분시킨다"라고 말했다. "왜냐하면 위대하거나, 믿을 수 없거나, 예전에 보지 못하거나, 새롭거나, 진귀하거나, 여태껏 들어보지 못하거나, 개탄스럽거나, 이례적일 정도로 특출하거나, 외설적이거나, 독특하거나, 매우 아름다운 것들이 우리의 마음과 기억, 추억에 매우 깊은 감정을 전달하기 때문이다"라고 이야기했다.

수세기 동안, 다양한 물건들이 기억력 형성을 위한 장소 표적으로 이용되었다. 메리 카루더스는 자신의 저서 《중세 기억술》에서 "고대 작가들이 기억력 형성을 위해 추천한 건축 양식인 가정적이고 친숙한 유형의 로마 집은 성궤나 성막, 천국 도시의 신전, 우주 자체 등과 같이 성서의 묘사에서 파생된 신성한 건축물로 대체되었다"라고 주장했다.

그리스의 수사학자로 알려진 스켑시스의 메트로도로스Metrodorus는 황도대에 존재하는 열두 별자리를 바탕으로 기억력 시스템을 고안하고자 자신이 지식적으로 능통한 점성술에 의존했다. 황도대에 존재하는 열두 별자리에는 10도씩 세 개의 동일한 부분으로 나누어진 한 별자리의 한 구간인 십분각(데칸)이 포함되어 있다. 점성술 별자리와 별자리를 수반하는 세 개의 십분각은 기억력 형성을 위한 공간 표적으로 작용했다. 공간 표적의 수를 증가시키기 위해 메트로도로스는 십분각마다 배경 이미지 10개를 할당했다. 그 결과 메트로도로스가 기억 보조 장치로 활용할 수 있는 공간 표적은 100부터 360까지 일련의 번호가 산출되었다(황도대에 존재하는 열두 별자리 각각에 세 개씩 포함되어 있는 십분각과 십분각마다 각각 할당된 이미지 10개를 곱한다).

퀸틸리안은 "메트로도로스는 태양이 지나가는 열두 별자리에서 공간 360개를 발견했다"라고 말했다. 또한 모든 공간이 순서대로 배열되어 있었기에, 메트로도로스는 모든 공간을 번호에 따라 얼마든지 찾아낼 수 있었다. 이러한 체계를 이용하여 메트로도로스는 방대한 양의 자료를 기억하는 매우 놀라운 기억력을 형성할 수 있었다.

아마도 이 시점에서 당신은 '휴! 이제 그만 해. 너무 재미없어. 지루하고 답답한 내용이야'라고 생각할지도 모른다. 당연히 그럴 수 있다. 하지만 이런 내용들은 그저 특정 신비주의자들과 철학자들이 제안한 기억력 형성 방법을 넌지시 알려준 것뿐이다. 앞으로 자세히 살펴볼 테지만, 이처럼 아주 오래되고 명예로운 기억력 시스템과 신념은 다소 변화되었고 오늘날에도 여전히 기억술의 기본적인 신조로 남아 있다.

정확한 답을 찾도록 돕는 인식 기억

지금부터는 중세 기억술사(기억술을 전문적으로 사용하는 기억력 수행자)들이 수행했던 기억술에 대한 개인적인 경험을 나누려고 한다. 2장에서는 자신만의 개인적인 기억 시스템을 구축하는 쉬운 방법을 제시할 것이다. 기억 시스템을 구축하는 방법은 앞으로 더 자세히 설명하겠지만, 우선 맛보기로 간단히 언급하자면 다음과 같다.

가장 먼저 무작위로 선택한 다섯 가지 명사를 기억하려고 노력해 보자. 그런 다음 명사에 대한 자신만의 정신적 이미지를 형성해 보자. 이를테면 당신의 집에 있는 방 안 한 곳에 가구를 놓듯이, 당신에게 익숙한 다섯 가지 공간에 스스로 형성한 다섯 가지 이미지를 각각 놓는다. 그리고 익숙한 공간을 차지하는 사물을 마음의 눈으로 살펴보기를 시도한다. 이런 과정을 성공적으로 해낼 수 있다면, 그때부터는 정신적으로 한 공간에서 다른 공간으로 쉽게 이동하면서 사물을 놓은 위치에서 사물들을 관측할 수 있어야 한다.

단계별로 상상력을 펼쳐라

나는 씨앗과 적군, 기차, 저글링하는 사람, 시계 등과 같은 다섯 가지 단어를 완전히 무작위로 선택했다. 또한 내가 형성한 정신적 이미지를 저장할 공간으로는 내 책상과 대기실, 대기실에서 출입문으로 통하는 복도, 건물 입구, 마지막으로 내 사무실에서 바로 길 건너편으로 보이는 박물관 등 내 사무실에서 다섯 가지 기억 공간을 선택했다.

다섯 가지 단어를 기억할 수 있는 가능성을 높이고자, 나는 내 사무실과 관련하여 극적이고 굉장히 매력적인 이미지를 만들어 냈다. 내 책상 위에 놓인 거대한 씨앗이 천장까지 길게 뻗어 있는 모습을 상상했다. 책상에서 대기실로 걸어갈 때는 칼을 휘두르는 적군과 마주쳤다. 칼을 휘두르는 적군을 슬쩍 지나쳐 대기실에서 바깥 출입문으로 통하는 복도로 몸을 피하다가 출입문을 막고 있는 빨간 기차를 발견했다. 빨간 기차의 가장자리를 따라 돌아서 출입문을 열었을 때는 건물 입구에서 보라색 의복을 갖춰 입고 오렌지로 저글링하는 사람과 맞닥뜨렸다. 사무실에서 바로 길 건너편으로 보이는 박물관을 바라본 순간, 나는 박물관이 거대한 시계로 바뀌는 모습을 발견했다.

이처럼 다섯 가지 단어를 모두 기억할 때 내가 해야 할 일은 정신적으로 내가 걸어 온 발자취를 따라 단계별로 되짚어 가며 이상하고 희한하게 형성한 다섯 가지 정신적 이미지를 마주치는 것이다. 이제 당신이 선택한 단어를 어떤 기억 공간에 놓아 보자. 그리고 나와 마찬가지로 연상을 불러일으키며 극적이고 특이하게 형성한 이미지를 떠올려 본다. 당신이 선택한 단어들을 기억하는 데 도움을 얻고자 형성한 이미지는 각자의 배경과 경험을 바탕으로 자신에게 친숙한 특정 공간에서 생겨날 수 있다. 기억력 형성 방법에 관한 더 자세한 내용을 다루기 전에, 무엇보다 가장 중요한 질문이 있다. 바로 '기억력은 언제 어떻게 예술에서 과학으로 진화했는가?'라는 질문이다.

기억력은 반복할수록 좋아진다

기억력에 관한 과학적 증명은 수염을 기르고, 수줍음을 타며, 순회강연을 다니는 교수였던 헤르만 에빙하우스Hermann Ebbinghaus가 개척했다. 에빙하우스는 기억력이 어떻게 형성되고 사라지는지를 발견하려고 했다. 기억력을 전문적으로 다루는 초기 사상가들과는 대조적으로, 그는 철학자가 아니라 오늘날 '실험 심리학자'라고 부르는 사람이었다. 그의 목표는 추측을 넘어 더욱 확고한 과학적 토대 위에서 기억력을 연구하는 것이었다.

19세기 중반 에빙하우스가 연구를 수행하던 당시에는 끊임없이 반복하며 학습하는 기계적인 기억력이 강조되었다. 예를 들어 구구단을 익히고 싶어 하는 학습자는 명령에 따라 구구단을 암기할 수 있을 때까지 계속 반복했다. 이런 반복적인 학습 과정은 전 세계 국가와 국가별 수도의 지리적 위치와 같은 사실을 익히는 단계로 확장되었다. 이렇게 기계적인 학습을 강조하는 과정은 20세기까지 계속되었다. 1950년대와

1960년대에 초등학교를 다녔던 사람이라면 누구나 암기가 강제적이고 매우 의존적이었다는 사실을 증명할 수 있다.

오늘날은 흔히 '앵무새처럼 되풀이하는 학습'을 이야기하면서 기계적인 학습을 그전만큼 강조하지 않는 경향이 있다. 그 결과 자기 나라의 수도 이름 외에 다른 국가별 수도 이름을 제대로 말하지 못하고, 심지어 자기 나라의 수도 이름도 이야기하지 못하는 초등학생들을 종종 마주친다. 하지만 19세기에는 기계적인 기억력을 강조하던 시대였고, 덕분에 에빙하우스는 기계적인 기억력에 관한 연구를 자연스럽게 수행하게 되었다.

에빙하우스는 아무 의미가 없는 단어로 운율을 맞춘 시구를 포함한 루이스 캐럴Lewis Carroll의 1872년작 동화 《거울 나라의 앨리스》에 자극받았다. 그래서 의미나 연상 없이 세 글자로 된 단어 조합을 활용해 실험했다. 세 글자로 된 단어 조합은 '자음(Consonant)-모음(Vowel)-자음(Consonant)' 조합으로 구성되었다. 에빙하우스는 조합을 문자 세 개로 이루어진 문자열인 세 문자 'CVC'로 불렀다. 두 자음은 항상 달라야 하며(TAC는 괜찮았지만 TAT는 그렇지 않았다), 세 문자는 어떤 의미도 나타낼 수 없고(TIP은 끝부분을 뜻하고 COT은 아기 침대라는 의미가 있기에 인정되지 않았다) 오로지 단어의 형태만 지니고 있었다. 몇 달 동안 이 두 가지 법칙을 적용하여 연구한 후, 에빙하우스는 CVC 조합 2,300개를 만들어 냈다. 그는 2,300개 조합 가운데 다양한 수의 세 문자들을 공책에 기록하고, 메트로놈의 규칙적인 박자에 맞춰 그것들을 기억하려고 최선을 다했다.

망각 곡선과 학습 곡선

에빙하우스를 제외한 모든 사람에게는 이런 과정이 매우 지루하고, 답답하며, 시간이 많이 소비되는 작업으로 보일 수 있다. 하지만 그는 이런 과정을 통해 기억력을 형성하는 데 매우 중요한 사실 두 가지를 발견했다. 첫 번째는 기억력이 형성된 후 정보 손실이 발생하는 망각 곡선이었다. 특히 급격한 정보 손실은 기억력이 형성된 지 첫 20분 이내에 발생하고, 첫 한 시간 이내에 추가로 발생한다. 그런 다음 대략 하루 정도 후에는 정보 손실에 큰 변동이 없다. 혹시라도 당신이 몇 달이 지나도 어떤 사실이나 사건을 여전히 기억할 수 있다면, 앞으로도 그 사실이나 사건을 무한정 기억할 가능성이 꽤 크다.

두 번째는 에빙하우스가 CVC 조합 2,300개를 기억하는 경우와 마찬가지로 새로운 정보를 얼마나 신속하게 학습할 수 있는지를 측정하는 학습 곡선이었다. 학습 곡선은 또한 정형화된 방식을 따랐다. 에빙하우스는 아무 의미가 없는 20개 단어들을 큰 소리로 읽고 일정 기간 동안 그 단어 목록을 눈에 띄지 않는 곳으로 치운 다음 20개 가운데 가능한 한 많은 단어를 기억하려고 노력했다. 그리고 기억하지 못하고 놓친 단어들을 파악한 후에는 20개 단어들을 모두 기억할 수 있을 때까지 과정을 반복했다.

에빙하우스의 기억력 실험은 학습과 지연, 검사, 재학습, 재검사 등 근본적으로 기억력 형성에 매우 중요한 과정을 포함한다. 기억력은 형성된 지 처음 며칠간 신속하게 감소한 다음 점점 더 천천히 감소한다. 학습과 검사, 재학습 사이에 지연 시간이 짧다면, 정보의 거의 100퍼센트는 유지될 수 있다. 하지만 지연 시간이 4일로 길어진다면, 정보 유지율은 정보의 25퍼센트 정도로 떨어진다. 에빙하우스가 기억력 형성 과정을 더 오래 더 열심히 연습할수록, 나중에는 그의 기억력이 더욱 강화되었다. 특히 매우 흥미롭게도 그가 접하지 못했던 다른 의미 없는 단어 목록에 이전에 본 의미 없는 단어를 추가했을 때, 이전에 본 단어를 정확하게 선택할 수 있었다는 사실을 발견했다. 에빙하우스는 심지어 전에 외웠던 의미 없는 단어를 기억하지 못할 때에도 요청받은 대로 다른 의미 없는 단어 목록에 예전에 접했던 그 단어를 정확하게 선택하여 추가할 수 있었다. 자율적으로 회상되는 기억보다 놀라울 정도로 우월한 이런 인식적인 기억은 우리가 정확한 정답을 스스로 떠올릴 수 없다고 하더라도 선택할 수 있는 목록에서 정확한 정답을 찾도록 도와준다. 앞에서 언급했듯이, 이런 현상은 현재 표준화된 기억력 검사에서 매우 인기 있는 객관식 검사 방법의 기본 원리를 따른다.

에빙하우스가 이전에 본 적은 있지만 기억하지 못한 단어들에 대한 그의 무의식적인 기억력은 심리학자들이 나중에 '점화(프라이밍) 효과'라고 언급한 기억력 형성 과정에 기반을 두고 있다. 실험 연구진은 가장 먼저 마음속에 떠오르는 단어로 빈칸을 채우도록 요청받은 지원자에게 일부가 비워져 있는 단어 WA__, BA__를 보여 준다. 이때 대부분은 흔한 단어인 Water(물), Barn(헛간)을 무작위로 선택했다. 하지만 어떤 사람이 예전에 WA와 BA로 시작하는 단어를 읽어 봤다면, 그 사람은 WA와 BA로 시작하는 단어들을 마음속에 떠올리며 빈칸을 훨씬 더 수월하게 채울 가능성이 크다. 예를 들어 예전에 글자 WA와 BA로 시작하는 단어에서 접했던 Wasp(말벌)과 Bank(은행)을 떠올릴 수 있다. 비록 그 사람이 예전에 접했던 단어들을 기억하지 못한다고 하더라도, 이런 현상은 발생한다. 심리학자들은 이런 무의식적인 기억을 우리 모두가 갖추고 있는 '암묵적 지식'이라고 언급한다. 다른 말로 표현하면, 모든 사람들은 자신이 말할 수 있는 것보다 훨씬 더 많은 것을 인식하고 있다.

이처럼 에빙하우스가 강조한 개인적인 경험과 점화 효과에 따른 연구는 기억과 지식 사이에서 드러난 중요한 차이점을 암시한다.

아는 사람의 이름이 떠오르지 않을 때

잘 알고 지내던 어떤 사람을 마지막으로 만났을 때는 당연히 그 사람이 매우 친숙할 것이다. 그런데 전후 사정에 따라 그 사람을 정확히 기억하지 못하고 신원을 정확히 파악할 수 없었던 때를 생각해 보라. 그때 당신의 기억을 상기시키기 위해 그 사람과 대화를 시작했을 것이다. 또한 당신은 애매모호하게 친숙한 그 사람을 좀 더 정확히 떠올릴만한 단서를 얻고자 대화 내용에서 그 사람에 관한 어떤 정보를 얻기를 희망했다. 이 상황을 설명하자면, 당신이 처음에 그 사람에게 느낀 친근함은 당신이 한때 유지했던 접근하기 어려운 기억에 기반을 둔다. 하지만 이렇게 '잘 알고 지내는 사람'처럼 친근감을 느끼는 감정은 그 사람을 정확히 기억하기에 충분하지 않다. 잘 안다고 느끼지만 그 사람을 정확히 기억할 때까지는 추가적인 단서가 필요하다.

잘 안다고 느끼면서도 정확히 기억하지 못하는 상황은 어떤 사실을 잘 알고 있지만 혀끝에서 빙빙 돌기만 할 뿐 말로 정확히 표현하지 못하는 '설단舌端 현상'의 기초가 된다. 모두들 이런 설단 현상을 한 번쯤 경험해 봤을 것이다. 다시 말해서 특정한 기억, 흔히 사람이나 사물의 이름을 정확하게 떠올리기 힘들 때 겪는 어려움은 정보를 불완전하게 저장한 결과이다. 이럴 때 정답을 잘 알고 있기에 바로 말하고 싶지만, 정확하게 표현하기가 어렵고 힘들 수 있다. 그래도 더욱 많은 정보를 수집하고 이런 정보를 예전에 형성했던 다른 기억들과 연결한다면, 좌절감을 느낄 정도로 희미한 지식을 확실한 인식으로 전환할 수 있다. 에빙하우스는 이런 현상을 의식적으로 기억할 수 없는 정보라고 하더라도 잠재적으로 계속 유지되는 정보량인 '정보 저장'이라고 말했다.

예를 들어 에빙하우스는 어떤 물품의 목록을 완벽하게 기억할 수 있을 때까지 암기하고 나서 더 이상 기억할 수 없을 때까지 그 목록을 전혀 들여다보지 않았다. 그런 다음에는 목록을 재학습하고, 소요되는 시간을 처음에 걸린 시간과 비교했다. 그는 두 번째 암기 시간이 첫 번째 암기 시간보다 더 짧고 첫 번째 암기 시간과 두 번째 암기 시간 사이의 차이가 정보 저장을 나타낸다는 사실을 발견했다. 첫 번째 학습은 의지력을 발휘하지 않고도 명백하게 자연적으로 기억에 남으며, 두 번째 재학습은 의지력을 발휘하여 의식적으로 기억을 떠올린다. 정보 저장은 자발적 기억과 비자발적 기억 사이의 이런 차이를 나타낸다.

에빙하우스가 발견했듯이, 똑같은 것을 같은 순서로 몇 번이고 계속 반복하는 기계적인 암기법은 매우 제한적이고, 지속하기 어렵고 힘들다. 이런 현상은 의미 없는 음절뿐만 아니라 의미 있는 정보를 담고 있는 실제 단어에도 해당된다. 학창 시절로 되돌아가 시를 배우며 암송하던 때를 생각해 보자. 시를 외우다가 문득 구절을 잊어버렸을 때 어떠했는가? 아마 단어가 저절로 마음속에 떠오르기를 바라는 마음으로 그저 잊어버린 시 구절, 때로는 시 전체를 처음부터 다시 시작해 반복적으로 외웠을 것이다. 단어나 시 구절에 대한 기억을 무의식적으로 복원할 수 없는 상태에서 당신의 뇌 어딘가에 교묘히 숨어 있어 자동으로 마음속에 떠오르기를 바랐을 것이다. 기계적 암기는 암기한 내용을 탐색하는 데 단일 접근 방식에 기반을 두기 때문에 매우 제한적이고 한정적이며, 이런 점으로 인해 흔히 실패하는 경우가 많다.

에빙하우스의 획기적인 기억력 실험에서 분명히 알 수 있듯이, 뇌는 기계적 암기에 적합하도록 형성되지 않는다. 이런 사실은 우리가 맹목적인 기계적 암기를 매우 힘들어하는 주된 이유이다. 오히려 뇌는 사물들이 연상을 통해 서로서로 연결되는 '연상 기억'을 활용하여 작동한다. 연상 기억은 기계적으로 외우는 방법보다 훨씬 더 적응력이 뛰어나고 창의적이다. 예를 들어 누군가와 대화하는 동안 자신이 애써 말하려고 하는 내용을 묘사할 특정 단어가 갑자기 떠오르지 않는다고 가정해 보자. 이러한 경우에 대부분은 그저 단순하게 그 단어를 기어코 떠올리기 위해 노력하면서도 결국 기억하지 못한다. 하지만 당신이 기억하지 못한 그 단어와 흔히 연관되는 단어를 생각한다면, 당신은 기억하기 힘들었던 그 단어를 문득 떠올릴 수 있을 것이다.

가장 기묘하고 부적절하게 상상하라

수동적인 반복 학습은 단기로는 효과가 있지만, 단기 기억에서 장기 기억으로 전환하는 데는 별로 효과적이지 않다. 예를 들어, 당신이 방송에서 시계나 보석 광고를 보다가 화면에 나타난 전화번호를 읽었다고 하자. 이때 휴대전화를 가지러 위층으로 올라가는 동안 마음속으로 그 전화번호를 계속 되뇌여 본다. 그리고 전화번호를 기억하고 전화를 거는 데 성공한다. 대부분 이런 내부적인 반복 학습은 효과가 꽤 괜찮다. 하지만 그로부터 몇 분 뒤, 전화번호를 정확히 기억할 가능성은 낮다. 그래도 괜찮다. 당신은 그 전화번호를 장기적으로 기억할 생각이 없었기 때문이다.

단기 기억은 머릿속에 저장한 정보를 필요에 따라 즉각적으로 사용할 수 있도록 정보 저장 장소를 제공한다. 기억에 남았다가 일시적으로 사라지는 단기 기억과 장기적으로 사용하기를 바라는 장기 기억을 구별하는 일이 무엇보다 가장 중요하다. 하지만 여러 유형의 장기 기억을 알아보기 전에 기억력이 형성될 때 무슨 일이 발생하는지를 자세히 살펴봐야 한다.

우리의 기억을 고정시키는 감정

첫 번째 단계로, 과거의 일이 떠오르는 기억, 이를테면 미국의 제32대 대통령인 프랭클린 루스벨트Franklin Roosevelt가 임기 동안 겪은 제2차 세계대전이 떠오르는 기억은 해마 내에서 처음 학습했을 때 부호화된다. 해마는 아치형 회로에서 두 개의 다른 구조로 나뉘는 뇌활과 유두체, 시상 후부를 통해 연결되어 측두엽에서 해마형 구조를 이룬다. 또한 추가적인 구조로 이름에서 암시하듯이 뇌 전두엽 아래쪽에 위치한 기저 전뇌도 뇌활에 연결되어 있다. 게다가 마지막으로 해마가 포함된 측두엽 전방의 피질 내측에는 감정과 관련된 기억을 처리하는 아몬드 모양의 구조인 편도체가 존재한다. 이러한 구조에 따라 우리는 오로지 상황이나 사건만 기억하는 것이 아니라, 우리가 경험한 상황이나 사건에서 느끼는 감정도 기억한다. 다시 말해서 우리는 사건을 기억할 뿐만 아니라 그 사건에서 느끼는 감정에 관한 기억한다. 우리가 도전적으로 기억력을 형성하고 발휘하려고 노력할수록, 기억 회로에서는 이러한 구조의 연결이 더욱 강화될뿐더러 기억력도 더욱 강화된다.

루스벨트의 기억 정보는 이런 기억 부호화 구조 내에 저장된 후, 대뇌반구의 서로 다른 영역을 연결하는 연합 섬유를 통해 뇌의 나머지 부분에 매우 폭넓게 분포되었다.

뉴런의 신경망은 신경과학자들이 연합 섬유의 연결을 설명할 때 사용하는 용어이다. 자극은 우리 뇌로 들어오면서 포뮬러 원 자동차처럼 뉴런 축삭돌기(신경 세포체에서 길게 뻗어 나온 가지)의 길이를 따라 쏜살같이 이동하는 전기적이고 화학적인 사건(전기 화학적 신호)을 만들어 낸다. 그 다음에 자극은 첫 번째 뉴런(시냅스 전 뉴런)에서 아주 작은 틈(시냅스 공간)으로 화학 물질을 방출하며 다음 뉴런으로 전달되는데, 이때 다양한 운반체에 의해 두 번째 뉴런(시냅스 후 뉴런)으로 전달된 뒤 곧 활성화된다. 이러한 과정은 기억력을 형성하는 데 필요한 뉴런 수에 따라 세 번째 뉴런에서 n번째 뉴런까지 스스로 계속 반복된다.

특정한 뇌에서 형성되는 이런 격자 모양의 신경망은 전 세계에 존재하는 모든 사람들의 뇌 신경망과 다르다. 두 사람이 세상을 같은 방식으로 경험하지는 않으므로, 두 사람의 개별적인 기억과 기억을 구성하는 뉴런의 신경망은 언제나 다를 것이다. 뉴런의 신경망을 섬세하고 복잡한 금 조각이라고 생각해 보자. 기억의 토대를 형성하는 뉴런의 신경망은 일생을 살아가는 동안 변화한다. 이런 현상은 기억이 하루하루 나날이 미묘하게 변화하는 이유도 설명해 준다. 실제로 뉴런의 신경망은 기억이 마음속에 떠오를 때마다 전기 화학적으로 변화되고, 우리가 다른 문제로 옮겨갈 때 사라진다.

일반적으로 장기 기억은 대뇌 피질의 선택적인 영역에 저장된다. 프랭클린 루스벨트의 이름을 생각해 내는 당신의 기억은 주로 좌측 측두엽의 연합 영역에 저장되고, 기억 정보에 따라 처리된 언어와 어휘를 포함한다. 미국 동포들에게 영웅적인 노력을 촉구하는 루스벨트의 감동적인 연설 녹음을 분별적으로 인식하는 기억력은 우측 측두엽 내에 저장되어 있다. 대체적으로 생각하건대, 루스벨트가 경험한 사건을 바탕으로 형성된 기억력은 루스벨트와 관련된 모든 사건을 배우고 공식적으로 진술할 수 있을 만큼 총체적으로 다 함께 작동하는 많은 다른 특정한 뇌 구조와 관련되어 있다. 이러한 유형의 기억력인 '서술 기억(선언적 기억)'은 지식을 서술할 수 있다는 단순한 사실에 기반을 둔다. 누군가가 당신에게 루스벨트에 관해 질문한다면, 장기간 저장된 기억 정보를 바탕으로 그에 관한 사건이나 생각 따위를 답(시술)할 수 있다.

일반적인 상황에서, 기억 구성 요소들은 시각 기억 정보를 처리하는 시각 피질과 청각 기억 정보를 처리하는 청각 피질 등 대뇌 상측 피질의 영역을 나누도록 따로 분리된다. 이러한 개별 구성 요소들은 단독으로 작동하지 않고, 집중적으로 상호 연결된 신경망을 통해 서로 직접 통신한다. 특히 매우 중요한 영역은 전두엽인데, 전두엽은 대뇌 반구의 일부로서 구조상 중심구보다 전방에 위치한 부분을 말한다. 전두엽에 관한 좀 더 자세한 내용은 2장에서 다룰 예정이다.

기억 회로에서 어떤 기억 구조가 손상되거나 방해받는 현상은 다양한 유형의 기억 장애를 초래한다. 예를 들어 서술 기억을 처리하는 장소인 해마가 이런 현상과 관련되어 있다면, 기억은 처음부터 부호화될 수 없다. 4장에서 다양한 기억 구조의 손상되는 현상이 기억력에 미치는 영향을 다양한 사례를 통해 설명할 것이다.

현대 신경과학의 연구 결과를 바탕으로 기억력에 관한 정보를 자세히 파악한다면, 이제 우리는 인생을 살아가면서 학습한 모든 이름과 사실, 인물 등 흔히 기억과 관련된 모든 것이 내가 방금 설명했던 기억 회로에서 함께 연결된 특정한 뇌 구조와 연결된다는 사실을 확실하게 인식할 수 있다.

상상만으로 활성화되는 뇌

헤르만 에빙하우스의 특이한 과학 실험 이후로 많은 것이 바뀌었다. 우리는 이제 기억력이 단일 단어보다 오히려 연상에 따라 달라진다는 사실을 알고 있다. 기억력을 형성하고 나중에 기억 정보를 복원하기 위해서는 각 단어가 다른 단어나 구절과 연관되면서 문맥에 맞게 표현되어야 한다. 다시 말해서 기억을 형성하는 가장 성공적인 방법은 뇌의 연상 능력을 강화하는 것이다.

기억력을 형성하고, 유지하며, 기억 정보를 복원하는 데 기초가 되는 세 가지 원칙은 첫 번째는 다중 부호화, 두 번째는 조직화, 세 번째는 연상이다. 예상했겠지만 세 가지 기본 원칙은 모두 서로서로를 강화한다.

첫 번째로 다중 부호화를 살펴보자. 우선 커피를 마시는 모습을 상상해 보자. 그뿐만 아니라, 무척 기분 좋은 커피 특유의 향기도 상상할 수 있다. 상상 속에서는 어떤 커피라도 맛볼 수 있고, 커피가 미뢰 위로 흐를 때의 맛과 향기를 음미할 수 있다. 이 경험은 커피 특징을 묘사하고 커피 이름을 지어줄 수 있는 등 말로 표현할뿐더러, 맛과 냄새 등 풍부한 상상력을 유감없이 발휘한다. 대부분 고유한 이름들도 마찬가지다. '의자'와 '공책'은 안락한 의자, 부드럽거나 딱딱한 공책 등 여러 방식으로 묘사하고 상상할 수 있다. '다중 부호화' 즉, 동원할 수 있는 감각이 뛰어날수록 장기 기억을 형성할 가능성은 커진다. 이유는 무엇일까? 더욱더 많은 뇌 영역이 관련되어 있기 때문이다. 암기하려고 노력하고 있는 단어를 말할 때, 좌뇌에 존재하는 언어 센터가 작동된다. 물체의 촉감과 소리, 냄새, 맛을 느낄 때 또는 물체가 어떤 촉감과 소리, 냄새, 맛이 느껴질지를 그저 상상만 해도 이러한 감각을 조정하는 뇌 영역이 결합적으로 작동된다. 그래서 방금 전에 편안하게 커피 한 잔을 마시는 자신의 모습을 상상하고 있었다면, 실제로 커피를 마실 때와 똑같은 뇌 영역이 두드러지게 작동되었을 것이다.

이제는 '인식론'과 같이 오직 말로 표현해야 하는 단어를 고려해 보자. 인식론을 말하거나 읽을 때 생기는 이미지나 맛, 냄새는 없다. 이것은 인식론을 포함하여 특정한 용어들을 기억하기 어렵게 만든다. 특정한 용어들을 기억하기 위해서는 필요에 따라 우리의 감각을 포함하여 상상의 연결 고리를 만들어 내야 한다.

기억술은 추상적인 개념을 정신적 이미지로 전환하고, 이 정신적 이미지가 마치 실제로 존재하는 사물인 듯 마음속으로 생생하게 떠올려야 한다. 자동차 열쇠를 챙겨야 한다는 사실을 기억하려면, 마음속으로 자동차 열쇠를 챙기는 모습을 떠올리고, 열쇠의 무게를 느끼며, 열쇠를 점화 장치에 꽂아 시동을 거는 느낌을 경험해야 한다. 다시 말해서 이런 모든 과정은 각자만의 방식으로 상상 속에서 경험해야 한다. 철학자 파올로 파비아니Paolo Fabiani는, "오로지 상상 속에서만 존재하는 가상의 사물을 수정하고 변경하는 능력은 이를 표현하는 능력과 밀접하게 연관되어 있다"라고 주장했다. 앞에서 언급했듯이, 상상 속에서 형성된 정신적 이미지는 이미지 형성에 영감을 준 실제 사물보다 훨씬 더 기묘하고, 부적절하며, 심지어 터무니없이 엉뚱하게 표현될 때 기억 자극제로서 가장 효과적인 역할을 한다.

그렇다면 인식론처럼 오직 말로 표현해야 하는 단어를 어떻게 기억할 수 있을까? 조금 전에 언급했듯이 커피 마시는 모습을 다시 생각해 보자. 우선 아인슈타인이 한 손에 커피 한 잔을 들고서 《인식론》이라는 책을 읽고 있는 모습을 마음속에 그려 보자. 세계적으로 가장 유명한 과학자가 단순한 의견과 정당한 신념을 구별할 방법을 집중적으로 다룬 책을 열심히 읽고 있는 이런 이미지는 인식론의 의미를 이해하고 기억하는 데 도움을 준다. 커피 냄새는 아인슈타인이 인식론과 같은 골치 아픈 주제를 깊이 탐구하는 데 갖춰야 할 두 가지 특징인 주의력과 집중력을 향상시킨다. 기억력을 형성하고, 유지하며, 기억 정보를 복원하는 기본 원칙에 따라 상상력을 활용하여 기억하려는 대상을 강조할 만한 정신적 이미지를 형성한다면, 기억력은 확실하게 강화될 수 있다.

성공적인 기억력 형성은 조직화 없이 발생하지 못하므로, 기억 정보를 복원하는 두 번째 기초 원칙인 '조직화'는 매우 중요하다. 우리 뇌는 의미를 가지고 작동하도록 설계되어 있다. '음모론'이라는 단어를 기억하는 데 음모론의 의미가 명백하지 않다면, 우선 이 단어를 누구보다 훌륭하게 설명할 수 있도록 음모론의 의미를 명료하게 알아야 한다. 아무런 관련 없는 12가지 물건의 목록은 조직화를 어느 정도 구성하지 않는다면 장기간 기억하기 매우 어렵다. 관련 없는 정보를 조직화하는 가장 쉬운 길은 당신이 기억하려고 노력하는 것을 이미 잘 알고 있는 것과 관련지어 생각하는 방법이다. 따라서 조직화는 무작위적인 정보를 어느 정도 의미 있고 기억하기 쉬운 정보로 전환하도록 체계적인 틀을 창출하는 과정이 필요하다.

예를 들어, 내가 어제 지하 1층 주차장 351번에 주차했다고 하자. 만약 주차 위치를 잊어버린다면, 그 대가로 받는 불이익은 낮에 지칠 대로 지친 악몽 같은 사건으로 이어질 것이다. 끝없이 줄지어 있는 자동차들을 따라 계속 걸으며 차를 찾으려고 애를 쓰는 모습을 마음속에 그리는 동안 그런 내 모습이 싫어서 몸서리난다. 그렇다면 내가 차를 찾을 수 있으리라는 사실을 어떻게 보장할 수 있을까? 운율을 기반으로 조직화된 소리를 활용하면 된다. 숫자 '3(Three)'은 '나무(Tree)'로, 숫자 '5(Five)'는 '벌집(Hive)'으로, 숫자 '1(One)'은 '태양(Sun)'으로 운율을 맞춘다. 나는 꽃이 만발한 나무의 모습과 더불어 그 나무에서 수많은 벌집이 모든 나뭇가지를 무겁게 내리누르는 장면을 마음속에 그려 보았다. 이런 장면은 뜨겁게 타오르는 태양 아래에서 일어났다. 주차장으로 되돌아왔을 때, 나는 아무런 문제 없이 이러한 정신적 이미지를 다시 숫자로 전환했다.

기억 정보를 복원하는 마지막 원칙인 '연상'은 기본적으로 다중 부호화와 조직화를 혼합하여 만들어 낸다. 단순하게 생각하면, 두 가지 이상의 사물을 연상할 수 있는 방법은 결국 스스로가 기억력을 향상시키는 두 가지 뇌 활동인 집중력과 주의력을 갖춰야 한다. 이에 관한 좀 더 자세한 내용은 2장에서 다룰 예정이다.

비판력과 관찰력을 향상시키는 능력

생각 추적은 또 다른 연상법 중 하나이다. 아주 짧은 시간 동안 생각하고 의식할 때, 단기 기억을 조작할 수 있는 정신적 작업 공간으로 규정된 작업 기억으로 이용할 가능성이 크다. 여기에는 경험 방식이 존재한다. 경험 방식을 따르려면, 우선 시간만 지정한 후에 지정된 시간에 알람이 울리는 디지털 시계나 알람 기능이 내장된 휴대전화가 필요할 수도 있다. 친구에게 몇 시간 뒤 당신이 모르는 시간에 알람이 울리도록 맞춰달라고 요청해 보자. 다만 알람이 울릴 때는 당신이 잠에서 깨어 있지만 아무런 일을 하고 있지 않을 수 있거나, 그렇지 않으면 직장 일을 하거나 집안일에 몰두하고 있을 수 있다.

알람 소리가 들리는 순간부터는 당신의 마음에서 작용하는 사고(생각)에 주의를 기울여 보자. 먼저 알람이 울리기 직전의 생각을 기억하고 나서 그보다 더 이전의 생각을 기억하고, 그런 다음 그러한 생각으로 이어지는 생각을 기억하도록 노력해 본다. 최대한 거슬러 올라갈 수 있는 곳까지 연쇄적으로 추적해 보자. 느닷없이 추측하지도 말고 아무것도 지어내지도 말아야 한다. 당신이 복원한 모든 생각은 작업 기억에 존재하는 신중한 요소들에서 이루어진다. 처음에는 아마도 몇 발자국 이상의 내용을 추적할 수 없을 것이다. 하지만 꾸준히 연습한다면, 10여 가지 이상의 연상을 거슬러 추적할 수 있다. 이러한 훈련의 목표는 비판력과 관찰력을 향상시키고, 패턴 인식을 강화하고, 종합적이고 창의적인 기술을 개선하며, 마지막으로 다른 사람들이 이해할 수 있는 방법으로 의사소통 능력을 향상시키는 것이다. 이런 연상법은 무엇보다 뇌가 만들어 낸 연쇄적인 연상법을 적용한다면 어디에서든 시작할 수 있으며, 언제든지 원하는 만큼 앞뒤로 추적할 수 있다.

19세기 심리학자 윌리엄 제임스William James는 이러한 과정을 "현재 어떤 사고를 지니고 있든 간에, 당신이 지닌 모든 사고는 잠재적으로 스스로 처리할 수 있다. 당신에게 잠재적으로 존재하는 모든 의식적인 내용은 어떤 시점이나 장소에서도 쉽게 접근할 수 있다"라고 진술했다.

선글라스와 립스틱의 연관성

생각 추적의 또 다른 방법은 겉보기에 관련 없는 사건이나 주제, 사물 등을 접할 때 마음속에서 일어나는 모든 연상을 기록하는 방식이다. 예를 들어, 이 단락에서는 잡지를 훑어본 후에 15분간 내 사고가 만들어 낸 연결 고리를 바탕으로 한 내용을 간략히 이야기하려고 한다. 나는 잡지를 훑어보다가 겉보기에 관련 없는 제품의 광고에 나온 사진 두 가지를 무작위로 선택했다. 하나는 선글라스, 다른 하나는 립스틱이었다. 이 두 사진을 보면서 내가 찾아낸 연상적인 연결 고리는 다음과 같다.

> 선글라스는 해로운 영향을 미치는 강렬한 햇빛에서 눈을 보호하고자 개발되었지만, 립스틱은 강렬한 햇빛에 노출되는 부작용인 건조증에서 입술을 보호하고자 개발되었다. 선글라스와 립스틱은 모두 합성 화학이 발전하면서 생겨났다. 하지만 합성 화학은 또한 탈취제와 면도용 크림에서 발견되는 화학 물질인 폴리스티렌과 에어로졸(연무질)을 만들어 냈다. 폴리스티렌과 에어로졸의 사용량 증가는 오존층을 고갈시키고, 강렬한 햇빛으로 인한 구순암과 백내장의 발생을 증가시키고 있다. 하지만 폴리스티렌은 또한 내가 잡지에서 보았던 선글라스와 립스틱의 이미지를 담아내는 사진 필름의 개발을 가능하게 만들었다. 선글라스는 패션계의 교황으로도 불리는 애나 윈터Anna Wintour처럼 선글라스 착용자에게 화려함이나 신비함, 관심도를 유발하면서 선글라스의 매력을 증가시킨다. 또한 강렬한 햇빛에 노출될수록 뜻하지 않게 부작용이 발생하기에 점점 더 많은 사람에게 선글라스를 착용하도록 유도하면서 강한 햇빛과 관련된 암이 발생할 가능성을 감소시킨다. 하지만 선글라스는 또한 비열하고 사악한 이미지를 만들기도 한다. 예를 들어 마피아 두목은 변함없이 선글라스를 착용하는 모습으로 묘사되고, 이디 아민Idi Amin은 희생자들이 오로지 자신들의 겁에 질린 표정만 바라볼 수 있도록 희생자들의 모습이 반사되는 반사 선글

라스를 착용했다. 마피아 두목과 이디 아민은 죽음이 연상되고, 그들이 착용한 검은 선글라스는 하데스의 주민들을 암시한다. 단수형으로 사용된 'a shade'는 원래의 의미인 '그늘'에서부터 강렬한 햇빛에서 눈을 보호하기 위해 빛을 가리는 '빛 가리개'까지 확장된다. 이런 이유로 복수형으로 사용된 'shades'는 의미상 '빛을 차단하는 안경(차양 안경)'을 뜻하며, 구어체 용어인 선글라스의 전 용어로서 선글라스와 유사한 의미이다. 하지만 단수형으로 사용된 'a shade'는 또한 내가 잡지에서 살펴보고 있는 선글라스와 립스틱 사진을 사진작가가 찍을 수 있도록 카메라를 통과하는 빛을 차단하는 과학적인 장치나 셔터 역할을 하기도 한다.

여러분도 두 가지 물건을 무작위로 선택하여 이런 연상법을 직접 시도해 보길 바란다. 당신이 두 사물을 이해하고 인식하는 지식은 내가 이해하는 지식과 분명하게 다르다. 그렇기에 당신과 나는 똑같은 연상법을 형성하지 않을 것이다. 선글라스와 립스틱을 연상시킨 나의 사례는 분명히 과학적이고 의학적인 교육에 매우 큰 영향을 받았다. 당신이 인문학적 배경지식을 갖고 있다면, 폴리스티렌과 오존층, 암은 선글라스와 립스틱을 연상시킬 때 마음속에 가장 먼저 떠오르는 단어가 아닐 가능성이 크다. 당신의 연상법은 문학이나 다른 인문학에서 얻은 개인적인 경험을 반영할 수도 있다. 우선 자신만의 연상법을 활용하여 선글라스와 립스틱을 연상시키는 훈련을 미리 연습해 보자.

잊어버린 기억을 복원하는 연결 고리

기억력 전문가 토니 부잔Tony Buzan은 한층 더 공식화된 다음의 연상법을 제안했다.

가장 먼저 빈 종이에 원을 그려 보자. 그다음 빈 원에 단어를 써 보자. 이제 단어를 기록한 원 주변으로 다른 원들을 추가로 더 그리고, 빈 원에 기록한 그 단어와 마음속으로 연상되는 이미지와 단어들을 추가로 그린 원에 써 본다. 그런 다음 당신이 기록한 이미지와 단어를 보고 연상될 수 있는 개념들을 곰곰이 생각해 본다. 이러한 각각의 단어와 이미지들은 빈 원에 기록한 그 단어와 연관되는 당신 뇌의 연상망이나 '기억 장치'에 일부 속한다. 마음속에 떠올릴 수 있는 많은 속성을 추가한다면, 당신은 머지않아 토니 부잔이 말한 마인드맵(Mind Map)을 구성할 수 있다. 이런 마인드맵은 기억하기 어려운 단어를 성공적으로 생각할 수 있는 가능성을 높인다.

마인드 매핑(Mind Mapping)에 관한 한 가지 실험에서는 첫 번째 그룹에 속한 몇몇 실험 참가자들에게 차례로 배열된 'Dog(개)-Bone(뼈)-M'이라는 단어를 제시했다. 두 번째 그룹에게는 차례로 배열된 'Gambler(도박꾼)-Bone(뼈)-M'을 제시했다. 그런 다음 연구자들은 두 그룹 가운데 어떤 그룹이 'M'에 대한 반응으로 'Meat(고기)'를 좀 더 빠르게 생각해 낼지를 실험했다. 그 결과 'Dog(개)-Bone(뼈)-M'을 건네받은 첫 번째 그룹에 속한 사람들이 'Gambler(도박꾼)-Bone(뼈)-M'을 건네받은 두 번째 그룹에 속한 사람들보다 훨씬 더 빠르게 'Meat(고기)'를 생각해 냈다. 그 이유는 맨 앞에 배열된 단어와 관련된 기억 연결 고리를 활성화시켰기 때문이다. 토니 부잔은 마인드 매핑을 주제로 다룬 자신의 많은 저서에서 "기억력은 마인드맵에 존재하는 연결 고리를 통하여 단어에서 연상 단어로 펼쳐지는 활성화 과정에 따라 작동한다"라고 주장했다.

아리스토텔레스의 놀라운 통찰력

마인드맵은 아리스토텔레스가 설명한 연상력을 이용한다. 아리스토텔레스는 기억력이 연관이나 연상의 형성에 기반을 두고 있다는 원칙을 최초로 지지한 사람들 중 한 명이다. 예를 들어, '높은'이라고 말할 때 마음속에 가장 먼저 떠오르는 단어를 대답해야 한다면, 당신은 '낮은'이라고 대답할 가능성이 크다. 이를테면 많은 사람은 '뜨거운'과 '차가운', 혹은 '젖은'과 '마른' 등 이러한 단어들을 마음속으로 연상한다. 아리스토텔레스는 연상이 세 가지 원칙에 근거한다고 주장했다. 첫째, 두 가지를 함께 경험할수록, 우리는 그 두 가지를 더욱 확실하게 연상시킨다. 둘째, 같은 시간이나 장소에서 경험하는 사건들은 서로 연상되는 경향이 있다. 셋째, 두 가지가 서로 유사하다면, 하나의 사고가 다른 하나의 사고를 유도할 가능성이 클 것이다.

그 후 수 세기에 걸쳐 아리스토텔레스의 사상은 심리학자와 신경과학자들에게 많은 지지를 받았다. 또한 아리스토텔레스는 살아생전에 이러한 사실을 인지할 방법이 없었지만, 한때 확립된 연상법은 우리가 새로운 정보를 학습할 때마다 기능적으로 함께 연결되어 유지되는 뇌 신경 세포망을 수반했다. 나중에 특정한 기억을 다시 생각해 낼 때마다 우리가 기억을 맨 처음으로 확립한 순간에 형성되었던 뇌 신경 세포망을 활성화시킨다. 우리가 특정한 기억을 자주 생각할수록, 이런 특정한 기억들의 연결 고리는 더욱 확고해진다. 이름이나 주소, 형제자매 등과 같은 일부 기억들은 매우 확실하게 확립되었기에 우리 정체성을 나타내는 영구적인 부분으로 남아 있다. 주장하건대, 이런 현상은 기억력이 정체성의 토대를 형성한다는 사실을 의미한다.

이름이나 단어 등 어떤 기억 정보를 복원하고자 마인드맵을 적용한다면, 가장 중심이 되는 이미지는 비어 있을 것이고, 부분적으로 연상되는 노드(Node, 노드는 주로 통신망의 분기점이나 단말기의 접속점을 이르는 말로 하나 이상의 기능 단위)들은 해당 이름이나 단어와 관련하여 마음속에 떠오르는 모든 정신적 이미지로 구성될 것이다. 이름이 정확하게 기억나지 않는 그 사람을 과거에 언제 어디에서 만났는가? 그리고 그 사람과 당신 모두에게 친숙한 사람들은 누구인가? 많은 연결점을 만들거나 연상되는 많은 사항을 따로 기록하지 않고도 당신의 '무의식적인 기억력'으로 그 사람의 이름이 생각나게 되리라는 사실을 인지할 수 있다.

간단하게 예를 들어, 잊어버린 단어를 순간적으로 복원할 수 있는 방법은 다음과 같다. 첫 번째로 가장 중심이 되는 노드를 그려 보자. 그리고 그 노드는 물음표로 비워 둔다. 하지만 먼저, 나는 당신이 잊어버린 그 단어를 결국 떠올리도록 당신에게 몇 가지 노드를 제공할 것이다. 첫 번째 노드로는 '의학 용어'를 기록한다. 두 번째 노드는 '감염성 질환'이며, '의학 용어'에서 일직선으로 나눠는 부분에 적는다. 세 번째 노드는 '역사 용이'이며, 물음표에서 비워 둔 노드에서 독립적으로 따로 분리되어 나눠는 부분에 기록한다. 그다음 네 번째 노드는 '전염병'이며, '의학 용어'와 '역사 용어' 모두에서 분리되어 나오는 부분에 기록한다.

마지막으로 다섯 번째 노드는 '환자와 건강한 사람의 강제적인 분리'이며, '역사 용어'와 '전염병' 모두에서 분리되는 부분에 기록한다. 그 결과 완성된 패턴을 명확하게 보여 주는 아래의 그림을 살펴보자. 10초나 15초간 시선을 그림에 계속 고정한 다음 다른 곳으로 눈길을 돌리도록 한다. 지금 기억나지 않은 단어가 무엇인지 생각했는가?

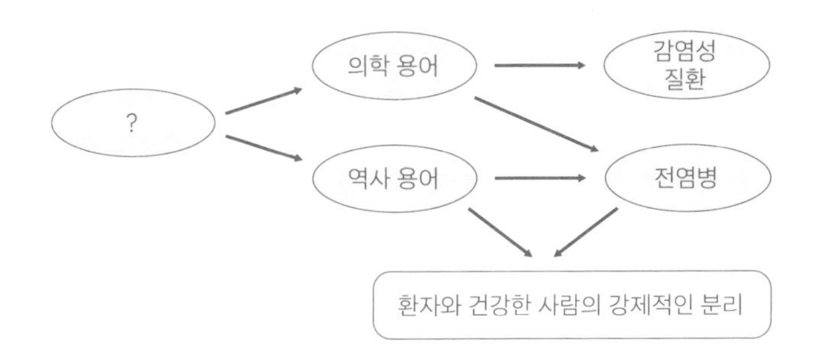

당신이 기억하지 못한 그 단어는 코로나19로 국가적 위기를 경험한 우리 모두에게 매우 친숙하다. 나는 떠올리지 못한 그 단어를 알고 있는 유일한 사람이었기에 당신이 무의식적인 기억력을 강화하도록 도와주는 조력자 역할을 했다. 그리고 마인드 매핑을 활용하여 기억나지 않은 단어와 연상되는 노드의 연결 고리를 바탕으로 당신이 '격리'라는 단어를 생각해 내도록 도움을 주었다.

마인드맵은 기억력을 강화하는 데 매우 중요한 역할을 할 수 있으므로, 이번 단락에서는《사실적 기억》이라는 책을 출간할 때 활용하거나, 이 책의 주제인 '기억력'에 관하여 발행된 짧은 에세이를 구성하는 데 적용했던 마인드맵의 실제 예를 제공할 것이다. 내 마음속에 떠올랐던 모든 개념을 연상하며 기억력에 관한 에세이를 쓰도록 나의 사고 과정을 통솔했던 아래의 마인드맵의 그림을 자세히 살펴보자.

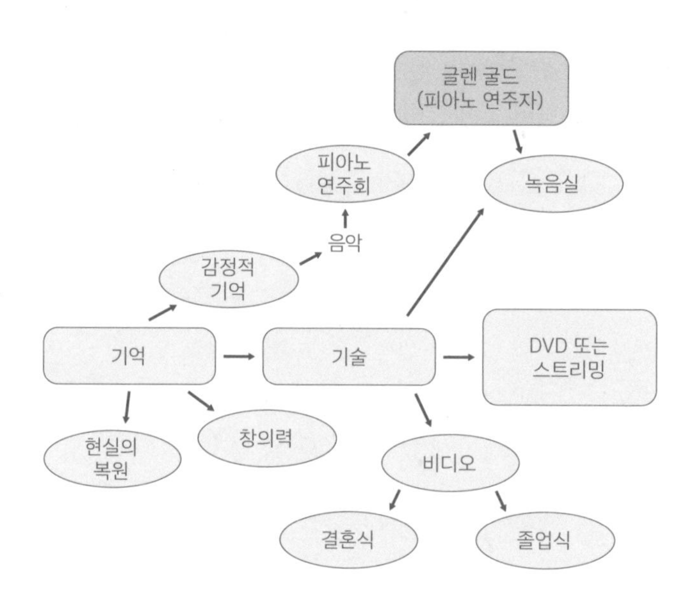

노드 주제가 자발적인 비계층적 방식으로 도입되는 방법에 주목하자. 아래의 글은 그 당시 마인드맵을 활용한 기억력에 관한 에세이다.

최근에 참석한 결혼 피로연에서, 나는 연주단이 네다섯 명 정도의 음악가가 아닌 스피커와 마이크, 레코드판, CD, 테이프 플레이어 등을 총괄하여 조정하는 디스크자키에게 점령당하는 상황을 관찰했다.

"연주단이 어떻게 이럴 수 있을까?"

나는 라이브 음악을 기대하고 있었기에 짜증이 나면서도 혼자서 의문을 품었다. 하지만 한 시간 후, 나를 포함하여 피로연에 참가한 모든 사람은 〈포춘〉이 선정한 세계 500대 기업에 매우 큰 관심을 가진 사람들만이 자기 자녀의 결혼 피로연을 위해 고용할 수 있는 록 그룹의 전자 음악에 열광적으로 반응하며 무도장에서 즐거운 시간을 보냈다.

다음 날 아침 환자들을 진료한 후, 나는 조지타운 대학병원의 부속 예배당에서 잠시 쉬기로 결심했다. 나는 수도자들이 성가를 부르는 소리에 귀를 기울이면서 예배당으로 들어갔다. 하지만 예배당에는 수도자들이 단 한 명도 없었다. 노랫소리는 오직 오디오에서 흘러나오고 있었다. 그런데도 이 예배당에 수도자들이 진짜로 존재하는 듯한 확신이 들 정도였다. 나는 문득 의문이 들었다. 실제로 수도자들이 그 자리에 있었다면 오디오에서 성가 소리가 흘러나오던 그 순간에 무엇이 더 추가되었을까?

록 그룹이나 수도자들이 직접 참여한 라이브 공연과 녹음 중 어느 것이 더욱 생생할까? 당신도 한번 선택해 보자. 오디오와 비디오 기술을 고려한다면 답하기 매우 어려운 질문일 수 있다. 예를 들어 의미 있는 행사에 공을 들이는 사람들은 결혼식이나 졸업식, 기념일 등을 생생하게 녹화하고자 열정적인 비디오카메라 촬영 기사를 고용한다. 몇 년이 지나도 행사 참가자들에게 이런 녹화는 그들의 희미한 기억보다 훨씬 더 생생하게 느껴질 가능성이 크다.

이러한 망각의 과정이 진행될수록, 결국 결혼식이나 졸업식과 같은 특정한 상황은 행사 그 자체를 생각해 내기보다 녹화 비디오를 시청하면서 거의 완전히 기억날 때 더욱 사실적으로 느껴질 것이다.

마지막으로 콘서트에 참석했던 때로 거슬러 올라가 생각해 보자. 그리고 당시 콘서트에 참석해서 들었던 음악과 똑같은 음악을 성능이 훌륭한 오디오를 통해 들어 본 경험과 비교해 보자. 콘서트에서 들은 음악과 오디오를 통해 들은 음악 중 어느 쪽이 훨씬 더 사실적으로 느껴지는가? 피아노 연주자인 글렌 굴드Glenn Gould는 말년에 라이브 공연을 포기하고 전적으로 녹음에만 집중했다. 글렌 굴드에게는 녹음이 라이브 공연보다 훨씬 더 사실적으로 느껴졌으며, 작곡가와 글렌 굴드가 피아노 연주를 성공적으로 마무리하려는 상황에서 녹음이 라이브 공연보다 한층 더 현실에 가까웠다.

특히 오디오나 비디오 같은 기술적인 제작은, 이런 기술로 녹화하는 라이브 행사보다 훨씬 더 정밀하고 실제에 가까운 정도에 근접하고 있다. 내가 예배당에서 두 눈을 감고 있었다면, 당연히 눈에 보이지 않는 어딘가에서 수도자들이 성가를 완벽하게 제창하고 있다고 확신했을 것이다. 다시 한번 강조하지만, 오디오에서 흘러나오는 성가는 수도자들의 실제 노랫소리보다 훨씬 더 사실적으로 느껴졌다. 나는 침울하지만 유쾌한 자기 성찰의 분위기 속에서 평화롭고 편안한 휴식을 취했다. 현실의 척도가 사실적인 '느낌'이라면, 그 점에서 익명의 수도자들이 녹음한 성가는 그 목적을 달성했다.

과거가 필요에 따라 우리가 요구하는 어떤 변화에도 순응할 수 있다는 점에서 현실은 충분히 유동적인 듯하다. 예를 들어, 내가 어린 시절부터 기억할 수 있는 모든 크리스마스 선물들은 선물을 받은 순서가 아니라 그 선물을 받을 때의 감정적인 부분을 향상시키는 중요도에 따라 기억하는 것이다. 내가 받은 크리스마스 선물들 중에서 강아지와 자전거는 여전히 기억난다. 하지만 다른 선물들은 매력적이었지만 감정적 호소력이 없었기에 이제는 건망증처럼 뿌연 안개 속으로 사라져 버렸다.

이렇게 선택적으로 복원되는 과거의 기억은 신기술의 영향으로 가장 많이 위협받고 있다. 비디오 카메라에 녹화된 영상은 우리가 매우 많이 겪은 과거 크리스마스 때의 실제 경험이 아니다. 대신에, 그러한 과거의 기억은 그 당시 겪었던 내 경험과 뇌 신경 세포망 내에서 형성되고 수정된 경험들 사이에서 훨씬 더 섬세하고 미세하게 교환하는 정보로 남을 것이다. 과거는 현재와 미래와 마찬가지로 어떤 일을 경험한 순간에 느꼈던 우리의 감정과 관심에 따라 유동적으로 활발하게 변화한다.

미국 특수 부대의 상황 인식 훈련

상황 인식 훈련은 미국 해군의 특수부대인 네이비 실(Navy Seals)과 다른 군부대에서 활용된다. 상황 인식 훈련에서 네이비 실은 적군에게 공격받는 상황에서 신속하게 벗어나고자 기억하는 데 도움이 될 만한 다른 세부 사항들을 설명할 수 있어야 한다. 더불어 자신들이 자리 잡고 있는 군부대 막사의 문과 창문의 위치를 마음속에 그릴 수 있어야 한다.

이러한 상황 인식 훈련을 느껴 보려면, 다음번에 식당에 가서 자리를 잡고 앉아 있을 때, 몇 초간 두 눈을 감고서 당신과 가까운 테이블마다 앉아 있는 사람들의 배열을 마음속으로 그려 보길 바란다. 당신이 대부분 사람과 같다면, 아마도 처음으로 시도해 본 이런 기억력 훈련을 제대로 해내지 못할 것이다. 당신은 주변에서 일어나고 있는 상황에 관심을 기울이고 집중력을 향상하도록 스스로를 훈련해야 한다. 목표는 무엇인가를 밝히거나 찾아내기 위해 멀리 빛을 비추는 탐조등이 밤하늘을 유심히 살피듯, 주변 상황에 관심을 기울이고 집중력을 향상시켜 이를 주의 깊게 살펴보는 것이다. 이 훈련을 더 많이 연습할수록, 기억력은 점점 더 폭넓고 깊게 강화된다. 또한 주어진 순간에 관심을 기울이고 집중할수록, 기억력은 당신과 아주 가까운 주변보다 훨씬 넓은 범위를 에워쌀 정도로 강화된다. 이에 따라 더욱 많은 부분을 살펴보고 더욱 많이 기억할 수 있다.

독일 프라이부르크에 있는 심리학과 정신건강 프론티어 연구소의 마크 비트만Mark Wittmann은 “당신이 주변에서 일어나고 있는 상황을 한층 더 주의 깊게 인식한다면, 현재 순간에 더욱 많은 것을 경험할 수 있을

뿐만 아니라, 스스로 만족할 정도로 기억력도 더욱 강화될 수 있다"라고 말했다.

외부로 향하는 상황 인식 훈련을 넘어서는 한 단계는 내부로 향하는 상황 인식 훈련이다. 자기 탐구를 포함한 상황 인식 훈련은 창의적 글쓰기 수업에서 활용된다. 사회적 환경에서 낯선 사람들과 만난 후, 소설가 지망생은 그들을 단편 소설이나 장편 소설의 줄거리에 포함하도록 요청받는다. 이와 유사한 방법은 정신분석학자들의 훈련에 적용되며, 이를 자기 분석이라고도 한다. 첫 번째 환자는 다름 아닌 바로 지그문트 프로이트Sigmund Freud였다. 심리학자이자 정신분석학의 창시자인 프로이트를 분석하는 사람은 아무도 없었다. 하지만 프로이트는 상황 인식 훈련을 적용하여 자신의 사고를 추적 관찰하고 연상을 활용하여 자기 자신을 분석했다.

다음 장에서는 포괄적 용어인 '기억력'을 기억력의 구성 요소로 분석할 것이다.

· 2장 ·

진실이 걱정을 뛰어넘는 순간

기억력의 강화

기억은 곧 당신 자신이다

현재 의식하고 있는 사실과 과거에 겪은 사건이나 상황들을 떠올릴 수 있는 한 사람의 기억력은 한 사람의 정체성을 바탕으로 형성된다. 다시 말해 기억력을 상실하면, 우리의 정체성은 부분적으로 변화하거나 완전히 사라진다. 소설가 스티븐 킹Stephen King이 자신의 저서 《듀마 키》에서 다음과 같이 썼다.

“한 사람의 기억력은 실제로 모든 부분을 차지한다. 기억력은 정체성이며, 바로 당신이다.”

한 사람의 정체성이 개인의 경험에 뿌리를 두고 있기 때문에, 더욱 많은 경험을 기억할수록 감각은 저절로 풍부해진다. 이런 현상은 기억 상실이 알츠하이머병의 가장 고통스러운 측면인 이유를 설명한다. 점진적인 기억력 감퇴는 모든 사람이 두려워하는 알츠하이머병에서 발생하며, 기억력뿐만 아니라 한 사람의 정체성도 파괴한다.

무엇이 나를 나 자신으로 만들까?

하지만 이런 사실을 곰곰이 생각해 보자. 당신은 '나 자신'을 어떤 존재로 기억하고 인식하게 될까? 철학자들은 수세기 동안 이 복잡하고 어려운 문제에 대해 논의해 왔다. 17세기, 철학자 존 로크John Locke는 기억의 관점에서 정체성을 정의했다. 그가 주장했듯이 기억력은 우리의 과거와 현재를 연결하는 실마리를 제공한다. 대부분의 경우 우리는 어제의 경험과 오늘의 경험이 그다지 구분되지 않는 상황에서 우리의 일상과 자아의식을 매일매일 기록한다. 하지만 훨씬 더 먼 과거로 거슬러 올라간다면, 우리가 연속적으로 겪은 이러한 경험들은 더욱 희미해지거나 완전히 다 함께 사라질 것이다.

1970년대 철학자 데렉 파핏Derek Parfit은 마치 쇠고리를 여러 개 이어서 만든 사슬과 같이 과거와 현재를 이어주는 연결 고리가 기억력을 형성한다고 주장했다. 이해하기 쉽게 간단히 말하자면, 우리는 과거와 현재를 이어 주는 모든 연결 고리로 구성된 기억과 더불어 자기 인식과 성찰로 더욱 단단하게 묶인 경험 사슬 때문에 '우리 자신'으로 계속 남아 있다.

이때 매우 중요한 사실은 본질적으로 한 사람의 기억이 한 사람의 정체성이라는 점이다. 다음 장에서 자세히 살펴보겠지만, 이러한 기억들이 사라지거나 급격한 변화를 겪는다면 우리의 자아의식에 확립하는 측면에서 대가를 치러야 할 것이다.

당신의 어린 시절 중 어떤 기억이 떠오르는가? 지금 이 순간 떠오른 그 기억을 곰곰이 생각해 보자. 과거로 얼마나 거슬러 올라가야 선명한 기억을 되찾을 수 있는가? 대부분은 2세나 3세 이전에 일어났던 일들을 전혀 기억하지 못한다. 간단하게 설명하자면, 프로이트는 억압(기억이 의식적 기억으로 들어가지 못하게 막는 무의식)의 결과에 따라서 사람들이 과거에 일어났던 일들을 기억할 수 없다는 개념을 대중화하였다. 하지만 오늘날 신경과학자들은 기억력에 관해 더 만족스럽게 설명한다. 이를테면 우리가 2세나 3세 이전에 일어났던 일을 전혀 기억하지 못하는 이유는 일화 기억(과거에 특정한 시간과 장소에서 개인적으로 경험한 상황이나 사건에 대한 기억)을 담당하는 뇌 구조가 충분히 발달하지 않았기 때문이다. 기본적으로 뇌가 발달되기 시작하는 초기 단계에는 우리가 자아의식을 갖추고 있지 않기에, 초기 단계 이전에 일어났던 일들을 전혀 기억할 수 없다.

기억력이 형성되는 순서

기억력과 정체성이 마치 시간의 음악에 맞춰 춤을 추는 두 무용수와 같다고 생각해 보자. 2세 이전의 어린아이들은 진정한 정체성을 갖추고 있지 않을뿐더러 거울에 비친 자신을 스스로 인식할 수도 없다. 그 후 1년 이내에 어린아이들은 거울을 살펴보면서 실험 심리학자가 조금 전에 자신의 얼굴에 살짝 찍은 볼연지를 만지려고 손을 뻗을 것이다. 그 시점에서 아이들은 자신이 다름 아닌 거울에 비친 스스로의 모습을 바라보고 있다는 사실을 인지할 수 있다.

5세가 지나면 모든 기억 시스템은 기능적으로 작동하고 기억 정보를 체계적으로 전달할 수 있다. 성숙 시기가 서로 일치하는 전두피질과 해마는 둘 다 성숙 시기가 늦다. 그리고 일화 기억과 의미 기억(일반적인 개념에 관한 기억)은 언어와 함께 생겨난다. 언어는 어린아이가 정체성을 갖추는 데 매우 중요한 역할을 차지한다. 어린아이는 지금까지의 경험들을 언어의 도움으로 기억하는데, 뇌에 서서히 축적되는 기억 정보를 구성하는 요소들은 여러 색실로 그림을 짜넣은 훌륭한 태피스트리처럼 정체성과 기억력이 뒤엉켜 섞여 있다. 이처럼 기억력은 '단어, 개념, 정체성, 기억' 순으로 형성된다.

일화 기억과 의미 기억은 모두 해마와 양방향 의사소통에 관여하는 대뇌 피질에 기반을 두고 있다. 평생 동안 해마는 대뇌 피질의 전문화된 기억력 센터와 더불어 일상적인 호출과 응답 과정을 수행한다. 예를 들어 우리가 대학 졸업식을 기억하려고 노력한다면, 신경 자극은 해마에서 그 광경과 소리, 토론 내용 등 각각의 기억을 저장하는 대뇌 피질 중추로 진행한다. 그다음 각각의 구성 요소들은 해마에서 다시 연결되며, 일화 기억의 유형으로 그때의 경험을 재현한다.

시간이 지나면서 정체성과 언어, 기억력은 과거와 현재, 미래 사이를 한 줄로 길게 이어 주는 연결 고리를 만들어 낸다. 역설적으로 무자비한 인생의 징후로서, 이 같은 통신 채널은 세상에 태어나 처음 5년 동안 발달되는 기억 시스템과 똑같은 순서로 인생의 끝을 향해 흐트러지기 시작한다. 알츠하이머병의 초기 단계에서는 일반적으로 언어 장애와 언어 상실증(실어증), 개념 상실, 뒤이어 다른 사람들에 대한 인지 능력 상실 등과 같은 증상이 발생한다. 그리고 마지막으로 애석하게도 이 무시무시한 병의 최종 단계에서는 자기 자신을 식별하지 못한다.

뇌의 한계를 극복하는 덩이짓기

다양한 종의 개와 자동차 종류가 있듯이 기억도 여러 유형이 존재한다. 롤스로이스가 현대와 다른 것처럼, 푸들은 그레이트 데인과 다르다. 각각의 역할은 서로 뚜렷한 유사성도 있지만, 상당한 차이점도 있다.

기억은 단기 기억과 장기 기억으로 나눌 수 있다. 당신이 방금 보고(시각), 듣고(청각), 맛보고(미각), 느끼는(촉각) 등의 중요한 감각을 단 몇 초 동안만 기억한다면, 이러한 기억을 일시적인 감각 기억이라고 한다. 이렇게 발생된 순간적인 느낌을 유지하려고 노력하지 않으면 단기 기억은 이름이 암시하는 바와 같이 짧은 시간 내에 신속하게 사라진다. 예를 들어 초콜릿 아이스크림을 먹고 나서 그 맛을 단 몇 초 동안 기억하기는 쉽지만, 몇 초 이상 기억하기는 어렵다.

반복을 통해 저장되는 단기 기억

요약하자면, 단기 기억은 짧은 시간 동안 적극적인 반복과 연습을 통해 기억 정보를 마음속에 간직해 두는 능력이다. 내가 당신에게 전화번호를 알려 주면서 옆방에 놓아 둔 당신의 휴대전화로 전화를 걸도록 요청한다면, 당신은 옆방으로 이동하면서 적극적으로 반복하여 전화번호를 마음속에 저장할 것이다. 전화번호를 기억하려고 노력하는 중에 무언가가 당신을 방해한다면, 심지어 당신이 휴대전화를 집어 든 그 순간 벨소리가 울린다면, 고심 끝에 전화번호를 잘못 생각해 내거나 완전히 잊어버릴 가능성이 크다. 당신이 그 전화번호를 들었을 때는 단기 서술 기억의 유형에 속한다. 즉, 의식적이고 명확한 정보가 전달된다.

이 경우 당신이 전화를 거는 짧은 시간 동안만 전화번호가 기억되도록 의도되었다. 하지만 당신이 계속 연락하고 싶은 사람들의 목록에 그 번호를 포함하고 싶다면, 그럴 때는 일화 기억이 의미 기억(반복적으로 학습되는 일반적인 개념에 관한 기억력)으로 전환되어야 한다. 당신이 매우 자주 그 번호로 전화를 건다면, 그럴 때는 의미 기억으로 전환될 것이다. 그 번호가 당신에게 아주 중요하거나 어떤 감정을 동반하지 않는 한, 이러한 전환은 서서히 발생하므로 여러 번 반복되어야 한다.

349370527222750045468020871345655370067819216523445680

75614503594923400960676590

87

앞에 나열된 숫자들을 1분 동안 자세히 살펴보자. 시선을 돌리고, 왼쪽부터 시작하여 당신이 기억할 수 있는 만큼만 숫자를 적어 보자. 얼마나 많은 숫자들을 떠올릴 수 있었는가? 신경 심리학적 선별 검사 가운데 최적 표준인 몬트리올 인지 평가(Montreal Cognitive Assessment)에 따르면, 숫자들 가운데 다섯 자리 이상을 기억한다면 성과는 그런대로 괜찮은 편이다. 그런데 무작위로 선발된 사람들이 속한 그룹은 최대 몇 자리 이상을 기억할 수 있을까?

1940년대에 하버드대학교의 유명한 심리학자 조지 밀러George Miller는 독일의 무선 통신을 방해하는 것이 목표인 군대를 위해 재밍 신호(Jamming Signal, 특정 주파수에 방해 신호를 전송하여 교신망이나 레이저를 교란시키는 신호)를 설계하는 동안 수치적 한계 '7'을 발견했다. 이러한 과정에서 어떻게 밀러는 사람들이 다양한 물리적 자극의 크기를 판단하는지를 측정했다. 물리적 자극은 얼마나 시끄러울까? 또한 얼마나 밝을까? 밀러는 다양한 물리적 자극을 판단하는 사람들의 능력이 일곱 가지 대안적인 상태로 제한되어 있다는 사실을 파악했다. 또한 사람들이 숫자를 단기적으로 기억하는 능력을 측정하면서 사람들의 단기 기억 용량이 7이었다는 사실도 밝혀냈다. 밀러는 연속으로 나열된 숫자들을 읽으며 연구 대상자들에게 그 숫자들을 여러 번 반복하도록 요청했다. 그는 나열된 숫자들 가운데 10자리 이상의 숫자 배열을 학습할 수 있는 일부 사람들의 드문 경우를 제외하고, 대부분이 다섯 자리에서 아홉 자리 정도의 숫자 배열을 반복할 수 있다는 사실을 발견했다(몇 페이지 뒤에서, 처음으로 시도해 볼 만한 방법으로서 10자리 이상의 숫자 배열을 반복하는 방식을 보여 줄 것이다!).

밀러는 숫자 7이 감각 등급(얼마나 클까?)과 숫자 범위에서 모두 나타난다는 사실을 인지하며, 1956년에 심리학에서 가장 기발한 제목과 더불어 유명한 논문 중 하나인 〈마법의 숫자 7±2: 인간의 정보 처리 능력의 한계〉를 집필했다. 흥미롭게도 밀러가 이러한 사실을 최초로 관찰한 인물이 아니다. 19세기 철학자 윌리엄 해밀턴 경Sir William Hamilton은 대부분 사람이 연속적으로 나열된 숫자들 가운데 7자리 이상의 숫자를 단기 기억 용량에 포함하는 데 어려움을 겪는다고 지적했다. 그는 "당신이 한 움큼 집어 든 구슬을 바닥에 던진다면, 혼란스러움을 느끼지 않은 상태에서 바닥에 던져진 구슬들 가운데 예닐곱 개 이상 정도를 한꺼번에 살펴보기가 어렵다는 사실을 인지할 것이다"라고 주장했다.

밀러의 학생들과 동료들의 후속 연구에 따르면, '마법의 숫자 7'은 숫자와 단어, 그림, 심지어 복잡한 아이디어에도 적용되었다. 밀러가 연구를 통해 실제로 전달하려는 메시지는 무엇이었을까? 뇌는 특정한 한계 내에서 작동하고, 이 특정한 한계는 인간의 광범위한 노력에 적용된다는 것이 아니었을까?

덩이짓기로 기억력 강화하기

하지만 그러한 한계는 극복할 수 있다. 예를 들어, 대체 용어인 즉각 기억이나 단기 기억을 강화하는 단계로 보장된 모든 기본 원칙들 가운데 가장 기본적인 기억력 구성 원칙을 보여 주려고 한다. 조금 전에 암기하려고 시도한 숫자들을 다시 한 번 살펴보길 바란다. 연속적으로 나열된 숫자들이 전화번호로 구성되어 있다고 생각해 보자.

349-370-5272

227-500-4546

802-087-1345

655-370-0678

192-165-2344

568-075-6145

035-949-2340

096-067-6590

87

처음 세 개의 전화번호를 암기하는 데는 단 몇 분밖에 걸리지 않을 것이다. 하지만 위 전화번호들 가운데 오로지 두 개만 기억할 수 있다고 해도, 당신은 이미 20개의 숫자를 성공적으로 암기한 것이다. 또한 20개의 숫자는 신경 심리학적 선별 검사 가운데 최적의 표준인 몬트리올 인지 평가에서 그런대로 괜찮다고 평가했던 다섯 자리나 밀러가 발견한 일곱 자리보다 훨씬 더 많은 자릿수의 숫자들이다. 여기에서 적용하는 기억력 구성 원리를 청킹(Chunking), 즉 '덩이짓기'라고 칭한다. 덩이짓기는 무작위로 나열된 숫자들을 기억하기 쉬운 배열로 변환하는 방식을 말하는데, 이 경우에는 전화번호로 변환하여 학습했다. 무의미한 숫자들에 의미를 부여하는 방법을 생각하려고 당신의 뇌를 몹시 괴롭힐 필요가 없었다는 사실을 염두에 두자. 내가 당신에게 전화번호를 제안했을 때는 오히려 모든 것이 잘 맞아떨어졌다. 덩이짓기의 다른 방법들은 더욱 강렬하게 생각하고 주의 깊은 처리 방식으로 숫자들을 고려해야 할 것이다. 당신의 정신적 활동 수준은 새로운 정보를 구성하는 데 몰두해야 한다. 무의미하게 배열된 숫자들에 전화번호의 형태로 의미를 부여하지 않는다면, 그때는 무엇을 적용해야 할까? 그 질문을 탐구해 보자.

전화번호 예시처럼 의미 있는 숫자로 변환할 색다른 방법을 찾는 과정에 더 많은 노력을 기울일수록 숫자를 기억할 가능성이 더 높아진다. 나는 헤르만 에빙하우스가 무의미하게 나열된 숫자들 속에서 일종의 구조를 어느 정도 부여하며 앞에서 언급한 방식으로 골치 아픈 기다란 숫자 표를 어떻게든 다뤘다고 생각하지만, 내 생각을 뒷받침할 만한 증거는 존재하지 않는다. 어쩌면 에빙하우스는 자신이 적용했던 방식을 의식하지도 않았을 것이다. 아마도 그는 숨을 깊게 들이마실 때마다 특정한 숫자 덩어리를 암기했을 수 있다. 에빙하우스가 어떤 방식으로든 연속적으로 나열된 무의미한 숫자들을 의미 있는 숫자들로 덩이짓지 않았다면, 그는 그 숫자들을 수동적이면서도 반복적으로 여러 번 반복하여 기억력을 형성하며 기계적 암기에 대한 세계 기록을 보유하고 있을 것이다.

10자리에서 80자리 숫자까지 외운 실험

숫자들을 암기하는 과정을 더 깊고 자세히 설명하는 데 다른 방법들을 적용할 수 있는지를 물었던 그 질문으로 다시 되돌아가 보자. 카네기멜런대학교의 열정적인 크로스컨트리 달리기 선수인 S.F.의 경험을 고려해 보면, S.F.는 처음에 연속적으로 나열된 무의미한 숫자들로 몬트리올 인지 평가를 받았을 때 일곱 자리 숫자를 기억하며 완벽하고 정상적인 성과를 거두었다. S.F.와 함께 연구에 몰두한 심리학자 K. 안데르스 에릭손K. Anders Ericsson은 S.F.에게 숫자들을 습관적으로 하루에 세 번, 한 시간씩 암송하도록 권장했으며, 그 후 S.F.는 10자리 숫자를 암기할 수 있었다. 하지만 S.F.가 암기한 10자리 숫자는 조금 전에 당신이 무의미하게 나열된 숫자를 휴대전화 형식으로 변환하여 암기했을 때 성공적으로 암기한 자릿수의 숫자들보다 훨씬 덜 인상적이었다.

수백 시간의 연습 끝에 S.F.는 덩이짓기 방법을 마음속에 떠올려 숫자들을 초당 한 자리 숫자의 속도로 반복적으로 암송하면서 10자리 숫자를 80자리 숫자로 증가시켰다. 덩이짓기 방법을 적용한 결과가 얼마나 인상적인지를 생각해 보려면, 당신이 암기하려고 시도했던 전화번호 목록을 다시 한 번 더 살펴보길 바란다. 그 목록은 정확히 80자리 숫자이다. 그렇다면 어떻게 S.F.는 그런 놀라운 성과를 보였을까?

여기에 힌트가 하나 있다. 나는 S.F.가 숲이나 들판 등 굴곡이 많은 흙길에서 달리는 크로스컨트리 달리기 선수라고 앞서 언급했다. 이러한 사실은 S.F.가 숫자들을 K. 안데르스 에릭손이 권장한 '의도적인 암기 수행' 방식대로 수백 시간 동안 습관적으로 암송하고, 그 무의미한 숫자들을 암기하는 과정에서 덩이짓기 방법을 깊이 있게 적용하여 성과를 증가시킬 수 있도록 매우 중요한 열쇠를 제공했다. 그렇다면 어떻게

S.F.는 80자리 숫자 목록을 기억하는 데 도움이 되고자 자신의 크로스 컨트리 달리기 수행 방식을 적용했을까?

S.F.는 다양한 숲이나 들판 등 굴곡이 많은 흙길을 달릴 때마다 가능한 한 숫자들과 달리는 시간을 연관시켜 생각하며 기억 범위를 증가시킬 수 있었다. 예를 들어, S.F.는 매우 빠른 속도로 달릴 때 4분 바로 직전인 3분 58초의 달리는 시간으로 숫자 3, 5, 8을 부호화 했다. 또 다른 예로, 숫자 3으로 시작한 네 자리 숫자 3, 4, 9, 3을 기억하기 위해서는 달리는 시간 3분 49.3초로 숫자 3, 4, 9, 3을 부호화했다.

S.F.는 '정교화'라는 기본직인 기억술을 활용하고 있었다. 당신이 기억해야 할 것에 더욱 많은 의미를 부여할수록 더욱 성공적으로 기억할 수 있다. 연속적으로 나열된 무의미한 숫자들을 확실하게 기억하는 또 다른 방법은 그 숫자들을 기억하기 위한 부호로 작용할 수 있는 문장을 개발하는 것이다. 유명한 예로는 영국의 수학자 제임스 진스 경Sir James Jeans이 원의 둘레와 지름의 비율인 원주율 파이(π)를 나타내고자 문장을 개발했다. 여기에서 원주율 파이는 무리수로서 일정한 규칙성 없이 소수점 아래로 무한정 되풀이되므로 정확한 값을 구할 수 없으나, 소수점 첫째 자리부터 14번째 자리까지를 표현하자면 3.14159265358979를 말한다.

제임스 진스가 원주율을 나타내고자 고안한 문장은 다음과 같다.

"How I want a drink, alcoholic of course, after the heavy lectures involving quantum mechanics(양자역학을 포함한 힘든 강의를 마친 후, 물론 내가 알코올음료를 얼마나 원하는지)."

이 문장을 잠시 동안 응시하고서 과연 원주율의 숫자와 어떤 연관성이 있는지를 파악할 수 있도록 자세히 살펴보길 바란다.

제임스 진스가 고안한 문장을 읽을 때 그 문장에서 쓰인 각 단어의 글자 수는 소수점 첫째 자리부터 14번째 자리까지를 표현한 원주율에 해당한다. 첫 번째 단어인 'How'는 글자 수가 3, 두 번째 단어인 'I'는 글자 수가 1, 세 번째 단어인 'want'는 글자 수가 4, 네 번째 단어인 'a'는 글자 수가 1, 다섯 번째 단어인 'drink'는 글자 수가 5, 여섯 번째 단어인 'alcoholic'은 글자 수가 9등이다. 이 문장이 우스꽝스러워 보일 수 있으나 익숙해진 다음 마음속으로 외워본다면, 원주율을 최소한 소수점 첫째 자리부터 14번째 자리까지 확실하게 암기할 수 있을 것이다. 다시 말해 어떻게 해서든 '정교화'라는 기본적인 기억술을 활용한다면, 믿기 어려울 정도로 일정한 규칙성 없이 무한정으로 구성된 원주율의 숫자들을 더욱 많이 확장해 암기할 수 있을 것이다. 1981년 인도의 수학자 라잔 마하데반Rajan Mahadevan은 원주율을 구성한 숫자들 가운데 소수점 첫째 자리부터 3만 1,811번째 자리까지 정확하게 암송했다.

아마도 이 시점에서 당신은 궁금해 할 것이다.

"왜 내가 신경 써야 하지? 그래도 내가 숫자를 더 많이 외울 수 있는 방법을 익힐 수 있다면 어떨까?"

상상하면
숫자가 머릿속으로
들어온다

암기 숫자 범위를 증가시키는 방법은 간단하면서도 뇌에서 처리하는 기억 정보의 초기 단계에서 효율성을 반영한다. 당신이 얼마나 제대로 학습하느냐는 초기 단계에서 기억 정보를 얼마나 효율적으로 처리하느냐에 따라 달라지므로, 이러한 사실은 매우 중요하다. 암기 숫자 범위를 증가시킬 수 있다면, 당신 뇌의 전반적인 기억 능력을 향상시킬 수 있다. 어린이의 암기 숫자 범위는 기초 수학과 읽기 능력에 대하여 신뢰할 만한 예측 변수 역할을 하기에, 우리는 이러한 사실을 명확히 인식할 필요가 있다.

암기 숫자 범위를 증가시키는 방법이 뇌의 기억 수행 능력을 강화하는 데 관련이 있다는 사실은 그렇게 놀라운 일도 아니다. 활성화된 뇌 기능에는 주의력과 집중력, 순서 배열, 숫자 기능, 청각 기억, 시각 기억, 단기 기억 등이 있다.

앞자리부터 순차적으로 암기 숫자 범위를 늘리는 방법보다 훨씬 더 어렵고 힘든 방식은 거꾸로 뒷자리부터 외우는 방법이다. 당신도 직접 시도해 보길 바란다. 당신의 휴대전화로 다섯 자리 숫자나 여섯 자리 숫자를 임의적으로 만들어 내거나, 다른 누군가에게 다섯 자리 숫자를 기록하도록 요청해 보자. 앞으로 깨닫게 될 테지만, 뒷자리부터 암기하는 방법은 앞자리부터 순차적으로 외우는 방법보다 훨씬 더 어렵고 힘들다. 많은 사람이 마법의 숫자 7에 따라 앞자리부터 순차적으로 일곱 자리 숫자를 정확히 기억할 수 있지만, 뒷자리부터 차례대로 네 자리나 다섯 자리 이상의 숫자를 정확히 기억할 수 있는 사람은 드물다. 이렇게 차이가 나는 이유는 무엇일까? 뒷자리부터 암기 숫자 범위를 늘리는 방법은 연속적으로 나열된 무의미한 숫자들을 등록하고 부호화하는 방식뿐만 아니라, 조작하는 방식도 포함한다. 당신은 늘 하던 대로 무의미하게 나열된 숫자들을 마음속에 그린 다음 왼쪽에서 오른쪽으로 읽어 나가기보다 오히려 오른쪽에서 왼쪽으로 그 무의미한 숫자들을 읽어 나가야 한다.

운율을 이용한 숫자 외우기

다른 뇌 기능들은 그러한 훈련과 관련이 있다. 이러한 사실은 우리가 지금 또 다른 유형의 기억인 '기억의 여왕: 작업 기억(Queen of Momory: Working Memory)'에 대해 이야기하고 있다는 사실을 넌지시 알려 준다. 작업 기억은 매우 중요하므로, 이번 2장의 뒷부분에서 아주 자세히 다룰 예정이다. 지금은 앞자리부터 순서대로 암기 숫자 범위를 늘리는 방법과 이러한 암기 능력을 강화하는 또 다른 방법들에 계속 집중하도록 하자. 암기 숫자 범위를 증가시키는 데 가장 중요한 방법은 그 무의미한 숫자들에 해당하는 정신적 이미지나 운율을 맞춘 단어들을 생각해내고 마음속에 떠올리는 것이다.

다음과 같이 숫자 0부터 10까지에 해당하는 정신적 이미지나 운율을 맞춘 단어들을 마음속에 떠올리며 숫자들을 암기해 보자.

0(Zero) 영웅(Hero)

1(One) 태양(Sun)

2(Two) 신발(Shoe)

3(Three) 나무(Tree)

4(Four) 문(Door)

5(Five) 벌집(Hive)

6(Six) 나뭇가지(Sticks)

7(Seven) 천사(Heaven)

8(Eight) 스케이트(Skate)

9(Nine) 포도나무(Vine)

10(Ten) 암탉(Hen)

운율을 맞춘 단어들 덕분에 당신은 목록을 쉽게 기억할 수 있다. 숫자 0을 볼 때마다 스스로 가장 존경하는 영웅을 상상해 보자. 7을 볼 때는,

하프를 연주하면서 구름 위로 떠다니는 천사를 상상할 수 있다.

이제는 202-362-734를 가지고 이런 기억 시스템을 적용하여 암기해 보자. 당신은 우선 첫 번째 그룹에 속하는 '202'를 보고 당신의 영웅과 관련된 정신적 이미지, 이를테면 프로 골프 선수 타이거 우즈Tiger Woods가 양손에 신발을 들고 있는 모습을 상상할 수 있다. 숫자 '36'을 기억하기 위해서는 전기톱으로 커다란 나무를 잘라 나뭇가지 더미로 부피를 줄이는 모습을 상상해 보자. 숫자 '27'을 기억하기 위해서는 신발과 같은 모양의 하프를 연주하는 천사의 모습을 상상해 보자. 숫자 '34'를 기억하기 위해서는 거대한 나무가 곳간으로 쓰러져 곳간 문과 세게 충돌하는 장면을 마음속에 그려 보자.

이제 1부터 10까지에 해당할 만한 운율을 맞춘 단어들을 연구하여 당신만의 정신적 이미지를 형성하도록 노력하길 바란다. 그 과정에서는 매우 기본적인 두 가지 기억술인 연상법과 정교화를 활용할 것이므로, 당신 스스로 마음속에 떠올리는 정신적 이미지를 정확히 기억할 가능성이 매우 크다.

시각적 방식으로 암기력을 강화하라

위에서 제시한 단어 목록은 0부터 10까지 각 숫자마다 비슷한 소리로 들리도록 운율을 맞춘 단어들에 기반을 둔다는 사실을 기억해야 한다. 이러한 목록을 활용하는 암기 방법은 대부분 사람이 강의 내용을 읽을 때보다 오히려 강의를 귀담아들을 때 훨씬 더 학습 효과가 크다. 그래서 특정한 청각적 방식을 통해 가장 효율적으로 학습하는 독자들에게 가장 좋다. 반면에 시각적 방식은 숫자마다 비슷한 모습으로 보이는 대상으로 변환할 때 가장 효율적이다. 심리학자인 내 친구 알랭 누Alain Nu와 시각적 방식으로 학습한 단어 목록은 다음과 같다.

1. 펜
2. 백조
3. 수갑
4. 돛단배
5. 갈고리
6. 골프채
7. 절벽
8. 모래시계
9. 도깨비
10. 야구 방망이와 야구공

위의 목록은 시각적 유사성에 기초를 두고 있다. 이를테면 1은 마치 펜과 유사하게 보이고, 2는 백조, 3은 거울로 비추어 볼 때 거울상과 연결된 모습으로 마치 수갑과 유사하게 보이고, 4는 돛단배와, 5는 갈고리, 6은 어린이가 그린 골프채와 유사하게 보이고, 7은 절벽 옆면, 8은 모래시계, 9는 호수에서 물 밖으로 머리를 내미는 도깨비와 유사하게 보이며, 10은 마치 야구 방망이와 야구공처럼 보인다.

두 번째 단어 목록을 활용한다면, 당신은 모든 숫자를 시각화하고 있는 것이다. 물론 시각적으로 숫자와 단어의 관련성이 완벽하다고 볼 수는 없다. 8은 모래시계와 완전히 유사하게 보이지 않지만, 8의 형태와 유사한 대상을 구성하기에 그다지 상상력이 풍부하지 않으므로 8은 모래시계와 매우 근접하게 보인다.

키보드보다는 직접 쓰기로

내가 제안한 두 가지 암기 방법을 모두 시도해 본 다음 당신에게 어떤 방법이 가장 적합한지를 파악하길 바란다. 숫자마다 해당하는 단어 목록을 각각 분리된 색인 카드에 입력할 때 컴퓨터로 입력하지 말고 손으로 직접 기록하길 바란다. 직접 기록하면, 손과 손목의 근육에서 보내는 암기 정보를 포함하여 추가적으로 감각 입력을 활용할 수 있다. 컴퓨터로 입력할 때는 이러한 경험을 할 수 없으므로, 펜으로 직접 기록하는 방법이 가장 좋다. 다시 말해서 손과 손목의 근육에서 보내는 암기 정보를 포함하여 추가적으로 감각 입력을 활용한다면, 암기력과 기억력을 매우 강화할 수 있다.

어떤 사람들은 미각이나 후각과 같은 감각을 추가로 보충할 수도 있고, 다른 사람들은 하나의 감각 입력을 또 다른 감각 입력과 교환할 수도 있다.

오늘날 전 세계적으로 오로지 진정한 기억력을 갖춘 학자 50명 정도 가운데 한명인 다니엘 타멧Daniel Tammet은 "내가 무의미하게 나열된 숫자들을 유심히 살펴볼 때, 내 머리는 시각적 이미지를 형성하고자 자연스럽게 함께 결합되는 색깔과 모양, 질감 등으로 가득 채워지기 시작한다. 각각의 숫자를 기억하기 위해, 나는 단순하게 내 머릿속에 가득 채워진 여러 모양과 질감들을 되짚어 가며 해당하는 숫자들을 읽어 낸다"라고 주장한다. 또한 타멧은 자신의 자서전《브레인 맨, 천국을 만나다》에서 "연속적으로 나열된 무의미한 숫자들의 배열이 증가할수록, 나의 숫자 지형은 숫자들로 구성된 내 마음속에서 마치 전체 국토처럼 형성될 때까지 더욱 복잡하게 층을 이루게 된다"라고 언급한다. 인용문에서 분명히 보여 주듯이, 타멧의 기억력 시스템은 부분적으로 공감각(감각 유추)에 기반을 두고 있다. 이를테면 숫자나 문자의 시각화가 색깔이나 맛의 시각화를 불러일으킬 때와 마찬가지로, 공감각은 한 종류의 어떤 감각에 자극이 주어졌을 때 하나의 감각이 또 다른 영역의 감각을 불러일으키는 현상을 말한다.

정확하게 설명하자면, 공감각은 진귀한 현상이지만, 당신은 기억력 시스템을 형성하는 데 부분적으로 기반을 두고 있는 공감각을 최대한으로 활용할 가능성이 적을 것이다. 대신 우리는 기억력 시스템을 형성하는 과정에서 공감각의 활용도를 줄이면서도 공감각을 우리의 언어로 적용할 수 있다. 말하자면 빛깔이 유난히 화려한 대상을 의미할 때는 '큰 소리'로 표현하고, 우리가 선망하는 성격적 특성을 어떤 한 가지 색상으로 정확히 담아내고 싶을 때는 친화적인 '녹색'으로 표현하며, 음악적 피치(음의 높낮이)는 어둡거나 밝거나 바람이 잘 통하는 상태로 상상할 수 있다. 가장 흔한 유형의 공감각은 글자와 숫자 등에서 특정 색상을 보는 문자소-색체 공감각이며, 근소한 차이에서 두 번째로 흔한 유형의 공감각은 서로 다른 각각의 음색이나 음에서 특정 색상을 보는 색

환각(음악-색 공감각)이다. 문자소-색체 공감각은 어느 정도로 학습될 수 있지만, 타멧이 보여 주는 만큼 숙달된 정도까지는 아니다.

내가 지금까지 만났던 모든 기억술사 가운데 아마도 문자소-색체 공감각과 관련하여 아주 조금 이상의 타고난 재능을 갖춘 기억술사는 아무도 없었을 것이다. 대신에 이 기억술사들은 개인적인 재능과 선호도에 따라 조합된 다른 네 가지 감각(청각, 촉각, 미각, 후각)과 함께 시각을 이용한다. 대부분의 경우, 한 가지 감각의 선명도는 모든 다른 감각들의 선명도보다 높아진다.

시각 장애가 있는 사람들을 제외하고, 대부분은 시각을 먼저 이용한다. 하지만 일부 예술가들과 다른 사람들은 모든 감각 가운데 한 가지 감각을 두드러지게 강조하며 나머지 다른 감각들의 입력 정보를 가능한 한 많이 배제한다. 예를 들어 캐나다의 피아노 연주자 얀 리시에츠키jan lisiecki는 "왜 피아노 연주회에서 두 눈을 감고 연주했나요?"라는 질문을 받았을 때 다음처럼 대답했다.

"당신이 당신의 모든 감각들 가운데 한 가지 감각의 작용을 멈춘다면, 나머지 다른 감각들의 작용을 고조시킬 수 있을 겁니다. 보통 무대 위에서는 냄새가 나지 않기에, 저는 후각 작용을 정지시키고 청각 작용을 고조시키며 스스로 음악에 완전히 몰두합니다. 아주 오랜 시간 동안 피아노를 연주하고 나면, 저는 굉장히 중요한 모든 감각이 어디에 존재하는지를 매우 확실하게 인지할 수 있답니다."

처음부터 두 눈을 꼭 감고서 기억하고 싶은 대상을 가능한 한 마음의 눈으로 가장 선명하게 살펴보는 동안 당신의 머릿속에 시각적 장면을 만들어 내는 데 집중하기를 바란다. 예를 들어, 당신은 숫자 4를 암기하고자 4와 시각적으로 유사하게 보이는 돛단배를 내부의 시각적 이미지로 형성하는 작업에 집중하고 있다. 이 과정에서 스스로가 만족할 만한 무언가를 성취했다면, 당신은 돛단배를 타고서 항해할 때 돛단배의 움직임에 따른 약간 불안정한 느낌과 짠 바닷물의 톡 쏘는 냄새, 선체를 따라 흘러가는 바닷물, 돛을 통한 바람 소리 등을 쉽게 상상할 수 있다. 이러한 모든 현상이 공감각에 해당하는 것은 아니지만, 그래도 여전히 공감각은 다중 부호화 방식으로 바다 위를 항해하는 경험에 함께 조합된 여러 감각을 포함한다. 하지만 처음에는 돛단배를 계속 명확하게 시각화하는 일이 무엇보다 가장 중요하다.

초환상증과 저환상증

1장에서는 고대 그리스 시대의 서정 시인 시모니데스와 그가 붕괴한 연회장의 좌석 배열을 기억해 낸 사실을 이야기했다. 이러한 사실은 거의 2000년 후 줄리오 카밀로가 정신적 이미지와 좌석 위치(정신적 이미지의 위치)를 적용하여 방대한 양의 기억 정보를 기억할 수 있는 '기억 극장'을 제안했을 때 뒤따랐다. 좌석 위치를 기억하는 방법은 오늘날 기억술사들이 활용하는 가장 인기 있는 방법들 중 하나로 남아 있으며, 내가 개인적으로 관리할 수 있는 양의 기억 정보를 수용하는 데 가장 도움이 되는 방법이다.

위치를 나타내는 정신적 이미지들 가운데 첫 번째로 형성했던 기억 장소는 내가 1년 내내 사계절을 겪는 동안 관리할 수 있는 양의 기억 정보를 수차례 연구했던 우리 집 앞이다. 나는 모든 창문의 위치를 정확히 인식하고 있으며, 벽돌들, 심지어 얼마나 많은 벽돌 기둥들이 한 창문과 또 다른 창문을 구분하는지조차도 마음속에 그릴 수 있다. 사진과 완전히 똑같지 않지만, 그래도 매우 흡사하다.

이처럼 위치를 나타내는 정신적 이미지의 선명도가 사진과 매우 흡사해야 하는 이유는 내가 당신에게 개인적으로 친숙하거나 중립적인 대상을 기억의 초점으로 선택하도록 제안하기 때문이다(예측할 수 없는 시간에 오랫동안 한 자리에 서서 다른 사람의 집을 응시하는 것은 화목하게 어울리려는 이웃 사람들에게 좋은 인상을 줄 수 없다). 그래서 당신이 첫 번째로 위치를 나타내는 이미지를 형성할 때는 당신이 원하는 시간에 언제든지 모든 위치를 세밀하게 연구할 수 있는 대상을 선택해야 한다. 모든 사람이 생생한 정신적 이미지를 형성할 수 있는 능력이 같지 않기에, 처음에는 오로지 한 곳에서만 작업하는 것이 가장 중요하다. 우리는 내부의 정신적 이미지를 매우 선명하게 형성하는 능력인 초환상증을 연구하는 과정에서 이러한 사실을 인식한다.

한 가지 정신적 이미지로 작업하면 시각적 능력에 대한 통찰력을 얻을 수 있다. 한 연구원이 초환상증을 언급한 바에 따르면, 초환상증이 있는 사람은 영화 한 편을 보고 난 후에도 자신의 기억 속에서 그 영화를 볼 수 있으며, 직접 본 영화와 자신의 기억 속에서 본 영화는 구별할 수 없다. 이런 상황이 당신에게 얼마나 낯설게 들릴지 모르겠지만, 이런 상황은 생각보다 드문 현상이 아니며 일반 사람들 가운데 2.6퍼센트 정도가 관련될 수 있다.

초환상증과 정반대되는 현상은 정신적 이미지를 형성하는 능력이 훨씬 감소한 저환상증이다. 한 연구원의 말에 따르면, '마음의 눈'으로 정신적 이미지를 형성하는 능력에서 초환상증과 저환상증이 이렇게 극단적으로 다른 현상은 이 두 현상이 연속체에서 서로 정반대쪽 끝에 해당하지만 그렇다고 해서 매우 혼란스러울 정도로 이상한 상황이 아니다. 나를 포함하여 대부분의 사람은 연속체의 중간 근처 어딘가에 속한다. 하지만 당신이 저환상증과 가까운 어딘가에 속한다고 하더라도, 스스로 꾸준하게 연습한다면 정신적 이미지를 선명하게 형성할 수 있다. 마지막으로 처음에 정신적 이미지를 선명하게 형성한다면, 당신은 다양한 다른 정신적 이미지들도 형성하기 시작할 것이고 자신만의 방식으로 '마음의 눈'에 대한 통찰력을 제공할 것이다.

고대 그리스인들의 기억력 강화 방법을 연구하면서 배웠듯이, 뛰어난 기억력 형성을 위해 우선해서 개발해야 할 가장 중요한 기술은 대상을 뚜렷하지 못하고 어렴풋하게 나타내 보이는 방식이 아니라, 대상을 최대한 명확하게 나타내 보이는 방식인 시각화이다. 시각화 기술이 가장 발달된 상태에서는 시각화된 대상과 시각화된 대상의 실제 대상이 같아야 한다. 초환상증을 지닌 사람들은 상대적으로 저환상증을 지닌 사람들보다 시각화된 대상과 실제 대상을 동일시하는 방식을 처음부터 훨씬 더 수월하게 파악할 것이다. 하지만 '연습, 연습, 연습'이라는 이 세 반복적인 단어와 마찬가지로 꾸준히 계속 연습한다면, 저환상증을 지닌 사람들은 초환상증을 지닌 사람들과 벌어진 차이를 좁힐 수 있다.

무작위로 10가지 물건 외워보기

어떤 구성이든 상관없이 10가지 품목을 탁자나 책상 위에 배열해 보자. 나는 펜과 책, 매직펜, 아이패드, 휴대전화, 선글라스, 책, 잉크병, 빗, 시계를 선택했다. 당신도 나처럼 당신이 선호하는 10가지 물건을 선택해 보자. 당신에게 친숙하거나 심지어 소중하게 여기는 물건을 몇 가지 포함하면 더 좋다. 처음부터 집중력을 불러일으킬 것이다.

당신이 선택한 10가지 물건을 3분 동안 주의 깊게 연구해 보라. 이제 당신은 두 눈을 꼭 감고서 특정하게 배열된 그 물건들을 마음속에 그리는 연습을 실행한다. 당신은 이를 잘 해낼 수 있는가? 그럴 수 없다면, 10가지가 아닌 다섯 가지로 시작해 보자. 이때 중요한 사실은 10가지 물건을 서로 쉽게 구별할 수 있도록 특정한 차례나 간격에 따라 매우 독특하게 배열해 놓고 세밀하게 살펴보는 것이다. 그런 연습을 실행할 수 있다면, 지금부터 10가지 물건들을 차례로 하나씩 깊이 있게 연구하길 바란다.

이런 연습에서 나는 이탈리아의 명품 제조 회사인 몬테그라파와 함께 내가 직접 디자인 작업을 도왔던 펜을 선택했다. 그 펜은 몸통이 순은으로, 뚜껑이 푸른색 셀룰로이드로 제작되었으며, 클립이 18K 금으로 마감되어 있다. 18K 금으로 제조된 펜촉의 윗부분은 붉은색 셀룰로이드로 제작되었다. 펜을 주의 깊게 살펴본 후, 탁자 위에 놓아두고서 두 눈을 꼭 감으며 다시 한 번 더 펜을 마음속에 그려본다. 이제 그 펜은 다른 물체들보다 정신적 이미지의 선명도가 훨씬 더 높아져 유난히 돋보인다.

다음으로, 내가 오늘 착용한 시계를 살펴보았다. 그 시계는 직사각형의 투톤 다이얼과 6시 위치에 마이크로초 다이얼이 별도로 분리된 1948년식 빈티지 해밀턴 바튼 시계이다. 시계를 몇 분 동안 주의 깊게 연구한 후에는 예전에 의식하지 못했던 세부 사항들이 갑자기 내게서 불쑥 튀어나온다. 시계의 문자반에서 짝수 시간은 홀수 시간을 나타내는 점과 서로 번갈아 나타나며, 6시 숫자는 마이크로초 다이얼로 대체된다. 시계를 탁자 위에 다시 놓았을 때는 펜과 마찬가지로 나머지 다른 물건들보다 유난히 눈에 잘 띈다.

이런 연습을 할 때, 당신은 세부 사항들을 확내하거나 축소하면서 시각화하는 일종의 고성능 정신적 렌즈를 이용한다는 사실을 인지할 것이다. 나는 펜과 시계를 활용하여 이런 연습을 수월하게 실행할 수 있지만, 다른 물건들은 펜이나 시계와 유사하게 정신을 한데 모아 집중해서 철저히 연구하며 두 눈을 감고 이미지를 선명하게 형성하지 못했기에 펜과 시계처럼 눈에 잘 띌 수도 없다. 하지만 나는 다른 물건들도 성공적으로 잘 해낼 것이다. 규칙에 따라 마음의 눈으로 물체를 명확하게 살펴볼수록 훨씬 더 수월하게 기억할 수 있다. 정신적 이미지의 선명도와 세부 사항은 기억력의 질과 직접적으로 관련되어 있다는 사실을 염두에 두길 바란다.

친근한 기억 장소를 만들어라

자신만의 기억 장소를 만드는 방법을 보여 주는 가장 좋은 방법은 아마도 내가 나만의 기억 장소를 만들어 내는 방법을 세밀하게 설명해 주는 것일 수 있다. 앞에서 언급했듯이, 우리 집은 위치를 나타내는 이미지들 가운데 첫 번째로 형성했던 기억 장소이며, 두 번째로는 근처 도서관과 세 번째는 커피숍, 네 번째는 주류 판매점, 다섯 번째는(내가 다녔던) 조지타운대학교 의과대학 앞, 여섯 번째는 조지타운대학교 정문, 일곱 번째는 (내가 좋아하는) 조지타운에서 잘 알려진 음식점 카페 밀라노, 여덟 번째는 조지타운과 버지니아주 로슬린을 연결하는 키 브리지(Key Bridge), 아홉 번째는 이오지마의 수리바치산에 성조기를 게양한 해병대를 기념하는 이오지마 전쟁 기념비, 마지막으로 열 번째는 로널드 레이건 공항이다. 나는 우리 집에서 대략 6.5킬로미터 정도 떨어진 이오지

마 전쟁 기념비를 지나 추가로 14.5킬로미터 정도 떨어진 레이건 공항까지 걸어가면서 이 모든 장소와 마주쳤다. 개인적으로 친숙한 장소(우리 집과 도서관, 커피숍, 주류 판매점, 조지타운대학교 의과대학, 조지타운대학교 정문, 카페 밀라노)나 그림의 특성 때문에 선택한 장소(키 브리지와 이오지마 전쟁 기념비, 로널드 레이건 공항)를 바탕으로 각각의 장소를 선택했다.

당신도 자신에게 의미 있는 10가지 장소를 선택하는 것이 좋다. 이렇게 하면, 장소들이 당신에게 친숙하다는 장점을 안고서 연습을 시작할 수 있다. 게다가 이 장소들은 당신에게 의미가 있을뿐더러 친숙할 것이기에, 연습을 통해 더욱 아름답게 윤색할 수 있는 명확한 그림으로 시작할 수 있다.

이제는 내가 이러한 장소들을 어떻게 이용했는지를 예를 들어 설명하려고 한다. 내가 슈퍼마켓에 가서 다음의 상품들을 구매한다고 상상해 보자.

우유
빵
아침 식사용 시리얼
생선
살코기
핫도그와 롤빵
종이 수건
수박

케첩

오렌지 주스

이러한 품목들은 어떤 유형으로든 계층 구조를 형성하지 않으므로 순서대로 경유한 장소에 따라 부호화될 수 있다. 내가 적용했던 방법은 다음과 같다.

집: 우유 1리터가 뒤집히자 굴뚝에서 우유가 쏟아져 나오는 집을 상상해 보자.

도서관: 내 맞은편에 있는 복도 길이의 창문을 통해 도서관을 자세히 들여다보면서, 나는 책꽂이에 책 대신 빵이 가득 놓인 장면을 바라본다.

커피숍: 야외 탁자 위에 놓인 거대한 커피 잔 안에는 수박이 들어 있다.

주류 판매점: 선반에 줄지어 늘어선 병 안에는 핫도그와 롤빵이 들어 있다.

조지타운대학교 의과대학: 시리얼 한 상자

조지타운대학교 정문: 정문은 케첩이 흐르는 무릎 높이의 실개천을 헤치며 걸어 나와 케첩에 흠뻑 젖어 있는 학생들로 가득 차 있다.

카페 밀라노: 카페 밀라노는 바다 밑에 잠겨 있다. 물고기 떼가 도발적으로 꼬리를 활발하게 흔들며 카운터에서 탁자까지 휙 스쳐 지나가다 다시 재빨리 탁자에서 카운터까지 후다닥 지나다닌다.

키 브리지: 키 브리지의 표면은 조지타운에서 로슬린까지 또한 로슬린에서 조지타운까지 왕복하는 자동차들 덕분에 연해진 프라임 스테이크로 이루어져 있다.

이오지마 전쟁 기념비: 해병대는 거대한 종이 수건을 들어 올리고 있다.

로널드 레이건 공항: 공항에 있는 미국의 제 40대 대통령 로널드 레이건Ronald Reagan의 확대된 조각상에는 그의 이름이 새겨져 있으며, 목마른 여행객을 위해 오렌지주스 한 잔을 들고 있는 레이건 대통령의 모습이 그려져 있다.

기억력 강화 방법을 시작하기 위해서 우선 당신만의 기억 장소를 생각해 내길 바란다. 이를테면 매일 동네 주변을 걸어 다니면서 자주 마주치는 장소, 잠에서 깨어 침대에서 일어나면서 하루를 시작하고 밤에 마지막으로 침대 옆에 놓인 전등을 끄는 행위로 하루를 마감한다. 일상적인 하루와 관련된 사물 등으로 기억은 구성된다.

기억 장소를 오로지 한 종류로만 제한할 필요는 없다. 내가 위에서 첫 번째 기억 장소로서 예를 든 우리 집과 더불어, 나는 사무실 책상에서 일어나 거리를 따라 두 블록을 내려가 이탈리아 레스토랑까지 걸어가면서 마주친 장소와 사물들로 구성된 또 다른 기억 장소를 형성한다. 당신에게 관심이 끌릴 정도로 매력적인 장소나 물체들을 선택하기만 한다면, 어떤 상황에서도 자신만의 기억 장소를 형성할 수 있을 것이다. 이때 무엇보다 중요한 사실은 당신에게 매력적인 장소나 물체들로 구성된 기억 장소가 제2의 천성이 된다는 점이다. 그 기억 장소를 즉시 기억할 수 있을뿐더러 최대한 명확하게 살펴볼 수도 있다.

정신적 이미지를 기이하거나 불경스럽게 형성할수록 훨씬 더 수월하게 기억할 수 있다는 사실을 염두에 두길 바란다. 하지만 이 책에서 내가 줄곧 언급했듯이, 기억력을 성공적으로 강화하는 결정적인 요인은 정신적 이미지의 선명도이다. 따라서 기억 정보를 가능한 한 명확하게 기억하려고 노력하면서 기억 정보와 어우러지도록 적용할 자신만의 기억 장소를 세밀하게 살펴보는 작업을 꾸준히 연습해야 한다.

몰입하던 일을 잠시 중단하라

"하지만 기억 장소를 한 번 형성하고, 이전에 형성했던 그 기억 장소를 다시 한 번 더 형성한다면, 기억력을 강화하는 데 방해되지 않을까?"라고 질문할 수 있다. 다시 말해서(방금 다뤘던 식료품 목록과 마찬가지로) 한 가지 실험에서 만든 정신적 이미지가 또 다른 기억 정보 목록에서 만든 정신적 이미지와 혼합된다면 기억력을 강화하기가 더 어렵고 힘들어지지 않을까? 이는 매우 좋은 질문이다. 성공적으로 완결된 일보다 미완성이거나 실수가 있었던 일을 더욱 잘 기억하는 증상인 자이가르닉 효과(미완성 효과)를 발견하기 전까지 나 역시도 이에 대한 답이 매우 궁금했다.

1920년대 소련의 심리학자 블루마 울포브나 자이가르닉Bluma Wulfovna Zeigarnik은 식사 주문에 대하여 놀라울 정도로 비범한 기억력을 갖춘 종업원이 식사 주문을 받아도 전혀 기록하지 않고, 고객이 식사비를 지불한 후 음식점을 떠나고 나면 주문 내역을 즉시 잊어버리는 이유를 설명했다. 이 종업원에게 무슨 일이 일어나고 있었는지를 파악하기 위해, 자이가르닉은 실험 지원자들에게 점토 인형을 만들거나, 수학 문제를 풀거나, 골판지 상자를 조립하는 일들과 같은 다양한 작업을 수행하도록 요청했다. 지원자들이 이러한 작업을 끝마치기 전, 그는 작업을 잠시 중단시키고 지금까지 수행하고 있던 작업을 얼마나, 어떻게 기억하는지를 확인했다.

자이가르닉은 인간의 두뇌에서 이상한 점을 발견했다. 이를테면 어떤 작업이 완결되지 못하고 중단된 채로 남겨지면, 우리는 그 작업을 계속 강박적으로 생각하는 경향이다. 이러한 현상은 인간이 중단된 작업을 잊어버리지 못하도록 막는다(이런 상황에서 우리는 완결된 작업보다 중단된 작업을 90퍼센트 정도 더 정확히 기억한다). 앞에서 언급한 음식점 카페 밀라노의 사례를 살펴보면, 고객이 식사를 다 마치고 식사비를 지불한 후 음식점을 떠나는 순간, 종업원은 특정한 정신적 긴장 상태를 풀었다(고객이 음식점을 떠나고 나면, 종업원이 주문을 망치거나 주문 내역과 최종 결제 금액이 불일치할 가능성이 더는 없기 때문이다).

우리가 방금 논의한 기억 장소와 더불어 기억력은 자이가르닉 효과에 들어맞는다. 만약 당신의 기억 장소에 저장한 정신적 이미지를 바탕으로 슈퍼마켓에서 식품 목록을 하나도 빠짐없이 완벽하게 구매한다면, 당신과 이미지를 이어 주는 연결 고리는 매우 약화되고, 구매 목록은 완전히 빠르게 기억 속에서 사라지게 될 것이다. 나의 기억력 여정은 우리 집에서 로널드 레이건 공항까지이지만, 당신의 기억력 여정은 당신에게 시간적 여유가 있는 한 계속될 것이다. 당신이 해야 할 일은 오로지 당신의 기억 장소를 순환적으로 자주 재검토하는 것이다.

현명한 사람일수록 기억이 선명하다

나는 우리 집에서 로널드 레이건 공항까지 21킬로미터 정도의 경로를 따라 위치한 10가지 장소를 기억 장소로 형성했지만, 기억 장소는 나처럼 광범위할 필요가 없다. 기억 장소의 범위는 방 하나로 한정될 수도 있다. 어떤 점에서는 규모가 작은 '기억 극장'이 기억 장소를 형성하기가 훨씬 더 수월하다. 촘촘하게 구성된 공간을 제공하기 때문이다. 하지만 다른 측면에서 바라보면, 규모가 작은 기억 극장은 기억 장소가 겹칠 수 있다. 또한 작은 규모를 효과적으로 이용하고자 명확하게 기억해야 하는 정신적 이미지를 선명하지 않게 형성할 수 있기에 기억력을 강화하는 데 어려움을 겪는다. 나는 이처럼 규모가 작은 기억 극장을 권장하지 않지만, 때로는 단 한 가지 장소만 활용할 수 있다.

긴 주문도 외우는 종업원의 비밀

예를 들어, 주문을 절대로 망치지 않는 것으로 평판이 좋은 종업원은 주문을 어떻게 성공적으로 해냈는지를 다음처럼 설명했다.

"저는 출근해서 가장 먼저 그날의 특별 요리를 모두 암기하는 일을 합니다. 나머지 식사 메뉴는 거의 바뀌지 않기에, 나머지 메뉴들을 이미 기억하고 있답니다. 손님이 식사를 주문하면, 저는 그 메뉴에 손님의 얼굴을 머릿속으로 겹쳐 놓습니다. 마지막 방법으로, 저는 주문을 구성하는 단어들이 만화에서 보는 생각 말풍선처럼 손님의 입에서 쏟아져 나오는 장면으로 마음속에 그립니다. 저는 주방에서 식사 준비를 할 때 손님의 얼굴과 메뉴와 주문을 연결하는 정신적 이미지를 계속해서 재검토합니다. 혹시라도 제가 주문 하나를 잊어버린다면, 그저 손님이 앉아 있는 탁자를 내다보기만 해도 손님의 얼굴이 제게 다시 추가로 식사를 주문할 것입니다."

이러한 방법에 따라, 규모가 작은 단 하나의 기억 극장(식사 메뉴)은 종업원에게 고객의 얼굴과 식사 주문이 모두 나타나는 기억 장소를 제공한다.

또 다른 음식점 전문가인 자크 스카렐라Jacques Scarella는 워싱턴 D.C.에 있는 한 음식점에서 수년간 주임 종업원으로 일했다. 그 당시 내가 자크 스카렐라와 면담했을 때, 그는 40년 이상을 요식업에서 종사했다. 은백색 머리에 키가 작고 말쑥한 남자인 스카렐라는 자신의 손님들, 심지어 몇 년 동안 음식점에 방문하지 않았던 고객들 가운데 일부가 선호하는 메뉴를 구체적으로 정확하게 기억할 수 있었다. 음식점에서 바쁜 저녁 시간을 보낸 후 다음날 아침이 되면, 그는 고객들에게 정중하게 안내했던 탁자와 탁자마다 놓인 개인별 식기 수저 세트뿐만 아니라 저녁 시간 내내 고객들을 맞이했던 46개의 탁자도 마음속에 그릴 수 있었다.

나는 그에게 어떻게 이런 뛰어난 기억력을 발휘할 수 있었는지를 물었다. 스카렐라의 답변을 듣는 순간, 그가 기억력 시스템에 의존하지 않고도 뛰어난 기억력을 갖춘 사람이며 드문 경우에 속한다고 느꼈다.

"제가 기억하는 부분은 그저 주문뿐만이 아닙니다. 저는 고객이 지난번에 마지막으로 이곳에서 식사를 즐기는 동안 당시에 고객이 어떤 태도를 취했는지도 기억할 수 있습니다. 그래서 고객이 식사를 주문할 때, 그가 이전에 만족했던 메뉴에 관심을 갖도록 직접적으로 도움을 줄 수 있답니다."

매우 뛰어난 기억력을 갖춘 사람으로서 마땅히 명성을 누려야 하지 않겠느냐는 질문을 받았을 때, 그는 결과적으로 자신이 막강한 기억력을 갖추게 된 것이 기억력을 성공적으로 강화하기를 바라는 끝없는 욕구와 더불어 개발된 '타고난 재능' 덕분이라고 생각한다고 답했다. "고객의 선호도는 매우 중요하므로 반드시 기억해야 한다"라는 조언은 자크 스카렐라가 음식점 경영자로서 유럽에서 배운 신조들 중 하나이다.

'주의 깊은 관찰'의 중요성을 다시 강조하고 싶어서 지금 이 시점에서 자크 스카렐라를 언급했다. 기억력을 강화하고 싶은 욕구와 집중력이 충분한 수준으로 상승한다면, 기억력 시스템은 반드시 활용할 필요가 없을 수도 있다. 하지만 당신이 기억력 시스템을 활용하지 않은 채로 스스로의 잠재적인 기억력을 강화할 가능성이 낮다고 생각한다면, 한 가지 원칙이 매우 중요할 수 있다. 예를 들어 스카렐라의 막강한 기억력은 오로지 음식점 영역에서만 효과적이었다. 그에게 자신의 집과 가장 가까운 길모퉁이에 접한 교차로를 물었을 때 그는 내 질문에 답하지 못했다.

"제가 왜 그런 교차로를 기억하려고 애를 써야 합니까? 그래도 저는 우리 집에 가는 방법은 알고 있습니다."

작업 기억, 기억력의 여왕

2장의 앞부분에서, 작업 기억을 '기억력의 여왕'이라고 언급했다. 그렇게 말한 이유는 작업 기억이 지능을 향상시키는 데 가장 중요한 역할을 하기 때문이다. 따라서 작업 기억을 강화하면, 동시에 지능도 향상할 수 있다.

작업 기억은 근본적으로 주의력을 다른 대상으로 돌리는 동안 가장 주의력을 끄는 부분에 기억 정보를 저장하는 능력을 말한다. 내가 이 책에서 이 부분을 집필하는 동안 아내가 무엇인가를 물으며 작업을 잠깐 중단시킨다면, 아내와 간단히 이야기한 후에 작업을 중단하기 전까지만 해도 내가 다음에 어떤 내용을 쓰려고 했는지를 잊어버리게 된다는 사실을 파악할 수 있다. 긴급한 상황이 벌어지지 않는 한, 작가들이 집필하는 동안 무언가에 방해받아 작업이 잠시 중단되기를 바라지 않는 이유들 중 하나다. 이런 '간섭 효과'는 결국 작업 기억의 오류 때문에 발생한다. 아내가 나의 집필 작업을 중단시킨 경우에, 나는 모든 주의력을 완전히 아내의 요구로 돌리는 순간 내가 글에서 강조하려고 언급했던 요점을 염두에 두지 못했다. 결국 아내와 간단히 논의한 후 잠깐 중단했던 내용으로 돌아왔을 때, 작업을 중단하기 전에 집중했던 내용을 다시 기억해 낼 수 없었다.

기억력 형성이 인간 세계에서 가장 고도로 진화했기에, 작업 기억은 적극적으로 저장하고 조작하는 기억 정보를 포함한다. 암산이 좋은 예다. 두 자리 수 곱셈을 암산할 때는 숫자들마다 각각 곱한 상태에서 액수를 더한 다음 그 더한 값들을 모두 합해야 한다. 어떤 사람들은 두 자리 수 곱셈을 암산하기가 매우 어렵고 힘들기에 펜과 종이, 혹은 계산기를 활용하기도 한다. 세 자리 수 곱셈을 암산할 때는 작업 기억에 대한 요구 사항이 훨씬 더 증가하고, 비록 계산 과정이 두 자리 수 곱셈을 할 때와 똑같다고 하더라도 대부분 사람의 능력을 초과한다. 세 자리 수 곱셈의 난이도가 높아진 이유는 결과적으로 최종 답을 생각하기 위해 작업 기억에서 적극적으로 저장하고 조작해야 하는 기억 정보가 증가하기 때문이다.

기억할수록 통찰력은 커진다

인생을 살아가는 동안 일어나는 사건들을 더 많이 기억할수록, 자신만의 개인적 통찰력을 예상치 못할 정도로 자유롭게 해방시킬 가능성이 더욱 커진다. 일본의 소설가 무라카미 하루키는 “사람들의 기억은 사람들이 목숨을 유지하고자 태운 연료일 수 있다”라고 강조하며 기억의 힘을 은유적으로 표현했다. 하루키는 주로 작업 기억을 넌지시 이야기하고 있다. 작업 기억은 어린 시절에 강화하는 일이 무엇보다 가장 중요하다. 작업 기억이 감퇴하면 특히 읽기와 수학에서 성적이 낮아질 가능성이 크기 때문이다. 또한 작업 기억이 효율적으로 작동하지 못하면, 상세한 지시 사항을 따르거나, 여러 자리 수 곱셈을 암산하거나, 매우 긴 본문 구절을 처리하기가 어렵고 힘들다. 컴퓨터 용어로 말하자면, 이는 마치 본문 앞부분에서 맞닥뜨린 구절들이 '온라인'으로 유지되고 나중에 나오는 구절과 통합될 수 없는 현상과 흡사하다.

따라서 작업 기억은 기억 정보를 받아들이고 저장하기 위한 좁다란 통로 역할을 한다. 조금 전에 읽고 들은 내용과 지금 읽고 들은 내용을 통합할 수 없을 때는 학습한 다음에 형성한 기억력이 심각하게 손상되어 제대로 발휘되지 못한다. 그렇기 때문에 한 사람이 형성한 기억의 질은 인생을 살아가면서 스스로 기억을 얼마나 성공적으로 형성했느냐에 따라 매우 많이 달라진다. 우선 표준 IQ 테스트로 측정된 지능은 최종적으로 연마된 작업 기억과 관련이 있다. 일반적으로 현명한 사람일수록 작업 기억을 더욱 효율적으로 형성한다. 이 정도면 작업 기억을 강화시키기 위해 끊임없이 노력해야 하는 이유로 충분하지 않은가?

작업 기억은 흔히 은유적으로 저글링과 비교되는 경우가 많다. 뛰어난 저글러는 공중에 떠 있는 세 개 이상의 공이나 접시 등과 같은 물건을 공중에 던지고 받아 가며 자신의 주의력을 저글링하는 범위 내에 계속 유지하고 공중으로 던져 올린 다양한 수의 공들을 기억한다. 작업 기억은 이와 흡사하며, 동시에 계속 추적되는 비교적 적은 수의 항목(시각적 작업 기억의 경우에는 평균 서너 개 정도 되는 항목)을 포함한다. 어떤 사람은 다른 사람보다 훨씬 더 많은 공으로도 완벽하게 저글링할 수 있듯이, 작업 기억의 항목 수는 사람마다 각자 다르다.

완전히 이해되지 않은 이유도 있지만, 앞에서 언급한 자이가르닉 효과로 설명된 이유로는 어느 정도 이해될 수도 있다. 예를 들어 뇌는 성공적으로 끝난 일보다 중단된 일을 더욱 잘 기억하는 경향이 있다. 그래서 당신이 무언가를 기억하고 싶다면, 그것을 마지막 부분까지 검토하고 되새기기 전에 잠깐 중단하고 휴식을 취하는 것이 가장 좋다. 기억력을 형성하는 과정에서 잠깐 짧게 전화 통화를 하거나 대화하는 등 어느 정도 휴식을 취하면서 일시적으로 주의력을 다른 곳으로 돌린다면, 멈추지 않고 꾸준히 기억력을 형성할 때보다 훨씬 더 구체적이고 강력한 기억력을 성공적으로 형성할 수 있다. 심리학자들은 기억력을 형성하는 과정에서 뇌가 창의적인 긴장 상태를 유지하는데, 뇌의 창의적인 긴장 상태는 오로지 학습 과정이 끝나고 기억력이 형성될 때만 완화된다고 추측한다. 뇌의 창의적인 긴장 상태는 쉬는 동안에도 계속 유지되므로, 휴식을 취하기 전과 후에 기억하고 싶은 자료를 자세히 검토한다면 내용을 훨씬 더 쉽게 이해하고, 수월하게 학습하며, 성공적으로 기억할 가능성이 더욱 클 것이다.

스스로를 재검증하라

기억력을 매우 효과적으로 강화하기 위한 또 다른 방법은 기억하고 싶은 자료를 두고서 당신 스스로를 계속 재검증하는 것이다. 심지어 무언가를 배운 뒤에도 스스로 몇 번이고 반복적으로 기억하려고 도전한다면,

학습한 내용에 대한 당신의 장기 기억은 확실하게 강화될 것이다.

이러한 규칙에 따라 기억력을 강화하는 한 가지 실험에서, 영어권 학생들은 아프리카 동남부 지역에서 널리 사용되는 공통어인 스와힐리어 단어와 영어 단어를 함께 쌍으로 짝지어 학습했다. 예를 들어, 학생들에게 스와힐리어 단어인 '마슈아(Mashua)'가 주어졌다면, 정확한 답변으로 '보트(Boat)'를 제시해야 했다. 학생들은 이전에 스와힐리어를 접할 기회가 없었기에, 스와힐리어 단어와 영어 단어의 조합에 대한 기억력을 형성하는 데 도움이 될 만한 배경 지식에 의존할 수 없었다. 실험 대상자에 속한 한 그룹은 이전에 실행한 검사에서 성공적으로 식별한 단어들을 포함하여 스와힐리어 단어와 영어 단어를 조합한 모든 단어 쌍을 각자 스스로 반복하면서 자기 자신을 계속 재검사했다. 또 다른 그룹은 이전에 실행한 검사에서 두 언어의 단어를 조합한 단어 쌍을 정확하게 식별하자마자 자신들의 기억력 검사를 스스로 중단했다.

최종 검사에서 드러난 두 그룹의 기억력 차이는 매우 극적이었다. 이전에 실행한 검사에서 성공적으로 식별한 단어들을 포함하여 스와힐리어와 영어 단어를 조합한 모든 단어 쌍을 반복하면서 자기 자신을 계속 재검사했던 그룹은 최종 검사에서 모든 단어 가운데 80퍼센트 정도를 기억했지만, 이와 대조적으로 이전에 실행한 검사에서 두 단어 쌍을 정확하게 식별하자마자 자신들의 기억력 검사를 스스로 중단했던 그룹은 최종 검사에서 겨우 35퍼센트 정도만 기억할 수 있었다. 결과적으로 항목을 기억해 내는 횟수가 많을수록 나중에도 해당 항목을 기억해 낼 가능성이 높아진다. 실험 결과에 따르면, 항목을 자주 기억해 내는 방식은 추가적인 학습에 의존하는 방식보다 훨씬 더 효과적이다.

직장에서 어떤 문제를 해결하기 위해 조치를 취하도록 당신에게 강조한다면, 이때 무슨 일이 일어날지를 더 깊이 생각해 보자. 문제를 해결하고자 처음부터 끝까지 정확한 순서를 염두에 두지 않는 한, 그 문제를 정확히 원하는 대로 해결할 수 없을 것이다. 이때 당신이 기본적으로 실행해야 할 방법은 항목을 한 가지씩 부호화하면서 조금 전에 부호화했던 항목에 계속 접근하는 방식이다. 이러한 방법을 '작업 기억의 정상적인 작동 방식'이라고 한다. 전문가들은 작업 기억의 정상적인 작동 방식을 추론에 근거를 둔다. 일반적으로 가장 많은 수의 항목을 염두에 둘 수 있는 사람들은 한 가지 문제를 여러 가지 측면에서 동시에 고려하는 데 가장 능숙하다.

당신의 컴퓨터에서 실행하는 워드 프로세싱 프로그램(문서 작성 프로그램)은 작업 기억에 오류가 발생하는 동안 우연히 일어나는 상황에 대처하도록 훌륭한 유추를 제공한다. 프로그램을 활용하여 문서 1에서 문서 2로 전환한다고 해도, 실행되지 않은 문서 1에 여전히 쉽게 접근할 수 있다. 문서 1과 문서 2를 모두 '기억'하기 위해서는 문서 1에서 문서 2로 전환하기만 하면 된다. 하지만 문서 1에서 문서 2로 전환할 때 문서 1을 닫는다면, 문서 1을 더 이상 다시 불러올 수 없을 것이다. 작업 기억의 오류는 당신이 마음속에 담아 둔 문서 1을 닫고서 원본 문서(문서 1)를 그대로 유지하는 대신 또 다른 문서(문서 2)로 전환하는 현상과 흡사하다.

언제 어디서나 기억을 강화하는 법

여기에서는 느긋하게 해 볼 수 있는 작업 기억 강화 훈련을 소개하려고 한다. 숫자 270,183을 기억해 보자. 혼자서 마음속으로 270,183을 한두 번 정도 순서대로 읽어 보면 외울 수 있을 것이다. 이제는 270,183을 아무것도 적지 않고 순서대로 가장 낮은 숫자에서 가장 높은 숫자까지 머릿속으로 재배열해 보자. 이제 그 숫자를 다시 순서대로 가장 높은 숫자에서 가장 낮은 숫자까지 재배열해 본다. 이러한 두 가지 작업 기억 강화 훈련을 연습하는 유일한 방법은 270,183의 원래 순서를 마음속에 그리고 나서 그 숫자를 정신적으로 조작하는 방식이다.

기억력을 강화하는 '2-백 훈련'

다음은 카드를 이용해서 작업 기억 강화 훈련을 하는 방법이다.

1. 트럼프 카드 한 벌을 골고루 섞은 다음 앞면이 아래로 향하도록 탁자 위에 내려놓는다. 탁자 위에 내려놓은 이 카드 한 벌은 카드를 한 장씩 뽑아낼 추첨 더미이다.
2. 트리거 카드(작업 기억 강화 훈련을 연습할 카드)로 이용하기 위해 추첨 더미에서 카드 두 장(예를 들어 숫자 2가 쓰인 듀스 카드와 여왕이 그려진 퀸 카드)을 뽑아낸다. 이제 추첨 더미에서 한 번에 한 장씩을 뽑아서 뒤집고, 뒤집은 그 카드를 다시 뒤집어 폐기 더미(버린 카드를 쌓아 놓은 더미) 위에 올려놓는다. 오로지 한 번에 한 장씩만 뽑아서 뒤집고 앞면의 그림을 정확히 확인해야 한다.
3. 한 번에 트리거 카드(예를 들어 듀스 카드나 퀸 카드)를 한 장씩 뽑을 때마다 그 카드를 뒤집어 앞면의 그림을 정확히 확인하고 이름을 소리 내어 말한 다음 다시 뒤집어 폐기 더미 위에 올려놓는다. 이제 그 트리거 카드는 폐기 더미에서 숨겨져 있으므로, 작업 기억을 활용해야 한다. 당신의 선택, 이를테면 작업 기억이 올바르게 작동한다면, 당신은 추첨 더미에서 또 다른 트리거 카드를 뽑아내서 뒤집어 앞면의 그림을 확실히 확인하고 이름을 말한 다음 그 트리거 카드를 다시 뒤집어 폐기 더미 위에 올려놓고서 이런 과정을 한 번 더 반복한다. 그리고 당신이 이전에 두 차례 뽑아서 뒤집었던 두 장의 그 트리거 카드를 확실하게 기억하려고 노력할 때까지 계속해서 트리거 카드를 뽑는다. 이를 '2-백(2-back) 훈련'이라고 한다.

이러한 작업 기억 강화 훈련을 연습한다면, 앞에서 실행했던 즉각적인 단기 기억 검사보다 훨씬 더 다양한 유형의 정신적 노력이 필요하다는 사실을 알게 될 것이다. 또한 작업 기업 강화 훈련을 할 때마다 항상 카드 두 장을 기억 속에 담아 두어야 한다. 이러한 훈련 방식은 연속적으로 나열된 무의미한 숫자들에 속한 모든 숫자를 단순하게 기억할 때보다 훨씬 도전적이고, 뚜렷한 유형의 정신적 압박감을 느낄 수 있다.

2-백 훈련에 도전하여 성공하려면 당신의 뇌는 몇 가지 방식을 염두에 두어야 한다. 추첨 더미에서 트리거 카드를 뽑고 뒤집어 앞면의 그림을 확실히 확인한 다음 이름을 소리 내어 말할 때, 당신은 이전에 두 장의 카드에서 봤던 그 트리거 카드를 기억해야 한다. 3-백 훈련에 도전할 때는 3장의 카드를 다시 기억하는 것이 목표이다. 2-백 훈련에 숙련된 후에는 3-백 훈련, 혹은 심지어 4-백 훈련도 도전해 보길 바란다. 스스로 과감하게 훨씬 더 많이 거슬러 올라갈 수 있다. 그렇기 때문에 이러한 부류의 검사 방식을 N-백(N-back) 훈련이라고 한다. 이때 N은 정해지지 않은 임의의 숫자이다.

간단하고 쉬운 기억 훈련들

또한 N-백 훈련을 시도하는 데 이용할 수 있는 방법에는 청각적 방법도 있다. 청각적 방법을 이용하려면 음성 녹음기나 휴대전화가 필요할 것이다. 다음과 같이 연속적으로 나열된 문자들을 초당 한 문자 정도의 속도로 크게 소리 내어 말하는 동시에 녹음하길 바란다.

PRFBA FALLP BRADB LYTYI ULYYU URUNY

FIPAL LFIUR PLAYF LINUY

녹음한 후, 잠깐 휴식을 취하고 다른 일에 몰두한다. 15분이 지나면 다시 돌아와 녹음기를 재생하면서 이때 무작위로 선택한 표적 문자(예를 들어 B)를 귀 기울여 잘 들어 본다. 무작위로 선택한 표적 문자를 들으면, 재생을 멈추고 바로 앞에 들었던 두 문자를 기록한다.

두 문자를 기록했으면, 새로운 문자(예를 들어 A)를 선택한다. 새로 선택한 문자를 들으면, 재생을 멈추고 바로 앞에 들었던 두 문자를 기록하는 과정을 반복한다. 연속적으로 나열된 문자들과 비교해 당신이 바로 앞에 들었던 두 문자를 정확하게 기록했는지를 직접 확인한다. 정확하게 기록했다면, 이제 세 문자로 거슬러 올라갈 수 있다.

작업 기억 강화 훈련에 도전하는 또 다른 검사는 동전으로 해 볼 수 있다. 니켈(5센트짜리 동전)과 다임(10센트짜리 동전), 페니(1센트짜리 동전), 쿼터(25센트짜리 동전) 등 다양한 종류의 동전을 한 움큼 모아서 탁자 위에 올려놓는다. 탁자 위에 올려놓은 동전의 수는 미리 세지 않도록 한다. 그 대신 내가 원하는 동전의 수는 동전마다 각각 종류별로 5개에서 10개 사이 정도여야 하며, 특정한 순서 없이 펼쳐 놓아야 한다. 이제는 펼쳐 놓은 동전들을 한 번에 하나씩 집어 들고, 집어 든 모든 동전의 합계 금액을 계산한다. 이때 결과가 어땠는가? 고도로 개발된 작업 기억을 갖추고 있지 않는 한, 당신은 탁자 위에 펼쳐 놓은 동전들을 한 번에 하나씩 무작위로 집어 들고, 집어 든 모든 동전의 합계 금액을 계산하는 처리 과정에 따라 마음속으로 계산한 합계 금액을 계속 기억한다. 대부분 사람은 이런 작업 기억 강화 훈련을 실행하는 데 거의 문제가 발생하지 않는다.

이제는 동전들을 한 번에 한 종류씩 모두 집어 들고 또 다른 한 종류를 모두 집어 들기 전에 집어 든 그 모든 동전의 합계 금액을 계산한다. 이를테면 1센트짜리 동전을 모두 집어 들어 합계 금액을 마음속으로 계산한 다음, 5센트짜리 동전을 모두 집어 들어 합계 금액을 마음속으로 계산하는 등 다른 종류의 동전들도 이와 마찬가지로 시도한다. 그러한 방식은 작업 기억에서 요구하는 사항이 한층 더 줄어들기 때문에 한 번에 한 종류의 동전을 모두 집어 들어 계산하기가 가장 수월하다. 예를 들어 5센트짜리를 모두 집어 들어 계산하고 나면, 그 금액은 작업 기억에 저장될 수 있고, 당신의 주의력은 그 다음에 집어 들 또 다른 종류의 동전으로 옮겨질 수 있다. 결국에 오로지 한 종류씩 계산한 금액을 모두 합산하기만 하면 된다. 이러한 방식은 탁자 위에 펼쳐 놓은 동전들을 한 번에 하나씩 집어 들고 집어 든 모든 동전의 합계 금액을 계산한 이전의 훈련보다 약간 더 어려울 수 있다.

작업 기억 강화 훈련에 실제로 도전하기 위해서 우선 1센트짜리나 5센트짜리 같은 두 종류의 동전으로 시작하여 한 번에 한 종류씩 무작위로 집어 들고 계산해 보길 바란다. 다시 말해서 1센트나 5센트를 계속 하나씩 번갈아서 집어 들지 않도록 한다. 이러한 방식에 따라 당신은 한 종류씩 계산한 합계를 모두 합산하는 동안 종류별로 각각 계산한 금액을 작업 기억에 계속 저장해야 할 것이다. 금액을 신속하게 계산하려면, 동전들을 각각 합산할 때 계산한 동전을 옆으로 살짝 치워 두면 된다. 계산을 완료하면, 금액을 종류별로 각각 기록한 다음 치워 둔 동전들을 종류별로 따로따로 분리하여 각자 정확하게 합산했는지를 직접 확인한다. 암산과 치워 둔 동전들의 합산은 같아야 한다. 두 종류의 동전으로 작업 기억 강화 훈련에 도전하는 방식은 그다지 많은 연습이 필요하지 않고도 누구나 성공적으로 해 볼 수 있다.

두 종류의 동전으로 훈련에 성공했다면, 그 다음에는 1센트나 5센트, 10센트 같은 세 종류의 동전을 이용하여 동시에 계산해 본다. 그런 다음에는 네 종류의 동전을 이용하여 동시에 계산해 본다. 네 종류의 동전을 동시에 계산할 수 있다면, 작업 기억을 활용하여 작업할 수 있는 최대 수의 항목을 성공적으로 다룰 수 있다. 실험을 통해 네 가지 범주의 한계를 입증한 심리학자 폴 베르헤헨Paul Verhaeghen의 주장에 따르면, 작업 기억 강화 훈련에서 '한계로 보이는 네 가지 항목'이 바로 작업 기억의 근본적인 특성이다. 폴 베르헤헨은 이 사실을 발견하고, 미국 심리학회의 과학저널 제30권 제6호인 〈실험 심리학: 학습과 기억, 인지〉에서 발행한 대단히 흥미로운 논문 〈사람들은 훈련을 통해 작업 기억을 스스로 강화할 수 있다〉에서 이러한 사실을 발표했다.

위에서 제안한 어떤 방식으로든 훈련을 자주 연습하는 것이 무엇보다 가장 중요하다. 작업 기억 강화 훈련은 비싸거나 화려한 장비가 필요하지 않으며, 트럼프 카드나 녹음기, 다양한 종류의 동전 한 움큼 등 흔히 활용할 수 있는 도구를 쓰면 된다. 꾸준히 연습한다면, 작업 기억을 검사하고 강화하는 방식과 관련된 원칙에 익숙해질 수 있다. 그런 점에서 스스로 도전할 수 있도록 당신만의 작업 기억 강화 훈련을 형성하는 위치에 도달하게 될 것이다.

뇌의 특정 영역은 주로 작업 기억에 관여하며, 뇌의 각 측면에 존재하는 전두엽의 가장 앞부분(맨 앞부분)을 덮고 있는 대뇌 피질인 전전두엽 피질(전전두피질)에 해당한다(또한 두정엽도 한 역할을 담당한다). 인간의 경우를 살펴보면, 전두엽은 마지막 단계에서 성숙한 구조들 가운데 하나이며, 전체 피질의 거의 3분의 1 정도를 차지한다. 전전두엽피질의 국부적인 부분(배외측 전전두엽피질)은 특히 작업 기억에 관여한다.

전전두엽피질의 정상적인 작동 방식에 관한 예를 들어 보자. 만약 당신이 좋아하는 펜을 찾고 싶지만 찾을 수 없을 때 어떤 일이 일어나는가? 펜이 어디론가 사라졌다는 사실을 깨닫자마자, 당신은 우선 기억을 더듬어 책상 위에서 펜을 마지막으로 보았던 위치부터 시작하여 다소 체계적인 방법으로 간절히 찾기 시작할 것이다. 책상 위에서 찾지 못하면, 몇 개의 서류 가방을 살펴보고, 여러 코트의 속주머니를 각각 샅샅이 뒤져 찾아본다. 그런데도 찾지 못하면, 이미 살펴보았던 곳을 다시 찾지 않도록 주의하면서 펜을 찾아볼 장소의 범위를 넓힌다. 펜을 찾는 동안, 당신은 반드시 펜을 찾겠다는 목표에 집중하고 집중을 방해하는 모든 요소들을 무시할 것이다. 펜을 찾는 내내 부지런히 작동하는 대상은 바로 배외측 전전두엽 피질이다. 보조적으로 배외측 전전두엽 피질은 또한 내적 표상(펜의 정신적인 스냅샷)을 형성하며, 당신이 샅샅이 찾는 동안 스스로 그 펜을 머릿속에 떠올리고 찾아내는 데 계속 집중할 수 있도록 도움을 주기도 한다. 지금 다루고 있는 이 부분은 작업 기억의 정상적인 작동 방식에 관한 전형적인 예이기도 하다.

어린이와 청소년은 충분히 발달하지 않은 전전두엽피질을 갖추고 있기에 물건을 쉽게 잃어버리고 잃어버린 물건을 찾는 데 어려움을 겪는다. 어린이와 청소년의 뇌는 성년기 초반까지도 완전히 성숙되지 못한다. 어린이와 청소년의 작업 기억은 매우 효율적이지 못하기에 스스로 체계화하고, 주의력과 집중력을 계속 유지하고, 한 번에 한두 가지 이상의 일을 다루는 데 문제를 겪는다.

노년기에 특히, 노화에 따라 전두엽 기능 장애가 발생하여 퇴행성 뇌 질환에 시달리는 사람들은 작업 기억이 감퇴할 수 있다. 하지만 노화에 따라 작업 기억이 감퇴하는 현상은 불가피한 상황이 아니다. 실제로 노화에 따라 전두엽 기능 장애가 발생하고 작업 기억이 감퇴하는 현상은 꾸준히 훈련한다면 완전히 중단시키지 못하더라도 진행 속도를 늦출 수 있으며, 이러한 내용은 이 책에서 기본적으로 다룬 원리들 가운데 하나이다.

작업 기억에 가장 중요한 전두엽

당신이 인간의 작업 기억과 다른 생물의 작업 기억을 식별하기 위해 가장 중요한 뇌의 한 부분을 선택해야 한다면, 바로 전두엽일 것이다.

모든 기억 중추는 전두엽과 연결되어 있으며, 전두엽은 미래를 상상하고 판단하는 역할과 관계가 있다. 따라서 전두엽이 정신적 외상이나 퇴화로 인해 부차적으로 손상된다면, 기억력을 담당하는 뇌 영역은 신뢰할 수 없게 될 것이다. 예를 들어 전두측두엽 치매(영화배우 로빈 윌리엄스Robin Williams를 죽음으로 이끈 질병)에 시달리는 사람들은 자신들의 기억에 확실히 접근할 수 없으므로, 전두엽에 파괴적인 영향을 받아 부차적으로 기억들 가운데 일부 또는 전부를 잃을 수 있다. 또한 전두측두엽 치매에 시달리는 사람들은 전두엽이 손상되어 부차적으로 알츠하이머병에 시달리는 사람과 똑같이 기억력 상실로 고통을 받는 것은 아니지만, 때로는 그럴 수도 있다. 그러한 경우에 기억력 상실은 전두엽과 연결 고리를 형성하는 기억 중추(주로 해마와 편도체)에 직접적인 공격을 가하는 현상과 연관되어 있다.

전두엽에 영향을 받는 주요 활동 목록은 다음과 같다.

추진력, 동기 부여: 전두엽 손상은 야망과 스스로 동기를 부여하는 행동을 상실하는 원인이 된다. 자극과 영감의 외부적인 요인은 내부적인 자기 주도성보다 동기 부여 요인으로서 더욱 중요해진다.

순서: 전두엽이 손상된 사람은 기억 정보를 적절한 순서로 계속 저장하는 능력이 부족하다. 또한 가장 중요한 기억 정보와 덜 중요한 배경 자료를 따로따로 분리하는 데 어려움을 겪는다.

실행 제어: 전두엽이 손상된 사람은 행동의 결과를 예측하고 계획하는 상황에 방해를 받는다. 전두엽이 손상된 사람들 가운데 일부는 자기 점검 능력뿐만 아니라 사회적 행동 능력까지도 상실한다. 누군가를 만난 지 얼마 되지 않아 상대방에게 성적인 관심을 노골적으로 표현하거나, 음탕하고 난잡한 이야기를 꺼내거나, 조잡하고 모욕적인 말을 거침없이 내뱉는다. 또한 판단력이 부족하고, 일반적으로 다른 사람들의 관점에서 상황을 바라보는 능력도 부족하다.

미래 기억력: 거의 모든 복잡한 인간 활동은 발전적인 계획이 어느

정도 필요하다. 현재 상황이 어떻게 돌아가고 있고 미래에 상황이 어떻게 돌아가기를 바라는지에 관해 창의적으로 비교하는 방법이 포함된다. 결과적으로 미래의 내부적인 방법은 목표를 달성하는 방향으로 자신의 행동을 변화시키고 새롭게 발전시키기 위한 안내자 역할을 한다. 개인은 '미래의 기억력'이라고 부르는 이러한 방법에 따라 각자 행동하고 있다.

자기 분석: 자아 연속성의 측면에서 어떤 혼란이 발생하면, 결국 인식은 과거에서 현재를 거쳐 미래로 확장되는 안정된 자아를 상실하게 된다. 안정된 자아를 상실한 사람은 자기 자신의 행동에 개인적으로 책임감을 느끼며 변화하고 진화하는 사람으로서 갖추어야 할 자기 인식을 상실한다. 안정된 자아와 자기 인식을 상실한 사람은 더 이상 과거부터 겪어 온 경험들을 통합하거나 미래지향적으로 자기 자신을 예측하고 계획할 수 없다.

전두엽이 손상되면 작업 기억과 실행 제어 기능에 악영향을 미칠 수 있다는 전형적인 사례는 1848년 버몬트주 캐번디쉬 외곽에서 철로를 놓는 공사가 한창이던 중에 갑작스럽게 발생한 폭발 사고로 거슬러 올라간다. 철도 건설 현장에서 한 노동자는 바위에 구멍을 뚫고 그 구멍에 화약을 가득 채운 후 막 폭발물을 터트리려고 시도하려던 참이었다. 그가 폭발물을 터트릴 준비를 마쳤을 때, 작업반장인 피니어스 게이지 Phineas Gage는 쇠막대를 집어 들어 바위에 뚫린 구멍에 내리 꽂았다. 쇠막대는 바위에 뚫린 구멍의 측면을 긁으면서 예상보다 매우 빠르게 불꽃을 일으키기 시작했다. 불꽃에서 폭발로 이어진 결과, 쇠막대는 폭발 작용의 위력으로 발사되어 섬뜩하게도 게이지의 왼쪽 뺨을 통과해 왼쪽 눈을 지나 뇌두개골(뇌머리뼈)을 구성한 전두골(이마뼈)과 전두엽을 완전히 신속하게 관통하여 오른쪽 앞이마와 머리카락의 경계선 바로 위로 빠져나갔다. 놀랍게도 그는 소름끼치도록 무시무시한 이런 충격적인 폭발 사고를 당하면서도 기적적으로 살아남았다

나는 게이지가 완전히 다른 사람으로 변했기에 그의 생존을 신체의 영역으로 한정했나. 몇 년 동안 게이지를 진료했던 담당 의사 존 할로우John Harlow는 다음과 같이 설명했다.

"그는 자신이 바라는 욕망과 충돌할 때면 조언이나 통제를 받아들이지 못하고, 가끔 제어하기 힘들 정도로 몹시 끈질기게 고집을 부리기도 합니다. 하지만 변덕스럽고 우유부단하게 흔들리는 상태에서 자신의 욕망을 다른 사람들을 위해 차례로 포기하자마자, 실현 가능한 미래 활동의 계획을 여러 가지로 다양하게 창안하기도 합니다. 끔찍한 부상을 당하기 전까지만 해도, 게이지는 균형 잡힌 정신력과 기억력을 갖추고 있었고, 자신을 잘 아는 사람들에게 통찰력이 뛰어나면서도 영리하고 현명한 사업가로 인식되었으며, 자신이 세운 모든 활동 계획을 매우 활기차게 지속적으로 실행해 나갔습니다. 이러한 점에서 그의 정신력과 기억력은 친구와 지인들이 '게이지는 더 이상 예전의 그가 아니다'라고 매우 단호하게 말할 만큼 근본적으로 완전히 바뀌었습니다."

전두엽이 손상되면 어떤 문제가 발생할 수 있는지, 그리고 전두엽 손

상이 작업 기억에 어떤 영향을 미치는지를 미묘하게 보여주는 사례로서, 전두엽 근처의 혈관이 파열된 결과로 전두엽 손상에 시달리는 데이비드의 경우를 생각해 보자. 수술과 재활 치료를 마친 후, 데이비드는 인사 관리 업무로 복귀했다. 복귀한 지 몇 주 후, 데이비드는 자신의 직장 상사에게 받은 편지 한 통을 들고서 내 사무실을 방문했다. 직장 상사가 데이비드에게 보낸 그 편지에는 데이비드의 성격과 행동이 비호의적으로 변화했다는 내용이 상세하게 적혀 있었다.

예전에는 데이비드가 '자발적으로 행동하는 사람'이었지만, 현재 데이비드는 거의 지속적으로 관리를 받아야 하며 심지어 일상적인 사무실 업무조차도 제대로 수행하도록 자극과 재촉을 받아야 했다. 집에 머물러 있을 때, 데이비드는 텔레비전을 시청하면서 거의 모든 시간을 보내고, 좀처럼 어떠한 책도 읽지 않으며, 예전의 생활 방식대로 친구들과 함께 시간을 보내기보다 거의 아무 말도 하지 않고 하루 종일 집안에만 머물러 있기를 선호했다. 기억력 검사에서 데이비드는 짧은 쇼핑 목록을 재빠르게 학습하고 암송할 수 있었지만, 잠시 지연된 후나 산만해져 주의력을 다른 곳으로 돌릴 경우에는 대부분을 잊어버렸다. 심리학 보고서에서는 "데이비드는 언어 정보를 부호화하고 저장하는 능력이 문맥의 존재에 따라 매우 달라진다"라고 언급한다. 이와 더불어 "특별히 어떤 업무 시스템에 참여해야 할지를 구체적으로 지시받지 않는 한, 데이비드는 당면한 업무에 관심을 두고 집중하는 데 몹시 힘들어하는 모습을 보인다. 그는 컴퓨터에서 출력한 모든 불필요한 복사본을 계속해서 인쇄하고 있다. 데이비드는 인쇄물에 파묻혀서 불필요한 자료를 제거하는 데도 어려움을 겪는다. 그는 순서대로 순차적인 단계를 계속 유지하기를 매우 어렵고 힘들어 한다. 외부 개입이 없으면, 감각이나 이해, 목적 등이 부족하여 이 업무에서 저 업무로 정신없이 서둘러 뛰어다닌다. 서류를 검토하고 있는 와중에 항상 옆길로 새게 된다"라고 보고되었다.

데이비드는 많은 상황에서 어려움을 겪었지만, 심리 검사는 정상적으로 수행했다. 일단 그는 업무를 처리할 때 자신의 목표를 염두에 두고 우선순위를 파악해 컴퓨터상에서 업무 정보를 체계적으로 정리했다. 하지만 순간적으로 업무 정보의 중요도를 가늠하지 못하거나 한 번에 한 가지 이상의 생각을 계속 마음속에 담아 둘 수도 없었다. 그의 작업 기억은 심각하게 손상되었다. 그는 또한 현재 상황과 미래 목표 사이의 균형을 동시에 맞출 능력을 갖추고 있지 않기에 부차적으로 동기부여와 추진력도 상실했다. 우리가 데이비드의 장애를 설명할 두 단어를 마음속에 떠올린다면, 그것은 바로 '실행 제어'의 상실일 것이다.

데이비드는 앞부분에서도 언급했듯이 피니어스 게이지에게 악영향을 미친 실행 제어 기능과 작업 기억의 장애가 악화된 유형을 보여 준다.

실행 제어는 행동의 결과를 예측하고 계획하는 현상을 포함한다. 게이지와 데이비드도 자신들의 행동 결과를 계속해서 예측하고 계획할 수 없었기에 실행 제어 기능을 실패한 방식을 고수했다. 우리의 관점에서 그들을 바라볼 때 가장 중요한 사실은 게이지와 데이비드가 온전한 작업 기억이 부족하다는 점이다. 데이비드는 한 번에 한 가지 이상의 물체를 마음속에 계속 담아 두지 못했다. 실행 제어 기능을 성공적으로 작동하는 기업 경영자와 데이비드의 경우를 비교해 보자.

한 기업의 경영자는 매일 다양하고 세부적인 의사 결정과 더불어 근로자 보상과 주주 만족, 생산성 등에 책임을 진다. 이런 모든 요소는 계속해서 균형이 맞아야 하고, 세심한 경영자는 마음속에 지속적으로 간직해야 한다. 계속해서 균형이 맞춰지기 위해서는 이런 모든 요소가 작업 기억에 지속적으로 저장되어 있어야 한다. 당신의 작업 기억을 강화하려면, 과거의 행동 결과와 현재의 상황, 미래의 욕망을 끊임없이 염두에 두면서 스스로 삶의 기술을 향상시켜야 한다. 애석하게도 내가 진료했던 환자 데이비드는 150년 전의 게이지와 마찬가지로 전두엽이 손상되어 작업 기억을 상실했다.

오늘 할 일을 잊지 않고 완수하는 비밀

이제는 실행 제어 기능을 성공적으로 작동하는 방식과 이러한 작동 방식이 우리의 기억력과 삶의 기술을 체계적으로 강화하는 데 얼마나 도움이 되는지를 자세히 살펴보자.

당신이 대학생이라고 생각하고 전형적인 하루를 떠올려 보자. 당신은 오전 10시에 프랑스어 수업을, 그리고 오후 3시에 화학 수업을, 오후 4시에 공개 연설 수업을 듣기로 계획해야 한다. 또한 세탁물을 세탁소에 맡기고, 그날 저녁에 레이디 가가 공연 티켓을 예매해야 하고, 은행에서 현금을 약간 인출해야 하며, 마지막으로 저녁 6시에 저녁 식사 데이트를 위해 외출 준비를 해야 한다고 상상해 보라.

성공적인 목표 달성법

이러한 목표들을 성공적으로 달성하려면, 목표들을 모두 마음속에 계속 담아 두고 체계적으로 해내야 한다. 목표들 가운데 일부는 시간적 제약을 받지 않고 언제든지 달성할 수도 있고, 세탁물을 세탁소에 맡기거나, 공연 티켓을 예매하거나, 은행에서 현금을 인출하는 목표들은 시간이 제한되어 달성하지 못할 수도 있다. 하지만 늦어도 오후 5시 30분까지는 모두 달성해야 한다(어쨌든 당신은 그날을 준비할 시간이 조금은 필요하다).

모든 목표를 완벽하게 해내려면, 세탁소에 가거나, 티켓을 예매하거나, 은행에서 현금을 인출하는 목표들을 당신이 듣는 수업에서 시간적으로나 공간적으로 근접한 순서대로 달성하도록 상상해야 한다. 또한 수업을 듣거나 다른 목표들을 달성할 때마다 캠퍼스를 가로질러 각자 다른 건물로 이동해야 하므로, 그날 목표들을 늦게 달성하여 오후 6시에 외출 준비를 하면서 데이트를 준비하지 못하는 상황이 발생하지 않도록 효율적으로 계획을 설정해야 한다.

시간적으로나 공간적으로 제약받는 이러한 목표들을 달성할 계획을 세우고 성공적으로 수행하도록 계속해서 훈련하는 동안, 가장 효율적인 방식으로 구성하고 달성하고자 장기 기억의 정보를 통합하는 기능을 담당하는 중앙 관리자와 작업 기억에 의존했다. 당신은 내적 대화('프랑스어 수업 강의실에서 반 블록 정도만 가면 세탁소가 있지 않나? 그럼 그 둘을 함께 해내는 거야.')와 정신적 이미지('그래, 그거야. 난 수업을 듣는 목표와 세탁물을 맡기는 목표를 모두 달성하는 과정과 결과를 마음의 눈으로 바라볼 수 있어.')를 통해 목표를 마음속으로 계속해서 검토하고 의식적으로 인식해야 한다. 중앙 관리자와 작업 기억은 서로 협력하고 있다. 실제로 중앙 관리자와 작업 기억이 서로 협력하지 않으면, 당신은 필요에 따라 정신적 저글링을 수행할 수 없을 것이다.

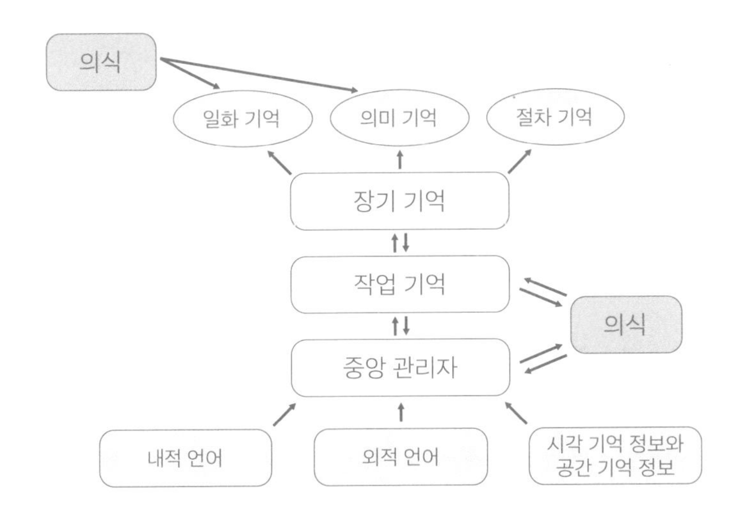

위 그림에서 중앙 관리자와 작업 기억 사이의 양방향 통신을 주목하길 바란다. 둘 사이의 양방향 통신은 각각 전전두엽 피질에 존재하므로, 해부학적인 의미가 있다. 그 이유는 대뇌의 가장 앞쪽에 위치하는 전전두엽이 손상되면 결과적으로 작업 기억과 실행 제어 기능에서 모두 장애가 발생하기 때문이다. 데이비드가 대뇌의 전전두엽에 손상을 입었을 때 어떤 일이 발생했는지를 기억하자.

마음속에서 기억 정보를 옮기는 훈련

이번 단락의 마지막 페이지에서는 특별한 자료도 필요하지 않고 언제 어디에서나 해 볼 수 있는 작업 기억 강화 훈련 방법을 추가로 알아보자. 미국의 제46대 대통령 조셉 바이든Joseph Biden부터 제32대 대통령 프랭클린 루스벨트까지 거슬러 올라가 미국 대통령들을 마음속으로 생각해 보자. 이제는 루스벨트부터 바이든까지 마음속으로 미국 대통령들의 이름을 검토하거나 정확히 말해 보자. 그런 다음에는 공화당 대통령을 건너뛰고, 민주당 대통령들의 이름만 정확히 말해 본다. 그러고 나서 민주당 대통령을 건너뛰고 공화당 대통령들의 이름을 기억한다. 이제는 정당에 상관없이 알파벳 순서대로 미국 대통령들의 이름을 정확히 말해 본다. 나중에 수행한 두 가지 방식, 이를테면 정당이나 알파벳 순서에 따라 대통령들의 이름을 정확히 말해 본 방식이 처음의 두 가지 방식보다 작업 기억을 강화하기가 훨씬 더 어렵고 힘들다. 그래서 나중에 훈련한 두 가지 방식에서는 더 도전적으로 연습해야 한다.

다음으로는 당신이 좋아하는 스포츠 팀의 선수들을 마음속으로 나열해 보자. 선수들이 경기할 때 자리를 잡는 위치와 더불어 선수들의 이름을 정확히 말해 보아라. 이제는 아무것도 적지 않고, 알파벳 순서대로 선수들을 나열해 보자. 마지막으로, 알파벳 역순으로 선수들의 이름을 정확히 말해 보자.

스포츠 팬이 아니라면, 좋아하는 작가 10명을 적어 보자(지금은 연습하기 전에 작가 목록을 구성해야 하므로 기록해도 괜찮다). 그런 다음 구성한 작가 목록을 암기해 보자(즉각적인 단기 기억). 이 목록은 당신이 좋아하는 작가들로 구성되어 있기에 외우기가 어렵지 않을 것이다. 이제는 알파벳 순서대로 머릿속으로 나열해 보자. 혹시라도 한 명이 기억나지 않는다면, 목록을 잠깐 들여다봐도 괜찮다. 마지막으로, 작가 10명을 사회적으로 가장 영향력을 미쳤던 연도에 따라 연대순으로 나열해 보아라. 연도가 중복되는 경우, 예를 들어 20세기에 사회적으로 가장 영향력을 미쳤던 작가 헤밍웨이Hemingway와 포크너Faulkner의 경우에는 알파벳 순서대로 포크너를 헤밍웨이보다 먼저 나열하면 된다. 이 훈련을 하는 동안, 당신은 기억 정보를 작업 기억에 계속 저장하고, 작업 기억의 본질인 중첩된 기준에 따라 마음속으로 기억 정보를 여기저기로 옮겨야 한다.

부수적으로 소설 읽기는 특히 작업 기억 강화에 도움이 된다. 그렇다면 왜 비소설보다 소설을 선호할까? 왜냐하면 비소설 작품들은 흔히 주제에 대한 개인적인 관심도와 이전의 친밀도에 따라 독자가 내용을 어느 정도 건너뛸 수 있는 방식으로 구성되는 경우가 많기 때문이다(당신도 지금 비소설 작품을 그러한 방식으로 읽고 있을 수도 있다). 반면에 소설은 독자가 다양한 등장인물과 내용 전개를 작업 기억에 저장한 채로 처음부터 끝까지 계속해서 읽어 나가야 한다.

소설을 읽는 독자는 한 등장인물을 처음으로 마주치면 과거부터 줄곧 그의 배경이 되어 모든 내용과 함께 그 인물을 기억해야 한다. 또한 그 인물이 다시 나타날 때마다, 작업 기억을 이용하여 작가가 제공할 수도 있는 그 인물의 동기 부여에 대한 통찰력과 함께 과거 행동을 기억해 내야 한다.

덧붙여 말하자면, 나는 신경정신과 의사로서 수년 동안 잠식성 질환의 첫 번째 징후들 가운데 하나인 초기 치매 증상에 시달리는 환자들이 흔히 소설을 끝까지 다 읽지 않고 중단하는 경우가 많다는 사실을 알아차렸다. 환자들은 소설을 읽는다고 해도 더 이상 자신들의 작업 기억을 이용하여 등장인물이나 내용 전개를 계속해서 '기억'할 수 없다. 우리가 현재 주제로 다루고 있는 초기 치매의 두 번째 초기 증상은 요리와 관련이 있다. 초기 치매 증상에 시달리는 환자들은 작업 기억을 지속적으로 유지하고 이용할 수 없기에, 더는 음식을 만드는 방법에 따라 요리할 수 없다. 특히 재료의 양을 각각 측정하고 요리하여 식사 준비로 들어갈 시간을 맞추기가 매우 어렵고 힘들다. 결과적으로 매우 중요한 사실은 독서와 요리가 작업 기억을 지속적으로 유지하도록 자극하는 역할을 한다는 점이다.

그냥 스무고개와 부정적인 스무고개 놀이법

게임은 작업 기억을 강화하기 위한 또 다른 방법을 제공한다. 브리지 카드 게임과 체스 게임은 과거와 현재, 미래의 기억을 계속해서 유지하도록 도와주는 경향이 두드러진 예이며, 과거 게임에 대한 평가와 과거 게임에서 내린 결단력에 대한 미래의 결과를 기반으로 한다. 작업 기억을 강화하기 위한 게임들 중 내가 가장 좋아하는 게임은 질문자가 20가지 질문을 던지면 상대방이 "예" 혹은 "아니오"로만 대답하면서 질문자가 정답을 알아맞히는 놀이인 스무고개이다.

전통적인 놀이인 스무고개에서, 질문자인 한 사람은 잠깐 방을 나가고, 나머지 참가자들은 방에 남아서 인물이나 장소, 사물들 가운데 하나를 선택한다. 질문자는 다시 방으로 들어와 참가자들에게 정확히 20가지 질문을 던지며 대상을 알아맞히려고 노력한다.

스무고개의 규칙에 따라, 질문자는 자신이 총 20가지 질문을 던질 때 나머지 참가자들에게 정직한 답변을 들을 것이고, 자신이 알아맞히려고 하는 미지의 인물이나 장소, 사물 등이 다른 대상으로 바뀌지 않으리라는 가정 하에 게임을 진행할 수 있다. 스무고개에서 모든 참가자에게 요구되는 기술은 이전에 진행한 모든 질문과 답변을 자신들의 작업 기억에 계속해서 저장하는 것이다. 예를 들어, 정답이 '낙타'일 경우에 질문자가 "그것은 바다에서 사는 동물입니까?"라고 질눈을 던지면 나머지 참가자들이 "아니오"라고 대답할 것이다. 이러한 방식에서 자신들이 각자 이전에 던진 질문 이외에 또 다른 질문을 던져야 하므로 이전의 질문과 답변을 작업 기억에 계속해서 저장해야 한다.

스무고개는 두 사람이 함께 진행할 수 있다. 스무고개를 즐기는 두 사람 모두 작업 기억의 혜택을 얻을 수 있다. 규칙은 간단하다.

1. 첫 번째 선수인 답변자는 인물이나 장소, 사물들 가운데 하나를 생각한다.
2. 두 번째 선수인 질문자는 답변자가 선택한 대상을 알아맞히기 위해 필요한 만큼 많은 질문을 던지는데, 이때 최대한 20가지를 질문할 수 있다.
3. 질문자가 통찰력 있는 질문들을 던지면서 답변자가 마음속으로 생각한 대상을 정확히 알아맞힌다면, 질문자가 이긴다. 하지만 20

가지 질문을 던진 후에도 대상을 확실하게 생각해 내지 못한다면, 답변자가 승자이다.

스무고개가 성공할 가능성은 질문자가 이전에 진행한 모든 질문과 답변을 지속적으로 명확하게 기억하면서 이를 바탕으로 가능한 선택사항들을 머릿속으로 제거하는 능력에 따라 달라진다. 질문자가 아닌 나머지 다른 선수(두 사람이 진행하는 스무고개에서) 또는 그룹의 성공 기술은 인물이나 장소, 사물들 가운데 질문자가 알아맞히기 힘들어 할 대상을 생각해 내는 능력에 따라 달라진다. 특별한 방식의 스무고개는 역사나 의학과 같은 특정한 관심사를 포함할 수도 있고, 역사나 의학적인 측면으로 범위를 줄여 인물이나 장소, 사물들 가운데 하나로 정답을 제한할 수도 있다.

극단적으로 지독하고 매우 현명한 유형의 스무고개는 양자 물리학자 존 휠러John Wheeler가 가장 처음으로 설명한 게임 방식이다. 존 휠러가 설명한 방식의 게임은 '부정적인 스무고개(Negative Twenty Questions)'라고 하며, 작업 기억 측면에서 훨씬 더 많은 부분을 요구한다. 이제 두 사람이 진행하는 방식보다 많은 사람이 진행하는 방식으로 부정적인 스무고개를 설명하려고 한다. 혹시라도 당신이 많은 사람과 진행하는 방식으로 부정적인 스무고개 질문 게임을 즐긴다면, 나는 오로지 '매우 현명한' 사람과만 진행하기를 권한다.

질문자가 잠깐 방을 나가면, 답변자인 다른 선수들은 질문자가 모르는 사이에 인물이나 장소, 사물들 가운데 하나를 선택하는 과정을 의도적으로 생략한다. 그래서 질문자가 다시 방으로 들어와 정답을 추측하면, 답변자들은 확실한 대상을 생각한 상태에서 답할 필요가 없다. 대신에 답변자들은 질문자가 물어보는 질문들을 바탕으로 인물이나 장소, 사물들 가운데 일치하는 대상을 생각한다.

"그것은 바다에서 사는 동물입니까?"

"아니오."

다른 답변자들도 각자 똑같은 방식으로 진행한다. 이를테면 질문을 들은 후, 답변자들은 이전의 질문과 답변들에 일치하는 측면에서 자신들만의 대상을 만들어 낸다. 이런 방식의 스무고개에서는 인물이나 장소, 사물들 가운데 답변자들 간에 의견을 모아서 선택한 대상이 없다.

존 휠러는 과학 작가인 존 호간John Horgan에게 부정적인 스무고개의 과정을 "잠깐 방에서 나간 후 다시 돌아와 많은 질문을 던지며 정답을 한 단어로 생각했다고 하더라도, 그 단어는 방에 존재하지 않습니다. 우선 질문을 던지기 전까지는 무언가를 얻지 못합니다. 질문을 던지기 전에는 대답을 듣는 상황이 저절로 발생할 수 없습니다. 당신이 물어보는 한 가지 질문은 추가적으로 물어보는 또 다른 질문을 막고 배제합니다"라고 설명했다.

존 휠러는 이러한 부정적인 스무고개를 양자 역학에 적용했다.

"모든 입자는(심지어 다소 간접적인 맥락에서도) 전적으로 입자의 기능이나 의미, 존재 자체를 '예' 또는 '아니오'로 대답하도록 유도하는 질문과 그 답변에서 이끌어낸다."

집단적으로 작업 기억을 검사하는 방식의 부정적인 스무고개에서는 모든 참가자가 이전에 진행한 모든 질문과 답변들을 명확하게 기억해야 한다. 부정적인 스무고개 질문 게임을 신속하게 진행하는 동안 모든 질문과 답변은 지속적으로 작업 기억으로 이동되고 저장되어야 한다. 질문과 답변이 하나라도 사라지면, 게임은 완전히 무너져 내린다. 앞부분에서 내가 부정적인 스무고개를 극단적으로 지독하고 굉장히 현명한 유형의 스무고개라고 언급한 이유가 있다.

절차 기억에 휘둘리지 않는 법

우선 이 글을 쓰기 전에 나는 커피를 마시려고 주전자에 물을 끓였다. 이 순간에는 커피를 끓이는 일에 매우 집중하거나, 커피를 끓이는 데 부수적으로 필요한 일을 의식적으로 마음속에 떠올리거나, 여러 자료를 찾아볼 필요가 없었다. 아마도 수백에서 수천 번을 반복하여 주전자를 준비하고 물을 끓인 후, 이 모든 과정은 절차 기억으로 자동화되었다.

당신이 오늘 자동차를 운전했다면, 당신이 현재 운전을 배우는 중이 아니라면 그 과정은 거의 자동화되었다. 만약 당신이 베테랑 운전자라면, 라디오 방송을 듣거나, 조수석에 앉은 사람과 이야기를 나누거나, 감히 용기가 있다면 휴대전화로 상대에게 전화를 걸어 데이트 날짜를 잡는 등 초보 운전자가 할 수 없는 모든 행동을 할 수 있다. 내가 당신에게 어떻게 이러한 일을 하면서도 여전히 능숙하게 운전할 수 있는지를 묻는다면, 당신은 절차 기억을 기반으로 운전하기 때문에 향상된 운전에 이르는 단계를 말로 정확히 표현할 수 없다.

절차 기억(또는 숙련된 기억력)은 말이나 언어를 전혀 필요로 하지 않는다. 절차 기억에 관한 다른 예들은 스키를 타거나 자전거를 타는 행위와 마찬가지로 신체적인 기술이 필요하다. 이러한 신체적 활동을 충분히 반복한 후에 뇌는 우리가 스키를 타거나 자전거를 탈 때마다 갑자기 작동하기 시작하는 뇌 신경 세포망을 형성한다. 이러한 활동은 충분히 경험한 후에 의식적으로 인식되지 않은 상태에서도 할 수 있다. 하지만 능숙해진 이후에도 우리는 어떻게 이런 활동들에 능숙해졌는지를 다른 사람들에게 정확히 설명할 수 없다. 이런 이유는 절차 기억을 때때로 근육 기억력으로 잘못 판단하고 있기 때문이며, 실제로 근육 기억력은 근육이 아닌 뇌에 존재한다. 그렇다고 해서 근육 기억력은 우리의 신체적인 근육 활동이 기억력을 형성하는 방법에 아무런 역할을 하지 않는다는 의미가 아니다.

예를 들어, 심리학자들은 우리가 기억하기를 바라는 대상에 신체적 근육 활동을 적절하게 동반한다면 기억력을 훨씬 더 수월하게 형성할 수 있다는 사실을 보여 주었다. 또 다른 예를 들어, 당신이 연필을 집거나, 병뚜껑을 열거나, 촛불을 켜는 등 간단한 요구들을 기억하고 나중에 암송하도록 요청받는다면, 당신이 요구들을 기억하는 능력은 요청받은 대로 연필을 집거나, 병뚜껑을 열거나, 촛불을 켜는 등 신체적 활동을 함께 하면서 암기하는 경우에 매우 향상될 수 있다. 이러한 신체적 활동은 필요에 따라 지시 사항을 강조하는 신체적 근육 운동 프로그램을 형성한다.

언어만으로 강화할 수 없는 절차 기억

운전으로 다시 되돌아가 보자. 내가 당신에게 운전하는 법을 가르쳐 달라고 요청한다면, 당신은 절차 기억이 비서술적 기억(반복적으로 실행하는 운전 기술을 의식적으로 생각하지 않고 습관적으로 기억하는 비선언적 기억력)을 수반하므로 오로지 말로만 가르쳐 주기가 매우 어렵고 힘들 것이다. 누구에게도 운전 방법을 오직 말만으로 가르쳐 줄 수 없으며, 운전을 가르쳐 줄 때는 상대방에게 신체적 근육 운동 프로그램을 전달해야 한다. 자동차 운전이나 스키 타기, 기타 연주하기, 모든 기술적인 신체적 활동 등을 실행하는 방법에 따라 지시 사항을 오로지 언어만으로 배운 사람은 아무도 없을 것이다.

때때로 '그 자체를 인식하는 것'이 아니라 '방법을 인식하는 것'으로 묘사되기도 하는 절차 기억은 복잡한 유형의 신체적 행동을 실행하는 방법을 습득하는 감각을 말한다. 나는 당신에게 원두를 선택하고 갈아서 커피 한 잔을 내리는 방법을 가르쳐 줄 수 있지만, 내 입장에서는 차라리 내가 직접 커피를 만들어 대접하는 편이 훨씬 더 수월할 것이다. 커피를 내리는 것과 마찬가지로 기술이나 습관이 자연스럽게 발달하는 과정은 자동적인 신체 행동을 만드는 신체적 근육 운동 프로그램을 포함한다. 모든 신체적 활동은 필요에 따라 충분히 연습한다면 의식적으로 생각하지 않고도 수행할 수 있다. 결과적으로 일단 신체적 활동이 자동화되면, 누군가에게 가르쳐 주기가 매우 어려워진다.

절차 기억은 작업 기억에 속하지만, 처리 과정이 작업 기억과 다르다. 신체적 활동은 다양한 요소를 구성하여 자주 실행되어야 한다. 하지만 단순하게 어떤 행동만 반복한다고 해서, 예를 들어 커피를 완벽하게 만들 정도로 기술이 발달한다고 보장할 수 없다.

신체적 활동을 연습하는 첫 번째 단계는 갖추고 싶은 기술을 구성 요소로 세분화하고, 이러한 요소적인 부분들이 어떻게 결합되어 있는지를 이해한다. 이때 불필요하거나 비효율적인 동작은 생략하면서, 커피를 만드는 절차 기억을 형성한다. 신체 활동을 구성하는 핵심적인 요소이며 실행하는 데 가장 중요한 단계는 절차적으로 두드러지게 강조되고 가속화되며 자동화된다. 이 단계들은 다음과 같다. 첫 번째는 시도하기(커피를 준비하기)이며 두 번째는 결과 분석하기(커피 맛을 파악하고자 시험 삼아 마셔 보기)다. 세 번째는 원하는 결과를 획득하기 위해 필요하다면 커피를 만드는 절차를 변경한다. 커피 만드는 법을 기록하면서 만들어 볼 때마다, 뇌 신경 세포망은 의식적으로 인식하지 않은 상태에서도 만들어진다. 결과를 인식하기 위한 접근 방식인 피드백은 당신이 만든 커피를 시험 삼아 직접 마셔 보는 '내적 피드백'과 다른 사람들에게 권하고 그들의 의견을 고려하는 '외적 피드백'으로 구분되며, 절차 기억을 완벽하게 형성하는 데 매우 중요하다.

절차 기억을 신체적 근육 운동 프로그램에 따라 형성되는 작업 기억의 한 유형으로만 생각하지 말자. 절차 기억은 주로 대뇌 피질 아래 깊숙한 곳에 위치한 신경 세포의 집합체로서 그러한 구성 요소들을 층으로 포함한다. 그리고 대뇌 기저핵이라고 불리는 다른 부분들도 포함한다는 사실을 염두에 두어야 한다. 이에 따라 절차 기억이 발달할수록 대뇌 피질에서도 변화가 일어난다. 예를 들어 자발적 근육 운동을 통제하는 운동 피질은 새로운 운동 기술을 학습하는 데 관여한다. 우리 뇌의 깊숙한 곳에는 대뇌 피질뿐만 아니라 커피를 만드는 능력을 특징적으로 관리하는 대뇌 피질의 하부 영역도 있다. 뇌의 다른 곳에서는 자전거를 타거나, 수영을 하거나, 춤을 추기 위해 운동 기술을 학습하는 데 특징적으로 관여하며, 여러 다양한 운동 활동도 포함된다.

자동화된 절차 기억의 성과는 가능성과 위험성이 모두 존재한다. 일단 의식적인 인식이 필요하지 않을 정도로 무언가를 반복해서 실행하고 학습한다면, 의식적인 인식 단계를 다시 도입하기까지 결국 극심한 책임과 부담이 따를 수 있다. 일단 당신이 새로운 댄스 스텝을 익혔다면, 당신은 '기술이 훌륭한 사람'에서 '기술이 서투른 사람'으로 넘어가지 않도록 발 움직임을 정확히 인식하면서 댄스 스텝을 한층 더 개선하고 싶은 유혹을 더욱 잘 참아야 할 것이다.

스트레스가 절차 기억에 주는 영향

절차 기억은 또한 명성을 얻기 위해 질식할 정도의 극심한 긴장감과 중압감에 시달리는 프로 선수들에게도 문제가 될 수 있다. 정신적 압박감에 대응하는 선수들은 때때로 단 몇 초 만에 기술 실행에서 성과 분석으로 전환하기도 한다. 성과에 대한 불안감과 향상된 자기 인식, 가능한 한 높은 수준에서 기술을 발휘해야 한다는 스트레스 등이 결합되면, 결국 기술을 실행하면서도 책임감과 부담감이 집중적으로 증가할 수 있다. 의식적으로 집중력을 발휘하는 상태에서 기술을 차근차근 한 단계씩 선보인다면, 절차적으로 자동화된 기술의 실행과 성과에 지장을 줄 것이다. 이전까지만 해도 무의식적으로 원활하게 복구되었던 절차 기억이 의식적으로 복구하기 힘든 절차 기억이 된다.

예를 들어, 스포츠 역사상 가장 위대한 체조 선수로 손꼽히는 시몬 바일스Simone Biles는 2021년 도쿄 올림픽에서 금메달을 획득할 가능성이 매우 큰 선수였다. 하지만 여자 기계체조 단체 결승전에서 바일스는 첫 종목인 도마에 나섰다가 몸을 비틀어 두 바퀴 반을 돌며 고난도 연기를 펼쳐야 하는 상황에서 지독한 압박감에 시달려 한 바퀴 반밖에 돌지 못했다. 이러한 현상은 체조 선수들이 몸을 뒤틀거나 뒤집는 동작을 할 때 공중에서 몸이 어디쯤에 위치해 있는지를 정확히 인지하지 못하는 현상인 '트위스티스(Twisties)'라고 알려져 있다. 다른 스포츠와 비교해 보면, 체조 선수들은 매우 극심한 압박을 받을수록 심각한 부상을 당하거나, 심지어 사망에 이를 수도 있다. 바일스는 "당신에게 자신감이 없고 긴장감과 중압감이 아주 조금이라도 몰려든다면, 부상을 당할 수 있습니다. 그렇기 때문에 당신은 현재 자신감을 100퍼센트 혹은 120퍼센트로 갖추고 있어야 합니다"라고 말했다.

당신이 순간적인 감각으로 공중에서 몸을 뒤틀거나 뒤집어야 하는데, 스스로 공중에서 어디쯤에 있는지를 정확히 인지하지 못하고 통제하는 능력을 상실한 상황에서 고난도 동작을 실행하고 있다고 상상해 보라. 이런 상황에 대응한다면, 당신이 계획하지 못한 지점에서 몸을 비틀거나 뒤집을 수도 있고, 아니면 바일스와 마찬가지로 한 바퀴 반밖에 돌지 못하며 당신의 기술적인 성과를 단순화할 수도 있다.

중압감에 시달리는 원숭이

최근 들어 신경과학자들은 이러한 중압감이 다른 종에서도 발생한다는 사실을 알게 되었다. 카네기멜론대학교와 피츠버그대학교에서 진행한 실험에 따르면, 원숭이들은 컴퓨터 화면에 보이는 시각적 단서를 바탕으로 보상 수준을 예측하는 방법을 배울 수 있다. 각기 다른 색상의 물체들은 물의 양이 적은 것부터 많은 것까지 각자 다른 정도의 보상 수준에 해당한다. 예측한 보상 수준이 갑자기 두 배나 세 배로 증가되었을 때, 원숭이들은 자신들의 실행 성과를 향상시켰지만, 단지 어느 정도까지만이었다. 실제로 매우 커다란 수준의 보상을 예측했을 때, 원숭이는 지독한 긴장감에 시달리며 실패했다.

이러한 중압감에 시달리는 원인을 파악하기 위해서 원숭이의 움직임을 두 단계로 나누어 살펴볼 수 있다. 원숭이는 '목표물에 도달하는 탄도 미사일의 움직임'과 마찬가지로 처음에 마우스 커서로 지정한 목표물을 향해 신속하게 이동하고, 뒤이어 목표물에 정확히 도달하도록 더욱 서서히 신중하게 움직인다. 중압감이 몰려드는 상황에서, 탄도 미사일처럼 정상적으로 빠르게 움직이던 원숭이는 목표 지점에서 갑자기 멈추었다. 이로 인해 시간이 다 될 때까지도 '목표 지점에 도달하려는 원숭이의 움직임'이 느릿느릿하게 오래 지속되었다. 한마디로 말해서, 원숭이가 긴장감에 시달리는 원인은 지나친 주의력에 바탕을 두고 있었다. 원숭이의 움직임을 정확하게 추적 관찰한 결과에 따르면, 원숭이들은 너무 세심한 주의력을 기울였고, 이는 훨씬 더 느린 움직임으로 이어졌다. 원숭이의 움직임과 관련하여 연구에 몰두한 생체 공학자 아론 바티스타Aaron Batista는 "원숭이들은 불안감에 휩싸이면 목표물을 정확하게 겨냥하지 못한다"라고 이야기했다. 인간의 관점에서 원숭이의 실험 결과를 이야기하자면, 극심한 긴장감은 결과적으로 지나친 주의력이 증가하면서 발생한다.

카네기멜론대학교에서 진행한 실험이 질식할 정도로 극심한 중압감에 관련된 뇌 회로를 정확하게 찾아내지는 못한다. 그러나 뇌에 이식된 전극을 이용하여 미래에 진행할 연구들은 중압감의 주된 원인인 지나친 주의력을 담당하는 뇌 회로를 정확하게 찾아내고 확실하게 해결해야 한다. 하지만 우리의 목적을 달성하기 위해, 카네기멜론대학교에서 진행한 실험은 처음부터 우리의 절차 기억을 통제하지 않는 점이 매우 중요하다는 사실을 암시한다. 우리가 최고의 성과를 달성하기 위해서는, 우리 몸의 세세한 부분까지 관리하는 행위를 멈춰야 한다.

"뇌는 뇌 자체로 내버려 두어야 한다"라는 격언은 극심한 긴장감이 몰려드는 상황을 최대한 막을 수 있도록 도와주는 좌우명이다. 일단 어떠한 노력 없이도 운동의 한 동작을 우아하고 세련되게 할 수 있다면, 당신은 바로 그 한 동작만 수행하면 된다. 지금은 그 한 동작만 실행하고, 나중에는 코치의 도움을 받아 당신의 동작을 분석할 것이다. 한 운동선수가 긴장감과 중압감을 해소하는 수단으로 내게 이렇게 제안했다.

"빈틈없이 빽빽하게 계획을 설정하고, 느슨하고 자유롭게 실컷 즐겨라."

절차 기억으로 벌어질 수 있는 비극

절차 기억과 의식적이고 의도적인 기억이 서로 충돌할 때는 다른 잠재적인 위험성이 있다. 때때로 절차 기억은 남몰래 침입하는 강도처럼 은밀하게 살짝 침입하여 의식적이고 의도적인 기억력을 밀어내고 그 장소에 대신 들어설 수도 있다.

예를 들어 미묘하지만 놀라울 정도로 매우 효과적인 테니스 전술은 상대 선수가 보통 무의식적으로 자동화된 움직임(절차 기억의 일부)을 의식하도록 만드는 방법과 관련이 있다. "와, 정말 대단한 서브였어. 네가 라켓을 어떻게 잡는지 확인해 보자"라는 말에 갑자기 속아 넘어간 상대 선수는 테니스 전술을 인식하지 않더라도 이미 자동으로 잘 작동하는 무언가를 의식적으로 설명하거나 행동으로 보여 주려고 노력한다. 손으로 라켓을 어떻게 잡고 있는지 보여 달라는 요청은 비선언적인 절차 기억을 훨씬 덜 효율적인 선언 기억으로 전환시켰다. 전형적으로 이런 비도덕적인 작은 속임수를 간파한 사람들을 제외하고, 대부분은 설명되지 않는 이런 이유로 인해 시합이 역전되고는 한다.

때때로 절차 기억과 의식적으로 조정된 기억 사이의 충돌은 결국 비참한 결과로 이어질 수도 있다. 예를 들어, 런던에서 20년 동안 1층 버스를 운전한 경력을 갖춘 버스 운전사는 2층 버스를 운전하도록 전환되었다. 이러한 변화는 잠재적으로 심각한 결과를 초래했기에, 운전사는 2층 버스를 운전하도록 배정된 신입 직원들에게 도움을 주고자 만들어진 수업에 참석하여 철저하게 재교육을 받았다. 결과는 어땠을까? 어느 고달픈 오후 전까지는 2년 동안 모든 일이 순조롭게 잘 진행되었다.

뒤늦게 2층 버스를 맡은 운전사는 절차 기억에 효과가 나타나기 시작하면서 1층 버스를 운전하던 시절부터 기억에 남은 짧은 대체 경로를 선택하게 되었다. 다행스럽게도, 그날 2층에는 승객이 아무도 없었다. 이 상황이 왜 다행스러울까? 왜냐하면 2층 버스가 1층 버스보다 훨씬 더 높은 것에 비해 너무 낮은 고가 도로 아래로 지나가면서 상갑판이 절단되었기 때문이다. 2층 버스 운전사의 오래된 절차 기억은 자신이 1층 버스를 운전하는 경험에서 남모르게 슬금슬금 되돌아왔다.

절차 기억으로 의식적인 작업 기억을 중단시키는 또 다른 재앙적인 상황은 잊힌 아이 증후군(FBS, Forgotten Baby Syndrome)이라고 부르는 경우에서 발생한다. 일반적으로 부모나 다른 보호자는 자동차에서 자신들의 아이를 데리고 내려야 한다는 사실을 잊어버린다. 몇 년 전 워싱턴 D.C.에서 어느 미취학 아동의 어머니가 급한 업무 때문에 어린 딸을 어린이집에 데려다 주지 못하게 되었다. 아이의 아버지는 이전에 한 번도 어린이집으로 운전하고 가 본 적이 없었으나, 자신이 사무실로 출근하는 길에 딸을 내려 주겠다고 했다. 그는 아이를 뒷좌석에 안전하게 앉힌 후, 무더운 여름 날 집에서 나섰다. 그러고 나서 습관적으로 운전에 몰두했고 자신이 좋아하는 토크 쇼 프로그램을 들으며 교통 체증에 대해서 혼잣말로 투덜거렸다.

이 운명적인 날, 그는 뒷좌석에 자신의 어린 딸이 앉아 있다는 사실을 잊어버렸다. 목적지에 도착하자마자, 그는 지정된 주차장에 차를 주차하고, 앞좌석에서 서류 가방을 들고 사무실 건물로 황급히 달려갔다. 몇 시간 후, 그는 자신의 딸이 여전히 자동차 뒷좌석에 앉아 있다는 사실을 기억한 순간 공포감에 휩싸였다. 애석하게도 그때는 너무 늦었고, 어린 딸은 이미 사망한 상태였다. 어떻게 이런 비극적인 사건이 일어날 수 있었을까?

이번 사례를 살펴보면, 기저핵과 다른 대뇌 피질 하부 영역의 네트워크는 미래 행동의 계획과 실행을 담당하는 전두엽 영역의 활동을 정복했다. 자동차를 몰고 사무실까지 이동하는 동안 습관을 기반으로 기능하는 기저핵과 편도체는 어린 딸을 어린이집에 내려 줘야 한다는 전두엽의 계획된 행동을 제압했다. 아버지가 최대한 의도적으로 기억력을 발휘한다고 하더라도, 그는 가장 효율적인 방식(절차 기억)에 따라 출근하는 동안 지나치게 반복되는 일상적인 방법에 습관적으로 몰두하고 있었다.

2층 버스 운전사가 겪은 재앙에 가까운 경험과 잊힌 아이 증후군이 주는 교훈은 일상적으로 실행하는 활동 영역에서 벗어날 때마다 스스로 경계하고 조심해야 한다는 점이다. 이러한 경우에 당신은 반복되는 절차 기억이 의식적이고 의도적인 기억력을 장악하지 못하도록 스스로를 추적 관찰해야 한다. 따라서 기본 상태로 형성된 습관과 절차 기억을 염두에 두기 바란다. 자기 자신을 관찰하지 않으면, 어떤 활동을 하든지 간에 이전에 항상 했던 방식으로 하게 될 것이다. 이러한 상황은 예상치 못할뿐더러 불필요하게 비극적인 재난으로 이어질 수 있다. 따라서 당신은 이런 잠재적인 절차 기억의 위험성에 주의하기를 바란다.

기억력이 대비하는 미래

이번 장의 마지막 페이지에서, 나는 기억력의 마지막 유형에 대해 이야기하려고 한다. 바로 반직관적이고 겉보기에는 모순적인 미래 기억이다.

일반적으로 우리가 기억을 말할 때는 과거를 언급한다. 과거의 사건이나 행동이 결과적으로 현재에 영향을 미친다는 사실은 우리가 쉽게 이해할 수 있는 개념이다. 스페인의 유명한 철학자 조지 산타야나George Santayana는 "과거를 기억할 수 없는 사람들은 과거의 좋지 못한 사건이나 행동을 반복할 수밖에 없다"라고 말했다. 산타야나의 이러한 주장은 어렵지 않게 이해할 수 있다. 하지만 미래가 결과적으로 과거와 현재에 영향을 미친다는 사실은 어떠한가? 《이상한 나라의 앨리스》의 저자 루이스 캐럴은 그 질문에 "그저 과거 방향으로만 거꾸로 작동하는 기억력은 형편없고 변변찮은 기억력이다"라는 역설적인 생각을 했다.

과거와 현재가 미래에 영향을 미친다는 사실은 누구나 이해하기가 쉽지만, 아직 일어나지 않은 미래가 과거나 현재에 영향을 미친다는 사실은 어떻게 이해할 수 있을까?

오늘은 어제의 내일이다

캐나다의 가수이자 배우인 마이클 부블레Michael Bublé는 자신의 노래 〈오늘은 어제의 내일이다〉에서 딜레마의 본질을 정확히 담아냈다. 이에 뒤지지 않기 위해 컨트리 앤 웨스턴 그룹인 프린시플스Principles는 〈오늘은 내일의 어제이다〉라는 곡을 발표했다.

조지 오웰은 갈수록 더 선견지명을 갖게 된 자신의 소설 《1984》에서 개념적으로 직접 파악할 수 없는 미래 기억을 적용했다. 《1984》의 주인공인 윈스턴 스미스는 오세아니아 정부의 선전물을 담당하는 진리부(Ministry of Truth)에서 과거의 역사 기록을 조작하는 일을 하며 군인인 오길비의 정체성을 허구적으로 구성한다. 윈스턴 스미스는 오길비를 군사 작전에서 전사한 영웅이자 자신의 동포들이 본받을 만한 모범적인 인물로 묘사한다.

"현재까지도 결단코 존재한 적이 없던 오길비는 이제 과거에 존재하게 되었다. 일단 적극적으로 조작된 역사 기록이 잊히면, 그는 카롤루스 왕조 제2대 프랑크 국왕이자 초대 로마인의 황제인 카롤루스 마그누스Charlemagne나 로마 공화국의 정치가이자 장군인 율리우스 카이사르Julius Caesar와 마찬가지로 똑같은 증거 위에서 확실하게 존재할 것이다."

그 결과 '실제로' 존재하지 않았던 오길비는 이제 과거와 현재, 미래에 살아가고 있다. 오길비를 창의적으로 만들어 내면서, 오웰은 과거와 현재, 미래를 이어 주는 연결 고리를 명확하게 설명했다. 그리고 이런 명예로운 설명을 기념하고자 "과거를 지배하는 자가 미래를 지배하고, 현재를 지배하는 자가 과거를 지배한다"라는 자신이 기억할 만한 격언을 창조했다.

신경과학은 캐럴과 오웰의 주장이 맞았다는 사실을 보여 준다. 뇌 스캔 사진은 우리가 미래의 가능성을 상상할 때마다, 그 미래를 우리의 기억에 암호화한다는 사실을 시사한다. 이러한 사실은 새로운 기억이 형성되는 현상을 포함하며, 새 기억이 이와 연관된 뇌 신경 세포망에 통합되면 이전에 구성되었던 뇌 신경 세포망이 서로 접촉하도록 도와준다. 새로운 기억의 형성은 시간과 출연자들, 상황 등에 따라 내용이 달라지는 즉흥 연극과 같다. 이런 변화는 흔히 사람들이 같은 사건을 경험하더라도 서로 다르게 기억하는 이유들 중 하나이다. 또한 우리의 기억력, 특히 개인적이고 감정적으로 미묘한 차이가 나는 기억이 때때로 틀릴 수 있는 이유를 설명하는 데 많은 도움이 되기도 한다.

로체스터대학교의 뇌 인지과학과 교수인 로버트 제이콥스Robert Jacobs는 "어떤 항목을 기억 속에 담는 현상은 마치 미래의 자신에게 메시지를 보내는 현상과 같습니다. 하지만 이 채널은 용량이 한정되어서 모든 세부 사항을 명확하게 전송할 수 없습니다. 그래서 나중의 기억에서 복구되는 메시지는 이전에 저장된 메시지와 일치하지 않을 수 있고, 그래서 기억력 오류가 발생합니다"라고 이야기했다. 제이콥스는 기억을 모든 의사소통 채널과 마찬가지로 고장날 수 있는 통신 채널의 한 종류라고 생각한다.

뇌는 오직 경험의 핵심만 기억할 수 있을 때 메시지의 세부 사항을 가득 채우는 데 유리하도록 설계되어 있다. 예를 들어, 나는 지난달에 자동차 쉘비 머스탱을 구매할까 고려했기에 시승을 했었다. 그때 수동 변속기와 자동 변속기 가운데 어떤 변속기가 장착되어 있었는지 기억하지 못한다면, 제이콥스가 언급한 대로 '특성상 가장 빈번하거나 흔한 그런 메시지는 뇌에 정신적으로 가득찬 세부 사항에서 당연히 누락'되어 있을 것이다.

나는 고성능 자동차 제조업체이자 튜닝 업체인 쉘비가 자동차에 자동 변속기를 장착한 적이 없다고 생각하기 때문에 틀림없이 쉘비 머스탱에도 수동 변속기가 장착되어 있을 것이라고 확신했다. 결론적으로는 내 기억력이 완전히 확실하다고 볼 수 없지만, 쉘비 머스탱은 예외이거나 변경된 차량일 수도 있다.

J. G. 밸러드J. G. Ballard는 자신이 집필한 디스토피아 소설 《낙원으로 돌진》에서 '미래에 대한 집단 기억 상실증… 가까이 닥쳐오는 위급한 상황에 대한 의도적인 거부'의 위험성을 언급했다. 미래에 대한 집단 기억 상실증을 해결한다면 우리를 위협하는 지구 온난화에 대한 대처 방안을 어느 정도 명확하게 설명할 수 있을까?

· 3장 ·

쓰면 쓸수록 현명해진다

기억력의 활성화

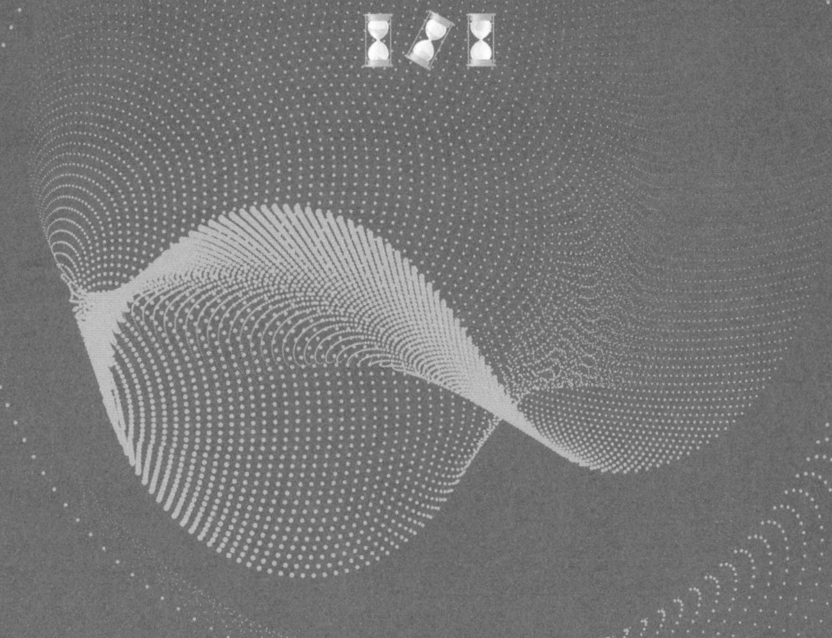

때로는 기억보다 직감을 신뢰하라

뇌 안에 형성된 의미 기억은 활성화되기를 기다린다. 예를 들어, 내가 당신에게 이탈리아 요리에 관하여 질문한다면, 이전에 형성된 뇌 회로는 당신이 즐겨 먹던 이탈리아 요리나 이탈리아 와인, 방문했던 분위기 좋은 이탈리안 레스토랑, 이탈리아 여행 등과 관련된 부분이 활성화된다. 이러한 경험들 중 일부분이나 전부를 내 질문에 대한 답으로 활용할 수 있다. 내 질문에 대한 답을 준비하는 순간, 당신은 자신만의 지식 저장소에서 이탈리아 요리에 관한 정보를 뽑아낸다.

이탈리아 요리를 접했던 경험이 많을수록 답은 더욱 미묘한 차이를 드러낸다. 당신이 이탈리아 요리의 애호가라면, 당신의 뇌는 이탈리아 요리에 관한 정보와 연관이 있는 부분들이 극도로 활성화된 반응을 보인다. 그야말로 이탈리아 요리와 시각적으로 연관 있는 대뇌 피질에서 이탈리아 플로렌틴 소고기 스테이크를 살펴볼 수 있고, 후각 정보를 분석하고 조합하는 후각 신경구(후각 망울)와 미각 정보와 연관성이 있는 뇌 부분들을 통해 스테이크의 냄새를 맡고 맛볼 수 있다. 이탈리아 요리에 관한 답변들 중에는 의미 기억에서 끌어낼 수 있는 답변이 단 하나도 존재하지 않는다는 사실을 주목해야 한다. 그 답변은 전적으로 당신의 경험과 이탈리아에 관한 모든 지식, 그리고 애초에 내가 당신에게 이탈리아 요리에 관하여 질문한 이유를 잘 파악해 내는 당신만의 추측 등에 따라 달라진다.

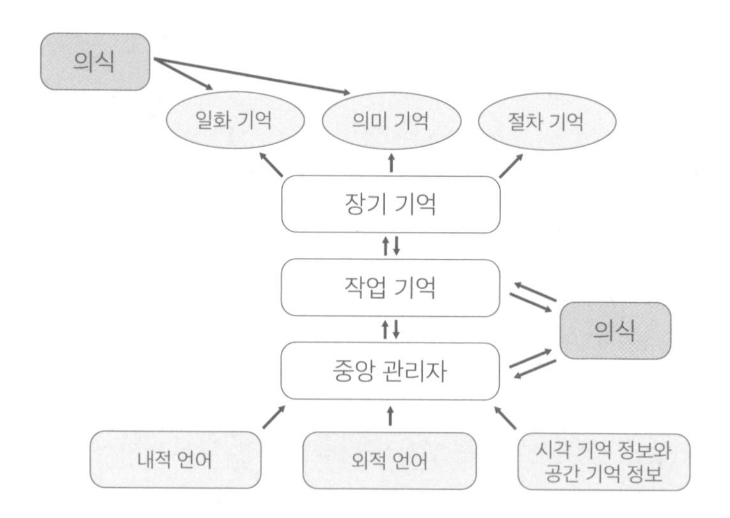

이와 대조적으로 일화 기억은 이탈리아 요리에 대해 질문했던 이런 예와 마찬가지로 구체적이면서도 잠재적으로 기억할 수 있는 한 가지 특정한 경험을 말한다. 그 요리는 당신이 수년 간 아주 즐겁게 맘껏 먹어 왔던 5성급 이탈리아 요리처럼 당신의 기억에서 떠오를 수도 있다.

그림에서 볼 수 있듯이, 의미 기억과 일화 기억은 모두 장기적인 기억의 일부이다.

작업 기억은 중앙 관리자를 통해 내적 언어와 외적 언어뿐만 아니라 시각 기억 정보와 공간 기억 정보도 이끌어 내며 장기 기억에 저장된다. 앞의 그림에서는 이러한 모든 현상을 명확하게 보여 준다.

새로운 언어에 익숙해지는 과정

이제는 뇌에서 정상적인 방식으로 작동하는 다양한 유형의 기억력을 몇 가지 예를 들어 설명하려고 한다.

새로운 언어를 학습할 때, 어휘와 구문, 발음 등을 학습하는 과정에는 일화 기억과 암묵 기억이 포함된다. 선생님은 수업을 통해 새로운 언어의 핵심 사항과 기본 원칙을 가르친다. 여기에는 당신이 배우고 일화 기억에 저장하는 단어와 문장이 포함된다. 새로운 언어에 익숙해지고 통달할수록, 지금까지 배워서 익힌 모든 내용에 연관성을 형성하게 된다. 이러한 학습 내용은 모두 의미 기억에 저장된다.

언어를 말할 때, 가슴 근육과 관절 근육들은 언어의 소리에 해당하는 특정한 모양으로 형성된다. 이러한 현상이 어린 시절에 발달한다면, 언어를 발음하는 목구멍 근육들은 자신들이 발음하는 그 언어에 완벽하게 익숙해지도록 스스로 움직임을 조정한다. 그 결과 음높이를 변하게 하는 억양을 넣지 않고 해당 언어를 말하는 능력을 갖추게 된다. 이렇게 근육들이 움직임을 스스로 조정하는 현상은 절차 기억으로 구성된다. 결국 우리는 원어민을 접하면서 모든 언어를 관찰하고 모방하는 동시에 몸짓과 소리의 강도 등을 동반하는 사회적 언어를 원어민처럼 자연스럽게 표현한다. 이러한 모든 과정은 암묵 기억에 저장된다.

이러한 초기 학습 과정은 일화 기억에서 두드러지므로, 특히 당신의 선생님이 열정적이고 카리스마가 있었다면, 당신이 처음으로 접한 몇 가지 언어 수업을 머릿속에 자리 잡았을 것이다. 언어 수업이 계속될수록, 특정 구문이나 규칙을 배웠을 때 그 내용을 식별하고 기억하는 능력이 떨어지게 된다. 당신이 배운 모든 내용들은 모조리 의미 기억에 저장된다.

일단 당신이 언어를 매우 유창하게 사용하게 된다면, 더 이상 당신의 언어 능력을 관찰하거나 평가할 필요가 없다. 당신의 훌륭한 언어 능력은 이제 절차 기억에 저장되었다. 하지만 당신이 해당 언어의 숙련자와 대화를 시작한다면, 당신은 의미 기억과 절차 기억 사이를 잽싸게 왔다 갔다 상호 작용하면서 서투르게 대화를 시도할 수도 있다. 결과적으로 당신이 그저 관례적인 언어 능력 수준에서만 최선을 다했다면, 스스로 성취할 수 있는 수준보다 훨씬 더 열등한 성과를 얻게 된다.

기억 시스템들 사이에서 발생할 수 있는 조합과 갈등은 질문에 답변할 때 벌어질 수 있다. 예를 들어 "미국의 제16대 대통령은 누구였는가?"라는 질문을 받았을 때 정답이 '에이브러햄 링컨Abraham Lincoln'이라는 사실을 정확히 알고 있다고 가정해 보자. 정답을 정확히 안다고 하더라도, 당신은 학교에서 미국의 제16대 대통령이 에이브러햄 링컨이라고 배웠던 그날에 학교에서 화재가 발생하거나 감정을 자극하는 특별한 상황이 일어나지 않는 한, 그 사실을 알게 된 날을(일화 기억) 기억할 가능성이 낮다. 오히려 그 정답은 의미 기억에 저장된 많은 기억 정보 가운데 하나이다. 하지만 그 질문에 답하기 위해서는 답변을 대뇌 피질에 위치한 의미 기억의 저장소에서 일화 기억의 중심지인 해마로 옮겨야 한다. 의미 기억과 일화 기억 사이를 오가며 상호 작용하는 이런 현상은 대뇌 피질에서 해마로, 또한 해마에서 대뇌 피질로 흐르는 기억 정보를 연결하는 동적 네트워크를 포함한다.

당신이 그 질문에 답한 후, 링컨에 관한 정보는 일화 기억의 중심지인 해마에서 대뇌 피질에 위치한 의미 기억의 저장소로 다시 옮겨지며, 다른 사람이 당신에게 링컨에 관한 어떤 정보를 묻거나 당신이 링컨을 다시 떠올려야 할 다른 이유가 생길 때까지 의미 기억의 저장소에서 계속 머무른다.

자신의 직감을 믿어야 할 때

일화 기억 시스템과 의미 기억 시스템 중 일화 기억 시스템은 가장 취약하고 오류가 쉽게 발생하기 쉽다. 우리가 아는 바에 따르면, 근본적으로는 특히 불확실한 사실을 말할 때 더욱 그렇다. 이는 결과적으로 우리가 상황에 따라 불확실한 사실을 반신반의하며 불안을 느끼면서 대답하는 원인이 될 수 있다. 이때 심장 박동이 불규칙하게 뛸 수도 있고, 복부에서 불쾌하고 거북한 감각을 경험할 수도 있다. 이런 모든 현상이 발생하는 이유는 스스로의 답변에 대한 정확도를 완전히 확신하지 못하기 때문이다. 그렇다면 그런 상황에서 무엇을 어떻게 해야 할까? 일화 기억이 우리에게 제공한 기억 정보를 전적으로 확신하지 못한다면, 대부분의 경우에 자신만의 직감에 따라 직관력이 옳다는 사실을 신뢰하는 편이 훨씬 더 나을 수 있다. 왜 그럴까? 일부 기억은 의미기억에 비효율적으로 저장되며, 완전히 신뢰할 수 있는 일화 기억을 제공하지 못한다. 하지만 그러한 일부 기억은 한 가지 답을 정확하게 옳다고 느끼게 하는 '예감'을 제공한다. 그래서 상황에 따라 사태를 감수해야 한다! 다시 말해서 근거 없는 엉뚱한 짐작보다 오히려 본능적으로 느껴지는 예감이 훨씬 낫다.

이와 유사한 상황에 처하면 객관식 시험을 볼 때의 전통적인 조언에 따르도록 한다. 일단 근거 없이 엉뚱하게 짐작하지 않길 바란다. 하지만 답변들 중 하나가 옳다는 느낌이 들면, 그 답변을 선택하고, 답변을 바꾸도록 유도하며 괴롭히는 의심을 마음속에 품지 않아야 한다.

기억은
어떤 상황에서
가장 잘 복구될까

기억을 형성하는 데 갖춰야 할 주의력의 일부로서, 현재 기억하려고 노력하는 대상을 가능한 한 깊이 생각해 보도록 한다. 그 대상이 단어라면, 단어의 기원을 배우고, 그 단어를 구성 요소들로 나누며, 정신적 이미지를 형성해야 한다. 기억하려는 단어를 정신적 이미지로 형성하는 방식은 단어의 철자를 조용히 마음속에 떠올리는 방법처럼 피상적인 방식보다 훨씬 더 많은 뇌 구조를 작동시킨다.

이런 특별한 차이를 명확히 보여 주는 fMRI(기능적 자기 공명 영상) 연구 결과에 따르면, 내측 측두엽에 포함된 해마와 같이 기억력과 관련된 영역에서 뇌의 활동성이 훨씬 더 높았다. 이러한 현상은 뇌의 해당 영역들이 정신적 이미지를 형성하고자 더욱 열심히 작동하고 있다는 사실을 시사한다. 이러한 현상은 심층 처리 방식이라고 하며, 표층 처리 방식과는 다르다. 이런 다른 범주들은 뇌가 얼마나 열심히 작동하고 있는지에 해당하는데, 이를테면 심층 처리 방식에서는 뇌의 활동성이 높고, 표층 처리 방식에서는 그다지 높지 않다.

뇌가 활동하게 하는 법

fMRI 연구에서 알 수 있듯이 뇌를 더 열심히 일하도록 하면 나중에 기억할 가능성이 높아졌다. 한 연구에서 지원자들은 암기할 단어 목록을 자세히 살펴보도록 요청받았다. 나중에 암기한 단어 목록을 검사하면서 fMRI로 촬영한 이미지를 분석한 결과, 나중에도 단어 목록을 명확히 기억할 수 있도록 해마가 포함된 내측 측두엽에서 뇌의 활동성이 매우 높았다. 일반적으로 뇌의 활동성이 높을수록 기억 정보를 저장하는 효율이 높아지고, 결과적으로 지원자들이 단어를 기억해 낼 가능성이 높아진다.

새로운 자료를 암기하려고 했을 때 당시에 느꼈던 감정이나 환경과 되도록 거의 유사한 상황에서 기억 정보를 복구할 때, 기억력은 가장 잘 작동한다. 예를 들어, 배경 음악은 기억력에 영향을 미칠 수 있다. 당신이 자료를 외우는 동안 재즈 음악이나 클래식 음악을 듣는 다면, 자료를 구체적으로 기억해 낼 때 외울 때와 똑같은 유형의 음악을 들을 때 훨씬 정확하게 기억해 낼 수 있다. 이러한 원리를 명확하게 보여 주는 한 가지 매우 흥미로운 실험이 있다. 한 다이빙 클럽의 회원들은 수중에 있든, 땅 위에 있든 간에 40가지 단어를 학습했다. 두 그룹으로 나눈 회원들은 자신들이 단어들을 학습했을 때의 상황과 똑같은 상황에서 검사를 다시 진행했을 경우 훨씬 더 많은 단어를 기억했다. 다음으로 한층 더 일상적인 사례로 관심을 돌려 보면, 지원자들은 서 있든, 앉아 있든 간에 40가지 단어들을 암기했다. 두 그룹으로 나눈 지원자들은 자신들이 처음 단어를 배울 때 취했던 자세로 검사를 다시 진행했을 경우 훨씬 더 많은 단어를 기억해 냈다.

노래하듯 학습하라

가장 쉬우면서도 흔한 암기 방법은 기억하려고 노력하는 모든 요소를 포함하는 캐치프레이즈(다른 사람들의 주의를 끌기 위해 사용하는 문구나 문장)를 떠올리는 방식이다.

의과 대학에 다니면서, 나는 12가지 뇌신경의 이름을 엄격한 운율 체계를 가진 리머릭(5행으로 이루어진 시)으로 암기했다.

"On Old Olympic's Towering Tops A Finn And German Vied At Hops.(예전 올림픽의 우뚝 솟은 정상에서는 핀란드인과 독일인이 여기저기 뛰어 다니며 경쟁을 벌였다)"

이러한 각각의 단어들에서 첫머리에 나오는 글자는 12가지 뇌신경, 이를테면 Olfactory(후신경), Optic(시신경), Oculomotor(눈돌림신경), Trochlear(도르래신경), Trigeminal(삼차신경), Abducens(갓돌림신경), Facial(얼굴신경), Auditory(안뜰달팽이신경), Glossopharyngeal(혀인두신경), Vagus(미주신경), Spinal Accessory(더부신경), Hypoglossal(혀밑신경)에 해당한다는 사실을 기억하길 바란다.

한 단어의 첫머리에 나오는 글자인 두음 문자(머리글자)로 운율을 맞춘 이런 운율 기법을 이용하여 당신이 기억하려고 노력하는 단어 목록에 서로 관련 없는 여러 단어를 나타낸다. 두음 문자는 반드시 운율을 맞추거나, 노래하듯 가락을 넣거나, 다른 방법을 더할 필요가 없지만 비교적 쉽고 짧은 문자 조합으로 구성될 수 있다. 예를 들어 ROY G BIV는 무지개 색깔인 Red(빨간색), Orange(주황색), Yellow(노란색), Green(초록색), Blue(파란색), Indigo(남색), Violet(보라색)을 의미한다.

하지만 가장 효과적인 두음 문자는 운율을 맞추는 두음 문자이다. 그 이유는 우리가 기억 정보에 운율을 맞추거나 노래하듯 가락을 넣을 때 우리의 뇌가 기억 정보를 더욱 신속하게 받아들이기 때문이다. 아직 아무도 확실하게 인지하지 못하지만, 내 추측으로는 우리가 기억 정보에 운율을 맞추거나 노래하듯 가락을 넣을 때 기억 정보를 학습하는 뇌 영역이 추가적으로 모집될 것이다. 결과적으로 산업이나 광고업, 학교 등에서 훈련하는 방법들은 당신이 외우려고 노력하는 이름이나 사실을 간단하게 기록한다. 그리고 각각의 단어에서 첫머리에 나오는 글자를 활용하여 우스꽝스러운 문장을 만들어 내는 등 기억 정보를 명확하게 전달하도록 정식 명칭을 창의적으로 간략하게 줄이는 약칭을 사용한다(우리나라 단어도 첫 글자를 따서 암기하면 쉬운 것처럼 영어에서도 알파벳의 첫 글자로 암기하면 기억하는 데 유리하다).

예를 들어 행성을 암기한다고 가정해 보자. 이를테면 "My Very Eager Mother Just Sent Us Nuts(매우 열성적인 내 어머니는 우리에게 견과류를 곧바로 보냈다)"라는 문장은 Mercury(수성), Venus(금성), Earth(지구), Mars(화성), Jupiter(목성), Saturn(토성), Uranus(천왕성), Neptune(해왕성)

을 나타낸다. 나만의 두음 문자를 마음속에 떠올려 보길 바란다. 혹시라도 다른 기억력 강화 방법이 없다면, 단어를 우스꽝스러운 문장으로 만드는 캐치프레이즈나 단어의 첫머리에 나오는 글자들을 연결하며 운율을 맞추는 두음 문자 활용 방법으로 대부분의 사람들보다 훨씬 뛰어난 기억력을 갖출 수 있다.

지식의 대통합에 이르는 과정

이런 모든 보조적인 기억력 강화 방법은 여러 뉴런들이 집합적으로 상호 연결되어 특징 기능을 수행하는 신경 회로를 형성하고 강화할 수 있도록 촉진하므로 기억력이 제대로 작동하는 데 도움이 된다. 또한 우리가 이런 보조적인 기억력 강화 방법을 한 가지 이상 사용하며 신경 회로를 활성화할 때마다, 지금까지 학습해 온 모든 것을 더욱 확실하게 기억할 수 있다. 게다가 신경 회로는 단독으로 고립되어 존재하지 않을뿐더러, 특정 단어의 다른 측면들과도 연결되어 있다. 예를 들어 당신이 '고양이(Cat)'라는 단어를 생각한다고 가정해 보자. 고양이 털 알레르기에서부터 브로드웨이 뮤지컬 〈캣츠〉, 고양이와 관련된 많은 개인적인 경험에 이르기까지 고양이라는 단어를 머릿속에 떠올리면서 다양하게 느끼는 감정과 관련된 신경 회로를 활성화시킨다. 심리학자들은 이러한 현상을 '지식의 대통합'으로 구성된 현상이라고 언급한다.

지식의 대통합은 광범위하고 상호 연결된 기억 회로를 활성화하는 우리의 정신적 능력을 측정하는 데 매우 중요한 역할을 한다. 이러한 현상은 우리가 앞에서 논의했듯이 일시적으로 접근할 수 없는 기억력을 복구하는 데 도움이 되는 마인드맵의 기초를 형성한다. 앞에서 예를 들었던 '고양이'라는 단어와 마찬가지로, 한 단어에 여러 가지 다양한 연관성을 담당하는 뇌의 중심점이 되는 마인드맵의 연결 고리를 생각해 낼 수 있다.

가장 큰 화면이 뇌에게 전하는 것

정신적 이미지를 가장 확실하게 형성하고자 할 때는 정신적 이미지가 겹치지 않도록 따로따로 분리하는 방법이 아주 좋다. 우리는 이러한 방법이 컴퓨터 화면 크기에 대한 연구를 바탕으로 한다는 사실을 알 수 있다. 예를 들어, 화면이 작은 아이패드로 화면 크기가 큰 컴퓨터를 사용할 때와 똑같은 이미지를 살펴볼 수 있다. 하지만 기억 공간에 저장할 경우에는 아이패드를 사용할 때와 데스크 컴퓨터를 사용할 때의 차이점이 매우 클 수 있다.

패턴 감지 능력을 검사하는 실험에서, 큰 컴퓨터 화면을 사용한 참가자들은 패턴을 감지하는 능력이 200퍼센트에서 300퍼센트로 향상되었다. 하지만 작은 컴퓨터 화면을 사용하는 참가자들은 패턴을 감지하는 과정에서 더 정교하지 못한 전략을 펼쳤다. 이때 연구진은 결국 작은 화면을 사용하는 참가자들에게 드러난 문제점을 해결할 방안에 많은 제한이 따른다는 사실을 알게 되었다. 결과적으로 큰 화면을 사용하는 참가자들은 고차원적으로 생각하고, 훨씬 더 명확하고 훌륭한 통합적인 통찰력을 갖추었으며, 패턴을 감지하는 능력이 매우 향상되었다. 결국 실험에 따르면 보편적으로 큰 화면을 사용할수록 패턴을 감지하고 기억하는 능력이 더욱 향상되었다.

큰 화면은 우리가 찾고 있는 정보를 신속하게 발견하고 기억 공간에 저장하는 데 도움을 준다. 하지만 작은 화면은 시각적 초점이 흐려져 정보를 신속하게 발견할 수 없기에, 결과적으로 기억 공간이 덜 형성된다. 컴퓨터 전문 용어를 사용하자면, 큰 화면은 단위 면적당 더 많은 수의 '픽셀(Pixel, 화소)'을 활용하여 자료를 스캔하고 메모리에 저장하거나, 모든 이미지를 배치할 수 있는 공간을 더욱 많이 제공할 수 있다.

여러 대의 화면이 더 효율적이다

다중 컴퓨터 화면은 단일 컴퓨터 화면보다 훨씬 더 효율적이다. 이를테면 다중 컴퓨터 화면에서는 단일 컴퓨터 화면에서보다 화면에 나타나는 정보가 56퍼센트 정도 훨씬 더 많이 복구된다. 여러 대의 화면을 사용할 때, 실험 참가자들은 화면에 나타나는 이미지들 쪽으로 각자 몸을 향하게 하거나, 고개를 돌리거나, 시선을 옮긴다. 화면에 나타나는 이미지들을 향해 방향이 바뀌는 이런 신체적인 변화는 '자기 수용 감각'의 기초가 된다. 자기 수용 감각이란 신체의 위치나 방향, 운동 등을 감지하는 신체 내부의 감각으로서, 일정한 공간에서 감지한 우리 신체의 위치를 뇌로 다시 전달한다. 또한 눈의 움직임으로 전달되는 정보의 지속적인 흐름 등을 포함하는 모든 신체적인 움직임도 나타낸다.

이런 신체적인 변화를 단일 컴퓨터 화면 앞에서 꼼짝 않고 앉아 있는 신체의 고정된 상태와 비교해 보자. 이때 우리 눈은 수평적인 움직임을 거의 또는 전혀 일으키지 않고, 눈을 제외한 우리 신체의 나머지 부분들은 오랜 시간 동안 완전히 움직이지 않는다. 《익스텐드 마인드》의 저자 애니 머피 폴Annie Murphy Paul은 "우리가 사용하는 소형 컴퓨터 화면은 우리의 정신적 능력을 적극적으로 고갈시킨다"라고 주장했다.

컴퓨터 화면 크기를 이용한 실험은 고대 그리스 시대의 기억력 전문 지식을 뒷받침한다. 즉, 정신적 이미지는 포괄적이고 광범위해야 한다. 그래야 세부 사항을 더 많이 파악하고 기억할 수 있다. 또한 당신은 정신적 이미지를 확대하거나 축소하며 단일 소형 컴퓨터 화면에서 놓치는 세부 사항들에 주의를 기울일 수도 있다. 이 책에서 언급한 기억력 강화 훈련 중 일부를 연습할 때는 항상 가장 큰 화면을 사용해야 한다는 사실을 염두에 두길 바란다. 창의적인 기억력 강화 훈련을 할 때는 커다란 정신적 화면에서 기억할 대상을 자세히 살펴봐야 한다. 그렇게 한다면, 당신만의 방식으로 마음속에서 정신적 화면을 형성할 때 놓치는 세부 사항들을 정확히 파악하고 기억할 수 있을 것이다.

기억력은 평생 진화한다

신경학자 윌리엄 가워스William Gowers는 "반복하기를 주저하는 교사는 가장 중요한 의무를 회피하는 것이고, 같은 말을 두 번 듣기를 싫어하는 학습자는 가장 중요한 습득력이 부족하다"라고 이야기했다. 여기에서는 지금까지 다룬 내용을 검토하고 그 내용을 추려서 다시 한번 되짚어 보려고 한다.

먼저 부호화는 자발적으로 복구할 수 있는 모든 기억력의 기본 토대이다. 부호화 없이는 기억력을 복구할 수 없다. 모든 부호화는 처음에 일화 기억(당신에게 일어나는 사건이나 상황)으로 이동한다. 그리고 이런 과정이 충분히 반복된다면, 일화 기억으로 이동한 기억 정보는 의미 기억(일반적인 지식)이나 절차 기억(어떤 일을 실행하는 방법)으로 이동한다. 작업 기억은 기억 정보가 세 가지 유형의 기억(일화 기억과 의미 기억, 절차 기억) 가운데 하나인 장기 기억으로 이동할 때까지 기억 정보를 유지하고 조작하는 단계와 관련이 있다. 아래 그림은 이러한 기억력들 간의 상호 관계를 확실하게 보여 준다. 세 가지 유형의 기억력(일화 기억, 의미 기억, 절차 기억)은 모두 장기 기억의 일부이다.

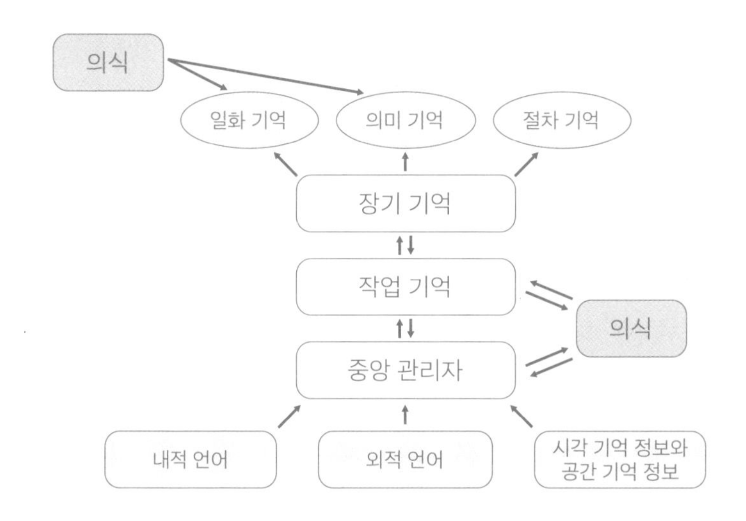

우선 기억력에 저장하기 위한 기억 정보는 입력에서 시작한다. 이때 기억 정보에 언어 정보가 포함되며, 언어 정보는 스스로에게 암송하듯 계속 이야기하는 내적 언어와 당신이 귀담아듣는 외적 언어를 모두 포함한다. 다른 입력에는 시각 기억 정보(시각적 이미지)와 공간 기억 정보(공간적 이미지)가 포함된다. 시각 기억 정보와 공간 기억 정보는 둘 다 이러한 입력을 관찰하고 조작하는 중앙 관리자에게 보고한다. 그런 다음 정보는 작업 기억으로 이동한다.

근본적으로 중앙 관리자는 당신에게 입력하는 기억 정보를 어떻게 체계적으로 구조화할지를 결정하는 당신이다. 운율을 맞추는 방법이나 기억 장소를 형성하는 방법 등 이 책에서 제안하는 모든 기억력 강화 훈련법은 여러 가지가 아니라 오히려 한 가지 기억력 강화 방법을 이용하기 위해 의식적인 결정을 내리게 한다. 이런 방법은 중앙 관리자와 작업 기억 사이에서 양방향으로 이동한다.

중앙 관리자와 작업 기억, 장기 기억 간의 상호 작용이 기여하는 중추적인 역할에 주목해 보자. 이 세 가지 사이의 상호 작용은 결국 의식을 낳는다. 가장 중요한 부분은 작업 기억이다. 실제로 토론토 스카보로대학교의 심리학 교수인 스티브 조르덴스Steve Joordens는 "의식은 작업 기억에서 일어나는 작용이다"라고 주장했다.

의식과 연관되는 이런 연결 고리는 일화 기억에서 가장 뚜렷하게 나타난다. 연결 고리가 인생에서 과거에 특정한 시간과 장소에 따라 경험한 일들에 대한 개인적인 기억으로 구성되어 있기 때문에 일화 기억이라고 부르며, 동의어로 자전적 기억이라고도 부른다. 더 나아가서 작업 기억은 사건이 의식적으로 경험되는 시스템이라고 주장할 수 있다. 그래서 기억력은 정체성에 매우 중요할 뿐만 아니라 의식적인 경험의 토대를 형성한다. 바로 앞의 문장은 내가 이 책에서 가장 중요하게 강조하는 문장들 중 하나이기 때문에 다시 읽어 보길 바란다. 기억력은 정체성에 매우 중요할 뿐만 아니라, 의식적인 경험의 토대도 형성한다. 그렇다면 작업 기억을 강화해야 하는 더 좋은 이유는 무엇일까?

친근감은 모든 유형의 기억력을 구별한다. 대부분은 예전에 어떤 사람이나 사물을 마주쳤을 때 느꼈던 친근감이 단기 기억에서부터 작업 기억, 기억하는 장기 기억에 이르기까지, 모두 다른 기억력 유형의 토대를 형성할 수 있다. 이런 친근감에서 나오는 따뜻한 느낌이 사라지면, 기억력은 오류가 쉽게 발생하는데 그 결과는 4장에서 자세히 다룰 예정이다.

가장 기본적으로, 친근감은 또한 직관력의 토대도 형성한다. 경제학자이자 심리학자인 허버트 사이먼Herbert Simon은 "직관력은 인식 그 이상도 그 이하도 아니다"라고 주장했지만, 인식이 항상 의식적인 수준에서 작동하지는 않는다.

기억력은 뇌와 함께 진화한다

인간의 기억력은 어떻게 발달할까? 기억력과 뇌 기능, 언어, 행동 등에 서로 연결된 영향을 다시 한번 더 검토해 보자.

암묵 기억과 절차 기억은 당신이 원하는 대로 현실적인 목적을 달성하고자 함께 그룹으로 무리 지을 수 있을 만큼 매우 유사하며, 가장 초창기에 발달하는 기억력이다. 어린아이가 엄마의 젖가슴이나 젖병을 향해 이동하는 움직임은 초기에 형성된 신경 회로에서 비롯된다. 앞에서 말했듯이 뇌는 그렇게 어린 나이에 기억력을 형성할 수 없다. 그리고 이런 현상은 절차 기억과 약간 유사하지만, 완전히 유사하지는 않다. 뇌의 발달 과정에서 매우 이른 시기에 발달하는 대뇌 피질하 운동 중추에서 그런 행동들이 기원한다고 생각할 수 있다. 이 시점에서는 언어와 자아 정체성, 기억력이 작동하지 않는다.

뒤에서 앞으로, 아래에서 위로, 안에서 밖으로 그리고 양쪽 측면에서 발달하는 뇌 영역을 좀 더 살펴보자면 다음과 같다.

1. 대뇌 피질의 맨 뒷부분에 위치하는 후두엽은 영상 기억이라고도 부르며, 일차적으로 전달되는 시각 기억 정보를 처리하고 시각 기억을 형성한다.
2. 대뇌 피질의 양쪽 측면을 따라 관자놀이 부근에 위치하는 측두엽은 일차적으로 전달되는 청각 기억 정보를 조정하고 반향 기억을 형성한다.
3. 측두엽 바로 위에서 후두엽 앞에 위치하는 두정엽은 주변의 사물과 우리 신체에 대하여 일차적으로 전달되는 공간 기억 정보를 처리한다.

이러한 뇌 영역의 발달은 우리에게 일화 기억과 의미 기억을 형성하는 데 필요한 정체성이나 의식을 제공하지 않는다. 정체성과 의식은 기억력을 형성하는 과정에서 늦게 발달한다. 그리고 지구상에 존재하는 모든 다른 생명체와 우리를 구별하는 뇌 영역인 전두엽이 생겨날 때까지 뇌의 연결 고리에 나타나지 못한다.

의사 결정과 의도적인 행동, 언어, 기억력(일화 기억과 의미 기억)은 전두엽이 발달하는 과정에 따라 함께 진화하며, 20대에서 30대까지 지속적으로 활발하게 발달한다. 이런 모든 뇌 영역은 상호간에 영향을 미치는 일화 기억와 의미 기억을 활용하여 일종의 아카펠라 공연을 수행한다.

기억력은 뇌가 발달하는 과정에 따라 함께 진화한다고 생각하자. 이를테면 기억력의 진화 과정은 가장 단순한 기억력인 암묵 기억과 절차 기억에서부터 발달하기 시작하여 가장 정교한 기억력인 일화 기억과 의미 기억으로 점점 발달해 나간다. 아카펠라 공연은 급하게 서두른다고 해도 2세부터 5세까지 완벽한 성과를 거둘 수 없지만, 일단 한번 이룬 성과는 평생 지속된다.

· 4장 ·

우리는 때때로 잊어버리며 산다

기억력의 손상

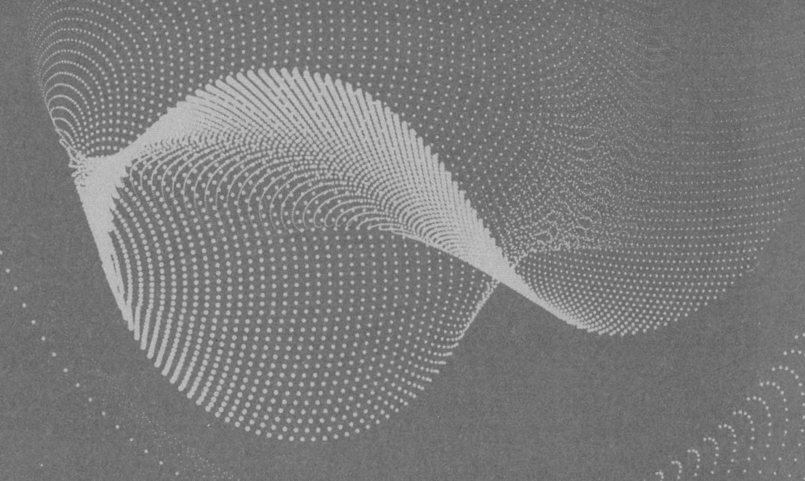

기억력의 치명적인 적들

기억력 상실이나 기억력 왜곡 현상을 일으킬 수 있는 장애물에 관해서는 10가지 사례가 눈에 띈다. 맨 먼저 7가지 사례는 신경과학자이자 기억력 전문가인 대니얼 샥터Daniel Schachter가 처음으로 언급했으며, 정신없음과 소멸, 막힘, 오귀인(Misattribution), 피암시성, 편향, 지속성 등이다. 심리학과 교수인 대니얼 샥터는 7가지 사례를 '기억의 죄악'이라고 즉흥적으로 주장했지만, 나는 그 7가지 사례를 신학적으로 생각하지 않고 훌륭한 기억력을 제한하고 감퇴시키는 반대 요인으로 생각할 것이다.

기억을 감퇴시키는 7대 죄악

대니얼 샥터가 주장한 기억의 첫 번째 죄악인 '정신없음'은 주의력 결핍이 원인이 되어 직접적으로 발생하는 결과이다. 우리는 사무실에서

퇴근하고 집으로 돌아와 냉장고 문을 여는 순간 우유가 거의 바닥났다는 사실을 뒤늦게 발견한다. 이런 현상은 우리가 아침 식사 후에 거의 바닥난 우유병을 다시 냉장고에 넣어 두면서 주의를 기울이지 않았던 결과이다. 하지만 가끔 정신없음은 이런 단순한 사실을 뒤늦게 발견했을 때보다 훨씬 더 심각하고 중대한 결과로 이어질 수 있다.

1999년 첼리스트 요요 마Yo-Yo-Ma는 정신없음으로 인해 250만 달러(약 33억 원) 정도 되는 첼로를 잃을 뻔했다. 요요 마는 택시에서 서둘러 내릴 때 트렁크에 첼로를 두었다는 사실을 깜빡 잊어버렸다. 택시 운전사도 경찰도 요요 마의 정신없음을 인지하지 못했지만, 다행스럽게도 첼로를 되찾았다.

기억의 두 번째 죄악인 '소멸'은 원래 기억이 형성된 이후로 시간이 경과된 정도에 따라 달라진다. 어젯밤의 저녁 식사는 기억할 수 있지만, 과거 저녁 식사에 대한 기억은 시간을 거슬러 올라갈수록 더욱 희미해진다. 소멸은 정신없음과 마찬가지로 뇌 기능과 연관되어 있을 수 있다. 시간이 흐를수록, 특정 기억은 폴라로이드 사진처럼 높은 선명도에서 낮은 선명도로 바뀐다. 왜 그럴까? 그 이유는 시간이 지날수록 신경 세포들은 과거 정보를 복구하고자 특정 기억을 처리하는 뇌 회로망에서 떨어져 나가기 때문이다. 우리는 과거를 의식적으로 기억하거나 회상하면서 이런 과정을 뒤바꿀 수 있다. 실제로 회상은 기억력 장애에 시달리는 노인들이 기억력을 보존할 수 있도록 대다수 치료 시설에서 이용된다. 치료 시설에서는 일반적으로 특정 연도를 선택하는데, 이때 기억력 장애에 시달리는 노인들 가운데 치료 참가자들은 당시 대통령이나 다양한 스포츠 행사의 우승자, 전 세계적으로 발생했던 중요한 뉴스 등 특정 연도를 떠올릴 수 있는 모든 사건이나 상황을 집합적으로 기억해 낸다.

훌륭한 기억력을 방해하는 세 번째 요인은 '막힘'이다. 막힘을 설명할 때, 정신분석학자들은 정신적으로나 감정적으로 극심한 고통을 야기하는 매우 충격적인 사건이나 상황을 언급한다. 막힘은 말 그대로 자아가 의식적인 인식으로 떠오르지 못하도록 차단한다. 의식적으로 경험하지 못한 사람은 오로지 어렵고 힘든 사건이나 상황만 기억할 수 있다. 그런 다음에는 무의식적으로 의식적인 인식을 회피할 수 있다. 하지만 나는 그런 유형의 막힘을 설명하는 것이 아니다. 막힘을 설명할 때는 위협적이거나 불안감을 불러일으키는 사건이나 상황에 전혀 관여할 필요가 없다. 오히려 예상치 못한 기억 체계에서 무언가를 애써 기억하려고 노력해야 한다. 예를 들어, 당신은 쇼핑을 즐기다가 직장 동료와 마주친다. 이때 단순한 인식이 당신의 기억력 저장고에서 그 직장 동료의 이름을 분주하게 찾아내려는 의식적인 인식으로 바뀌어야 한다. 프로이트가 주장했듯이, 당신과 마주친 그 직장 동료를 은밀하게 싫어하기 때문에 이름을 떠올리기 힘들었던 것이 아니라, 그저 다른 일이 일어나고 있었던 것이다.

철학자 존 스튜어트 밀John Stuart Mill은 그러한 상황을 상식적으로 설명했다. 그는 "고유 명사(이름)는 함축적이지 않기에 어떤 뜻을 담고 있지 않다. 고유 명사는 그저 고유 명사로 불리는 개개인을 의미하지만, 그렇다고 해서 그들에게 속하는 속성을 나타내거나 암시하지는 않는다"라고 설명했다. 전 세계적으로 '메리'라는 이름을 지닌 모든 사람은 오히려 '제인'이나 '사라'라는 이름으로 지어져도 좋을 수 있었다. 그렇기 때문에 쇼핑몰에서 우연히 마주친 동료의 이름을 기억할 수 있으리라고 보장할 만큼 완전히 신뢰할 수 있는 방법은 없다. 함축적으로 어떤 뜻을 담고 있지 않는 이런 이름은 기억력 장애에 시달리는 사람들이 담당 의사에게 호소하는 가장 흔한 기억력 장애의 원인이 된다. 대부분의 사람은 다른 기억력 장애보다 오히려 이름을 기억하는 데 어려움을 가장 먼저 겪는다. 이름을 기억하기가 어려운 기억력 장애는 2장에서 언급한 연상 기억술로 개선할 수 있다.

정신없음과 소멸, 막힘의 기억력 장애보다 훨씬 더 괴롭고 귀찮은 요인은 기억의 네 번째 죄악인 '오귀인'의 기억 오류이다. 오귀인은 환상을 사실로 착각하여 전혀 일어나지 않은 일을 일어났다고 잘못 기억하는 것이다. 또한 정확하게 기억하는 정보의 출처를 혼동하거나, 무엇보다도 가장 불안하고 충격적인 기억 오류로서 결코 생각하고 싶지 않은 사건들을 반복적으로 기억하는 수행의 오류이다. 예를 들어, 2001년 9월 11일의 9.11 테러 사건이나 2021년 1월 6일의 미국 국회 의사당 점거 폭동 사건을 처음으로 알게 되었을 때 당신은 어디에서 무엇을 하고 있었는가? 당신의 기억력을 전적으로 확신하는가? 당신의 기억력이 정확하다고 너무 자신 있게 확신하지 않길 바란다. 당신은 부주의로 대니얼 샥터가 '출처 기억 상실증'이라고 언급한 오귀인의 유형에 무심코 희생될 수도 있다.

샥터는 "출처 기억 상실증은 사람들이 이전에 배운 사실을 정확하게 기억하거나, 예전에 본 사물이나 사람을 정확하게 인식하지만, 기억 정보의 출처를 혼동하거나 잘못 기억할 때 발생한다"라고 주장했다. 아마도 당신이 누군가에게 농담을 던졌을 때 상대방이 빙그레 웃으며 그 농담은 원래 자신이 했다고 말한 경험을 한번쯤은 겪었을 것이다. 분명히 당신은 상대방이 먼저 이 농담을 했다는 사실을 기억하지 못했다. 이 사실을 기억했다면, 그에게 이 농담을 다시 건네지 않았을 것이다. 대부분은 누가 무슨 말을 했는지에 관하여 한 대화와 또 다른 대화를 식별하는 데 어려움을 겪는다. 얼굴 인식에 대한 심리학 실험에서, 참가자들은 흔히 사진이나 그림 속 사람과 예전에 마주쳤던 시간과 장소를 잘못 기억하는 경우가 많았다.

편견이 기억을 뒤바꾼다

세 가지 다른 오귀인의 기억 오류는 피암시성과 편향, 지속성이다.

우리가 스스로의 기억을 바꾸려고 잘못된 가정을 할 때는 기억의 다섯 번째 죄악인 '편향'에 영향을 받는다. 예를 들어, 우리가 특정한 믿음을 가지고 있기 때문에, 항상 이러한 믿음을 가지고 있었다고 가정하기가 너무 쉽다. 이런 일관적 편향은 과거에 경험한 사건이나 상황에 대한 우리의 기억을 왜곡한다. 예를 들어, 나는 트럼프Domald Trump 지지자를 만난 적이 있다. 트럼프 지지자는 우리와 함께 오붓한 점심 식사를 즐기면서 오늘날의 정치적인 문제들이 대부분 미국의 제40대 대통령인 로널드 레이건Ronald Reagan으로부터 시작되었다고 생각한다고 말했다. 우리는 모두 소리 내어 웃으면서도 그가 과거에 레이건의 열렬한 팬이었으며 심지어 1980년대부터 레이건과 함께 찍은 사진을 스스로 자랑스럽게 내보인 적도 있었다는 사실을 상기시켜 주었다. 트럼프 지지자인 내 친구는 레이건을 지지하던 자신의 기억을 복구하고 있었고, 더 이상 레이건을 열렬하게 좋아하지 않기 때문에, 자신이 과거에도 유사한 느낌을 받았다고 당연하게 생각했을 것이다.

또 다른 예로, 어린 시절 우리가 가장 빠른 운동 선수, 가장 똑똑한 학생, 가장 설득력 있는 연설가였던 때를 기억하는가? 이때를 기억한다면 과거의 경험과 관련된 기억력이 자아를 북돋아주는 역할을 한다는 사실은 드문 현상이 아니다. 과거에 대한 기억력은 현재 우리 자신의 태도와 인식에 따라 재구성된다. 한마디로 말해서, 우리의 과거는 현재의 우리 모습을 반영한 것이다.

이러한 가정을 검사하는 실험에서, 연구원 린다 레빈Linda Levine은 한 그룹의 참가자들에게 미국의 유명한 전직 미식축구 선수인 오렌설 제임스 심슨Orenthal James Simpson이 살인 사건 재판에서 무죄 판결을 받았던 사실을 처음 알게 된 후 어떤 감정을 느꼈는지를 물었다. 너무나 당연하게도 그들은 놀라움과 충격, 분노, 어떤 경우에는 기쁨 등 일반 사람들에게서 발견되는 감정들을 보였다. 하지만 5년 후에 그들에게 똑같은 질문을 던졌을 때는 현재 느끼는 감정과 5년 전에 보고했던 감정이 전혀 일치하지 않았다. 대부분의 경우에는 시간이 지나면서 감정이 달라지는데, 어떤 경우에는 감정이 상반되게 정반대로 바뀌기도 한다. 게다가 참가자들은 대부분 자신들이 5년 전에 매우 다른 감정을 보고했다는 사실을 알아차리지 못했다. 이런 모든 결과는 린다 레빈의 논문

〈과거의 감정을 기억하기: 현재의 감정을 판단하는 역할〉에서 찾아볼 수 있다.

샤터는 현재로 유도한 기억력인 변조에 관한 또 다른 연구를 언급했다. 대학생 연구 지원자들은 현재 자신들의 애인의 인격적인 자질(예를 들어 정직함과 지능)에 관하여 질문을 받았다. 또한 자신들이 애인을 사랑하는 마음의 정도도 평가했다. 두 달 뒤 이러한 평가를 다시 기억해 내도록 요청했다. 그때 지원자들은 과거의 평가와 감정보다 오히려 현재 애인에게 느끼는 감정에 부합하도록 애인의 인격적 자질이나 사랑하는 마음의 정도에 따른 평가 결과를 기억하는 경향이 있었다.

이와 같은 경향은 비슷한 질문을 받은 부부에게서도 뚜렷하게 나타났다. 결혼한 부부들 가운데 배우자에 대한 감정이 변한 남녀는 과거에 배우자에게 느꼈던 감정이 현재와 거의 비슷했다고 잘못 기억하는 경향이 있었다. 자신들이 3년 전에 배우자에게 느꼈던 감정을 기억하려고 노력했지만, 다섯 명당 오로지 한 명꼴로만 자신들이 배우자에게 느꼈던 과거의 감정을 정확하게 기억해 냈다. 중대한 문제는 실험 참가자들이 과거의 어느 시점에서 자신들이 파트너에게 느꼈던 감정을 기억해 낼 수 있을지의 여부였다. 참가자들 가운데 대부분은 자신들이 과거에 파트너에게 느꼈던 감정을 기억하는 과정에서 처참하게 실패했고, 오로지 20퍼센트 정도만이 과거의 감정을 정확하게 기억했다.

기억의 여섯 번째 죄악인 '피암시성'은 대중 매체나 문서 자료 등과 같은 외부 출처의 잘못된 기억 정보를 개인적인 인식에 통합하는 현상으로 이어진다.

기억의 일곱 번째 죄악은 '지속성'이다. 예를 들어, 우리 뇌는 긍정적인 경험보다 오히려 상실감을 느끼거나 실패한 경험을 훨씬 더 잘 기억한다. 당신이 예전에 카드 마술(내 취미들 가운데 하나가 마술이다)을 한 적이 있다면, 카드 마술을 하는 동안 카드를 어설프게 더듬거리거나 부주의하게 마술의 비밀을 누설했던 경우를 매우 자세히 기억할 것이다. 마술을 매우 성공적으로 해냈던 대부분의 경우는 그저 기억 속에서 흐릿해진다. 공연장에 얼마나 많은 사람이 관람했는지를 기억하지 못할 수도 있고, 어쩌면 공연 장소조차도 기억하지 못할 수도 있다. 하지만 당신은 의도치 않게 저지른 실수나 관객이 당신의 실수를 지켜보면서 얼굴에 드러냈던 표정 등은 매우 정확하고 상세하게 기억한다.

외상 후 스트레스 장애(PTSD, Post-Traumatic Stress Disorder)는 극심한 외상적 사건을 겪은 후에 나타나며, 외상적 사건에 따라 지속적으로 지나치게 과장된 유형의 불안 장애이다. 이번 4장의 맨 뒷부분에서 좀 더 자세히 논의할 것이다. 민간인을 대상으로 살펴본 바에 따르면, 외상 후 스트레스 장애의 가장 흔한 원인인 교통사고의 기억력은 곧바로 사라지지 않을 것이다. 우리에게 가해진 강한 충격이나 유리가 깨지는 장면과 소리, 목과 등의 통증 등 교통사고를 당할 당시 겪었던 경험을 계속 기억하게 된다. 반복적으로 우려스러운 걱정거리에 조바심이 나고 초조해지며 우울해질수록, 교통사고에 대한 고통스러운 기억이 지속적으로 유지되고 강화된다.

지속성의 강력한 힘

극심한 외상적 사건으로 인한 불안 장애가 계속 유지되는 성질인 지속성이 왜 그렇게 기억력에 강력한 영향을 미칠까? 왜냐하면 지속성은 우리의 건강과 행복, 심지어 인생까지도 위협했던 과거의 사건을 높은 우선순위에 두는 경고 신호 역할을 할 수 있기 때문이다. 하지만 다른 경우에는 지속성이 외상 후 스트레스 장애보다 덜 긴급한 문제로 다뤄질 수 있다. 때때로 우리는 특정 노래나 선율을 머릿속에서 지울 수 없다. 일반적으로 그런 사소한 사건들 속에서 지속성은 다른 일에 주의를 기울이고 있을 때 저절로 사라진다. 특히 우울한 감정을 동반할 때, 지속성은 감정, 특히 부정적인 감정을 처리하는 변연계에 위치하며 아몬드 모양의 구조를 지닌 편도체를 포함한다. 심리학 연구 결과에 따르면, 자동차 충돌 사고 현장에서 희생자의 신체가 훼손된 사진들을 보게 되었을 때는 편도체가 강렬하게 활성화되었다. 또한 나중에 그런 사진들을 다시 생각하고 기억할 때도 마찬가지로 편도체가 강렬하게 활성화될 것이다. 이 책에서 주로 강조하는 내용이지만 그래도 여기에서는 기억력을 강화하는 데 필요한 주요 원칙들 가운데 하나를 또 한번 설명하려고 한다. 이를테면 우리가 만들어 내고 마음속에 떠올리는 정신적 이미지들은 우리의 기억력에 영향을 미치고, 우리의 현실을 구성하며, 성격을 형성하는 데 도움을 준다.

게다가 앞에서 언급했듯이 훌륭한 기억력을 제한하고 감퇴시키는 대립적인 요인으로서 대니얼 샥터가 주장한 기억력의 일곱 가지 죄악은 기억력 장애로 이어지는데, 기억력 장애를 초래하는 요인은 일곱 가지 죄악 외에도 내가 직접 선택한 기억력의 세 가지 죄악이 더 있다.

기억의 여덟 번째 죄악은 '기술적 왜곡'이다. 오늘날 기술은 뛰어난 기억력의 발달을 돕거나 방해한다. 음성 녹음기와 영상 녹화기, 컴퓨터, 전자 일기, 전자 가계부 등과 같은 기술을 뇌의 확장된 영역으로 생각해 보자. 이러한 기술적인 장치들 덕분에 우리는 믿을 수 없을 정도로 어마어마하게 많은 양의 정보를 지니고 다닐 수 있다. 쉽게 이용할 수 있는 정보가 이렇게 증가하는 현상은 일반적으로 유익하고 긍정적인 측면도 있지만, 반대로 부정적인 측면도 있다. 휴대전화나 아이패드, 컴퓨터 등에서 정보를 신속하게 복구하고 저장하는 현상은 또한 뇌의 기억력 발달을 방해하는 부정적인 영향을 미치기도 한다. 기억력을 향상시키기 위해 뇌의 기능을 정상적으로 작동시키며 이러한 부정적인 영향을 극복하도록 끊임없이 노력해야 한다. 이러한 노력은 기억력을 강화할 뿐만 아니라, 해마에서 시작하여 뇌의 다른 모든 부분으로까지 확장하는 뇌의 회로도 강화할 것이다.

기억의 아홉 번째 죄악은 흔히 '기술적인 주의 산만함'과 함께 생기는 경우가 많다. 지금 시대에서 기억력의 가장 큰 장애물은 기술적인 산만함이다. 실제로 우리는 산만한 시대를 살고 있다. 저녁 뉴스를 시청할 때, 아나운서가 전달하는 정보와 텔레비전 화면 하단에서 매우 느리게 지나가는 간단한 기사 사이에서 주의력이 분산된다. 기술적인 주의 산만함은 기억력을 촉진하는 데 가장 중요한 역할을 하는 집중력과 주의력을 충분히 발휘하지 못하도록 방해한다. 집중력과 주의력을 발휘할 때, 우리는 모든 정신적인 에너지를 오로지 한 분야에만 완전히 쏟아 내야 한다. 기억력의 방해물을 모두 제거하고 확실하게 집중적으로 오직 한 분야로만 뚫고 들어간다면, 집중력과 주의력을 매우 열정적으로 발휘할 수 있을 것이다.

기술적인 주의 산만함은 확실히 아이들뿐만 아니라 어른들의 학업 성취도 저조하고 작업 기억이 감퇴되는 부정적 영향을 미친다. 주의력 결핍 과잉 행동 장애(ADHD)는 우리 시대의 아동기에 전형적으로 많이 나타나는 장애이다. 주의 산만함과 과다 활동, 충동성, 학습 장애 등을 보이는 상태를 말하며, 현재 너무 흔해서 일반적으로 받아들일 수 있는 행동 영역으로 거의 흡수되었다. 주의 산만함과 동반하는 읽기 부진은 흔히 작업 기억 장애를 포함하는 경우가 많다. 이를테면 읽기가 부진한 사람은 한 문장을 끝까지 다 읽고 나면 그 문장의 맨 처음 단어들을 기억할 수 없다.

마지막으로 기억의 열 번째 죄악은 '우울증'이다. 흔히 슬픔이나 나약함, 쓸쓸함, 울음 등과 같은 우울한 감정이나 표정들은 기억력이 감퇴되는 결점을 감추거나 무색하게 한다. 우울증에 시달리는 사람은 자신의 기억력 검사에 필요한 질문을 받았을 때 "귀찮아서 대답하고 싶지 않다"라고 말한다. 이러한 현상은 특히 공식적인 신경 심리학적 검사를 진행하는 과정에서 뚜렷하게 나타난다. 검사들 가운데 하나는 다음과 같다.

"저는 당신에게 다섯 가지 단어를 제시할 겁니다. 단어를 주의 깊게 듣고 큰소리로 반복하세요. 5분 후에 저는 당신에게 단어들을 다시 반복하도록 요청할 겁니다. 준비되셨나요? 다섯 가지 단어는 다음과 같습니다. 얼굴, 벨벳, 교회, 데이지 꽃, 빨간색입니다."

일반적으로 우울증에 시달리는 사람은 다섯 가지 단어를 학습하기까지 한번 이상을 반복해야 하므로 시간이 오래 걸릴 것이고, 5분 후에는 오로지 한두 가지 단어만 기억할 수 있을 것이다. 그렇다면 이런 기억력 장애는 우울증이 부차적으로 따른다는 사실을 어떻게 확신할 수 있을까? 간단하다. 우울증에 시달리는 사람이 약물 치료나 심리 치료를 받거나, 혹은 약물 치료와 심리 치료를 병행하여 우울증을 성공적으로 치료했을 때는 그 사람의 기억력이 우울증에 시달리기 이전 수준으로 되돌아간다.

잊어버린 내 기억은 어디로 가는가

지금까지 우리는 기억력에 관하여 매우 자세히 논의했지만, 망각에 관해서는 한 번도 이야기하지 않았다. 이번 장에서 나중에 살펴보겠지만, 무한한 기억력은 대부분이 받아들이기 꺼려할 결과를 가져올 수 있다. 그런데 우리가 무언가를 잊어버렸을 때 뇌의 구조 안에서는 무슨 일이 일어날까?

망각이 우리 삶에 꼭 필요한 이유

각각의 뇌 신경 세포는 외막을 따라 수많은 수상돌기 가시를 가지고 있다. 이 수상돌기 가시는 뇌 신경 세포의 수상돌기 표면에 있으며 흥분성 신호 입력을 받아들이는 아주 작은 돌출 구조로써 기억력 형성과 더불어 매우 증가하고, 망각과 더불어 감소하거나 가늘어진다. 이러한 과정은 파리에서부터 인간에 이르기까지 모든 동물에게서 일어난다. 여기에서 따로 분리된 두 가지 메커니즘, 이를테면 기억력을 위한 메커니즘과 망각을 위한 메커니즘을 포함하는 분자 균형 상태를 설명하고 있다. 수상돌기 가시가 감소하거나 가늘어지는 현상이 발생하지 않으면, 동물은 오래된 기억을 새로운 기억으로 대체할 수 없다. 예를 들어 미로를 통해 한 가지 경로를 달리도록 학습한 쥐는 대안적으로 다른 경로를 선택하여 달리도록 학습하는 상황에 적응할 수 없다. 즉, 수상돌기 가시가 감소하거나 가늘어지는 현상이 발생하지 않으면, 오래된 기억은 여전히 계속 남아 있으며, 오래된 기억을 새로운 기억으로 대체할 수 없다.

유연성은 새로운 행동을 학습할 수 있는 능력을 의미한다. 그리고 이미 오래전에 형성된 기억 회로를 변경하여 새로 형성된 기억 회로를 나타내는 기억 회로 설정 방식에 따라 달라진다.

망각은 일반적으로 개인적인 기억력 장애라고 여겨진다. 우리가 어떤 정보를 애써 기억하려고 노력하지만 그럴 수 없다면, 자신을 비난하며 자책하게 될 것이다. 특히 우리는 기억력 장애가 결국 알츠하이머병과 같은 퇴행성 뇌 질환을 발생시킬까 봐 두려워하기 때문에 망각을 매우 걱정스럽게 여긴다. 대부분의 경우에, 그러한 두려움은 근거가 없다. 때때로 '깜빡함'은 지극히 정상적인 사람들이 나이가 들어가면서 흔하게 경험하는 일시적인 망각 현상이다. 이러한 일시적인 망각 증상들은 정신적 쇠퇴의 징후라기보다 오히려 뇌가 수년간 받아들이고 처리해 온 산더미 같은 정보의 부작용일 수도 있다.

신경과학자들을 지지하는 한 학파가 이런 견해를 주장한 바에 따르면, 노인들의 기억력 장애는 노인들이 적어도 부분적으로 특정 기억을 떠올리기 위해 꼼꼼하게 살펴 추려야 하는 기억 정보량이 증가된 결과이다. 결과적으로, 노인들은 특정한 기억을 떠올리기 위해 매우 많이 증가된 기억 정보들을 추리기까지 시간이 더욱 오래 걸리며, 나이가 들어갈수록 기억력 장애가 점점 더 쉽게 발생한다. 따라서 때때로 기억을 복구하는 데 실패하는 기억력 장애는 퇴행성 뇌 질환의 징후가 아닐 수도 있지만, 노인들이 인생을 오래 살수록 피할 수 없는 결과이기도 하다. 따라서 노인이 젊은 사람에게 "나는 당신이 앞으로 계속 더 인식하게 될 정보보다 훨씬 더 많은 기억을 이미 잊어버렸다오"라는 고전적인 말에는 어떤 진실이 존재할 수 있다.

기억력과 망각 사이의 균형점

《우리는 왜 잊어야 할까》의 저자이자 신경정신과 전문의인 스콧 A. 스몰Scott A. Small은 기억하지 못하는 망각의 이점을 주장한다. 이를테면 우리가 아무리 일상적인 삶을 살아가더라도, 기존에 형성된 기억력이 지속적으로 변화하는 현상은 우리가 신속하게 변화하는 세상에 적응하는 데 매우 중요하다. 오래된 주택을 리모델링하려면 흔히 기존 골조는 그대로 두고 새롭게 고칠 부분을 철거한 다음 그 자리에 새로운 건축물을 조화롭게 구성해야 하듯이, 행동적 유연성을 처리하는 데 최고로 적합한 해결책은 뇌가 결국 기억력과 적극적인 망각 사이에 균형을 유지해야 한다는 사실이 드러났다.

망각은 전반적으로 확실하게 추정할 수 없으며, 보통 연속적으로 어딘가에서 일어나는데 우선 상세한 기억 정보가 손실된다. 해가 거듭될수록, 당신은 과거 사건에 대한 상세한 기억 정보들을 점점 더 이용할 수 없게 된다. 과거에 경험한 사건은 정신적인 레이더망에서 완전히 사라지지 않지만, 그 대신 선명하던 색상이 거의 흐릿하게 바뀌는 오래된 폴라로이드 사진처럼 점차적으로 희미해진다. 그래도 여전히 폴라로이드 사진 속의 사건이나 상황은 온전하게 남아 있다. 그저 사진의 선명도만 사라졌을 뿐이다.

마찬가지로 기억력에서 망각으로 변화하는 현상은 일반적으로 서서히 발생하며 거의 언제나 불완전하게 일어난다. 사진에 대한 기억은 그 사진을 찍었던 당시 자리에 함께 있었던 사람과 대화하면서 뚜렷해질 수 있다. 예외적으로는 사진보다 오히려 사소한 기억의 차이로 의견이 일치하지 않을 수 있다.

세월이 흘러갈수록 사람들은 함께 겪었던 경험을 각자 다르게 기억한다. 이때 부차적으로 자신들이 문제의 사건을 원래 처음에 어떻게 경험했는지, 또한 그 사건을 기억하면서 그때 함께했던 다른 사람들과 어떤 차이점이 있는지를 서로 대화하며 기억을 되살리는 방법이 당연히 중요하다. 또한 기억을 두고 발생하는 의견 충돌은 때때로 원래 함께 경험했던 다른 사람들과 서로 의견을 나누면서 해결될 수도 있다. 나중에 이번 장의 뒷부분에서 다시 언급하겠지만, 한 사람의 기억력은 실수로 그릇된 기억 정보를 잘못 제시하거나 상황을 조작하여 어떤 사람이 자기 자신을 의심하게 만들며 통제하는 '가스라이팅'의 유형으로 오염

될 수 있다. 게다가 무언가를 망각하는 현상은 흔히 법적 절차에서 일부 실행하는 방법인 대질 신문을 바탕으로 세심한 질문에 신중하게 답변하면서 회복될 수 있다.

진정한 망각은 우리의 기억력을 되살리는 데 도움을 주는 기술적인 방법과 상관없이, 우리가 어떤 사건이나 사실을 제대로 기억하지 못하는 증상을 의미한다. 앞에서 언급했듯이, 어떤 사실을 망각했다고 확실하게 추정할 수 없다. 적절하게 자극적인 상황이나 사건이 주어진다면 회복하기 힘든 기억을 복구할 수 있다는 가능성을 완전히 배제할 수 없다. 예를 들어, 기억은 꿈속에서 복구될 수도 있다. 많은 사람이 수년간 미처 생각하지 못했던 사건이나 사람들에 관하여 꿈을 꾼다. 이러한 기억은 자극적인 사건이나 상황이 발생했던 그 기간 동안 온전했지만, 그 후 꿈속에 자연스럽게 나타나기 전까지는 복구되지 않는다. 그렇다면 미처 생각하지 못했던 기억을 그 밖에 다른 어떤 방법으로 복구할 수 있을까? 여기에는 한 가지 규칙이 따른다. 더 이상 어떤 목적에 따라 활용되지 않는 정보로 구성된 기억은 복구될 가능성이 낮다.

예를 들어 많은 여행을 즐긴다면 수년간 숙박했던 다양한 호텔의 방 호수들을 모두 다 완벽하게 기억하기 어려울 것이다. 하지만 예를 들어 '당시에 숙박했던 호텔 방은 복도를 따라 엘리베이터 바로 맞은편에 있었으며, 그날 밤 엘리베이터 소음 때문에 수면을 충분하게 취하지 못했던 상황으로 기억한다'와 같이 특정한 단서가 주어진다면 일부를 기억할 수 있다. 그런데 그 일이 수년 전에 발생했다면, 방 호수를 완전히 잊어버렸을 가능성이 매우 클뿐더러 어떤 특정한 단서가 주어진다고 해도 기억력을 복구하는 데 전혀 도움이 되지 않을 것이다. 그러한 경우에 망각은 매우 실용적으로 고려해야 한다. 다시 말해서 호텔 방 호수와 같은 세부 사항들은 일단 현재 그 호텔에서 더 이상 머물고 있지 않다면 수년간에 걸쳐 기억하는 데 더는 유용하지 않다. 뇌는 의도적으로 기억 정보를 단기 기억에서 장기 기억으로 옮긴 적이 없기에, 수년 전에 숙박했던 호텔 방 호수까지 기억하지 못한다. 또한 기억 정보가 단기 기억에서 장기 기억으로 옮겨지는 현상은 단 한 번도 발생하지 않았기 때문에, 방 호수에 대한 기억은 그날 이후로도 남지 않는다.

뇌는 '기억해야 할 필요 원칙'에 따라 작동하는데, 현재 중요하거나 심지어 미래에 중요하다고 판단될 가능성이 큰 것들을 기억하고, 중요하지 않은 것들을 잊어버린다. 그렇다면 수년 전에 머물렀던 방 호수를 기억하지 못한다는 단순한 사실은 상당한 의미가 있지 않을까?

모든 것을 기억하는 남자

지금까지 숙박했던 모든 호텔의 방 호수나 전화번호를 기억하는 상황은 축복보다 오히려 부담이 훨씬 더 큰 일이다. 러시아 신경 심리학자 알렉산드르 로마노비치 루리아Alexander Romanovich Luria가 자신의 저서《모든 것을 기억하는 남자》에서 제시했던 한 유명한 사례를 바탕으로 이러한 사실을 알 수 있다.

1929년 4월 어느 날 오후, 한 신문 기자는 자신의 편집장에게 모스크바 공산주의자 교육 아카데미(Moscow Academy of Communist Education)를 방문하여 기억력 검사를 진행하도록 지시받았다. 그의 기억력은 편집장이 지금까지 만나 본 모든 사람보다 훨씬 더 뛰어났다. 신문에 실린 모든 기사 내용과 마찬가지로, 신문 기자의 기사들은 기사 내용을 풍부하게 펼칠 수 있도록 이름과 의류, 외모, 거리 주소, 전화번호 등 매우 구체적이면서도 사소한 세부 사항들을 유형별로 다양하게 포함하고 있었다. 하지만 기자가 기사 내용을 기억하고자 요점을 세세하게 기록하는 모습은 단 한 번도 관찰되지 않았다. 그럼에도 기사들은 세부 사항을 면밀하게 밝히는 내용들로 가득 차 있었으며, 내용이 실수로 잘못 작성된 적이 단 한 번도 없었다.

기자는 알렉산드르 로마노비치 루리아에게 거론되었는데, 알렉산드르 로마노비치 루리아는 오늘날 뇌에 관한 상세한 지식에 기반을 둔 심리학의 한 분야인 신경 심리학의 창시자로 여겨진다.

알렉산드르 로마노비치 루리아의 노트에 이름이 간단하게 S.로 언급되어 있는 신문 기자 D. 셰레셰프스키D. Shereshevskii는 루리아의 기억력 연구소에 도착하는 대로 자신이 16년 전에 학습했던 50가지 단어들을 다시 정확하게 암송하면서 루리아의 경험을 뛰어넘는 기억력을 보여 주었다. 셰레셰프스키는 기다란 단어 목록과 숫자 목록을 외운 다음 몇 시간이나 며칠 후에도 그 목록을 반복하여 암송할 수 있었다. 루리아는 매우 깜짝 놀랐다. 셰레셰프스키가 그 단어와 숫자들을 하나도 틀리지 않고 완전히 그대로 기억했기 때문이다.

단어와 숫자 목록이 길어진다고 해도, 셰레셰프스키는 그 단어들을 학습하고 다시 암송하는 데 걸리는 시간이 지연되지도 않았을 뿐더러 더 많은 오류가 발생하지도 않았다. 루리아는 셰레셰프스키가 연속적으로 무의미하게 나열된 기다란 단어 목록과 숫자 목록을 심지어 몇 년 후에도 기억할 수 있다는 사실을 발견했을 때, 셰레셰프스키에게 16년 후에 자신의 기억력 연구소로 재방문하여 16년 전에 외웠던 50가지 단어들을 다시 암송하며 기억력 검사를 시행하도록 요청했다. 16년 후에 루리아의 기억력 연구소를 재방문한 셰레셰프스키는 16년 전에 학습했던 단어들을 쉬지 않고 정확하게 암송했다.

루리아는 《모든 것을 기억하는 남자》에 "나는 그저 '셰레셰프스키가 갖춘 기억력에는 한계가 없다'는 사실을 인정해야 했다"라고 기록했다. 오늘날 그의 책은 현재 모든 사람이 매우 뛰어난 기억력으로 인식하는 일화 기억을 서술한 고전으로 남아 있다. 이를테면 일화 기억은 고래가 바다에서 발견될 수 있다는 사실을 반복적으로 학습하는 의미 기억과는 대조적으로, 과거에 개인적으로 경험한 사건들에 관한 기억력이다.

2017년 러시아어를 전공하고 기억력 연구소에서 잠시 근무했던 리드 존슨Reed Johnson은 브루클린에서 생활하고 있는 셰레셰프스키의 한 친척을 추적하여 찾아냈다. 셰레셰프스키의 친척이 리드 존슨에게 전달한 통찰 가운데 하나는 '모든 것을 기억하는 남자'로 알려진 셰레셰프스키가 노력 없이 암기하지 않는다는 사실이었다.

"기억력이 뛰어난 셰레셰프스키는 의식적인 노력과 특정한 창의적인 천재성을 갖추고 있었다. 나는 심지어 셰레셰프스키가 사진작가가 아니라 예술가라고도 생각하게 되었다. 다시 말해서 기억에서가 아닌 기억으로 자신의 색상을 결합하고 재조합하여 오로지 자신만이 바라볼 수 있는 세상을 그리고 색칠하는 화가라고 생각하게 되었다. 그의 놀라운 사례는 또한 우리의 정신이 일반적으로 어떻게 얼마나 기억하고 얼마나 흔히 기억하지 못하는지를 생생히 보여 준다."

신문 기자 셰레셰프스키는 자신의 편집장과 상의한 후에 떠돌아다니는 기억술사의 인생을 시작하기로 결정했다. 소심하고 수줍음을 많이 타는 그는 자신의 관리자이자 기억력 강화 훈련 조교로서 서커스 트레이너 한 명을 고용하였으며, 기억력 강화 훈련을 즐기는 방법을 배우고자 저글링하는 서커스 트레이너에게 지도를 받았다.

루리아는 수년에 걸쳐 정기적으로 환자를 직접 만났다. 이런 만남에서 그는 셰레셰프스키가 자신의 기억력을 강화하는 데 세 가지 과정을 적용한다는 사실을 알게 되었다. 첫 번째 과정은 셰레셰프스키는 시각적 이미지를 풍부하게 형성하기로 목표를 설정했다. 어떤 경우에는 셰레셰프스키가 시각적 이미지를 형성하는 측면에서 기억하고 싶은 단어들을 다른 언어나 심지어 아무 의미 없는 단어들로 전환하여 기억할 수도 있었다. 그가 시각적 이미지를 형성할 때 가장 중요한 부분은 풍부함과 생생함이었다.

두 번째 과정은 시각적 이미지에 적합한 이야기를 만들어 내는 것이었다. 시각적 이미지에 적합한 이야기는 엄청나게 괴상하거나 매우 희한하고 사실 같지 않을 수 있지만, 이야기의 모습을 갖췄다. 세 번째 과정은 셰레셰프스키가 자신이 살았던 모스크바에서 친숙하게 느낀 위치나 장소에 시각적 이미지를 형성해 놓았다. 예를 들어 셰레셰프스키는 나중에 기억력을 복구하기 위해 시각적 이미지를 형성해 놓을 장소로서 자주 다니는 거리에 위치한 정류장을 선호했다. 결정적으로 그는 강력한 공감각 능력을 갖추고 있었다.

어느 순간 셰레셰프스키는 루리아에게 "당신은 푸석푸석한 노란색 목소리를 지니고 있군요"라고 말했다. 또 다른 경우에 루리아가 셰레셰프스키에게 기억 장소로서 울타리에 시각적 이미지를 형성해 놓고 영구적으로 유지할 수 있는 방법을 물었을 때, 셰레셰프스키는 "짠맛과 울타리는 너무 거칠게 느껴집니다. 게다가 짠맛과 울타리는 반음이 높은 데다 날카롭고 둔탁한 소리를 지니고 있습니다"라고 답했다. 한마디로 말해서, 셰레셰프스키는 생생한 시각적 이미지를 형성하여 기억하려고 노력하는 단어로 전환하도록 암기할 뿐만 아니라, 미각이나 후각 그리고 청각 등과 같은 다른 감각들을 공감각과 함께 활용하고 있었다.

셰레셰프스키의 뛰어난 기억력은 많은 장점이 있었지만, 장기적으로는 부담이 따른다는 사실이 입증되었다. 급속히 늘어나는 기억 정보들 가운데 대부분은 평범하고 쓸모없는 것들이었다. 이를테면 수년 전부터 암기했던 무의미하게 나열된 숫자와 문자, 단어들이었다. 이에 따라 루리아는 '기억력 강화 훈련 방법에 대한 셰레셰프스키의 발언이 세부 사항과 무관한 요소들로 어수선했다'라고 기록했다. 게다가 셰레셰프스키는 믿을 수 없을 정도로 비범한 기억력을 갖추고 있지만, 매우 불행하고 비교적 성공하지 못한 인생을 살아갔다. 뛰어난 기억력 때문에 극심한 고통에 시달리던 셰레셰프스키는 자신이 암기했던 목록을 기록하고 불태우며 모조리 잊으려고 노력했으나, 그 모두가 아무런 소용이 없었다. 결국 절망감에 빠진 셰레셰프스키는 술을 마시기 시작하면서, 1958년에 술과 관련된 합병증으로 사망했다.

셰레셰프스키가 직업적인 성취를 더욱 향상시키고자 자신의 일생을 헌신한 후, 그의 기억력은 셰레셰프스키의 정신적이고 기능적인 모든 측면을 압도했으며 직업적인 성취를 제한했다. 한마디로 말해서, 셰레셰프스키의 사례는 누구든 자신이 지금까지 마주쳤던 모든 것을 기억하고 싶어 해서는 안 된다는 사실을 강력히 경고해 준다. 이제 곧 밝혀지겠지만, 망각은 기억만큼이나 매우 중요하다. 다행스럽게도 우리 뇌는 우리의 정신적 건강을 위해서 쓸모없는 기억 정보를 폐기하므로, 우리는 그만큼 자신에게 가장 중요한 기억 정보를 유지할 수 있다.

가족조차도 알아보지 못할 때

선거 기간에 정치적 슬로건을 내세운 현수막이나 텔레비전 광고가 압도적으로 급증한 상황에 '완전히 질려 버렸다'라고 느낀 적이 있는가? 물론 그럴 것이다. 하지만 현수막이나 텔레비전 광고가 선거 기간에 곧 줄어들 것이라고 기대하지 않길 바란다. 이런 거슬리는 메시지들은 한 정치 후보를 경쟁 후보보다 훨씬 더 친근하게 느끼도록 의도한 것이다. 조사에 따르면, 유권자는 방송 채널을 가장 철두철미하게 가득 채운 후보에게 투표할 가능성이 매우 높다. 물론 이런 상황에는 한계가 있다. 정치적 성향이 확고한 보수주의자는 아무리 수많은 현수막이나 텔레비전 광고를 접했다고 하더라도, 자신과 반대인 정치적 성향을 설득하는 후보에게 투표할 가능성이 매우 낮다. 하지만 한 가지 사실은 확실하다. 잠재적인 유권자에게 이름이 충분히 노출된다면, 잠재적인 유권자는 의도된 메시지에 친근감을 아주 분명히 느끼게 될 것이다.

친근감의 위력

토론토 스카보로대학교의 심리학 교수인 스티브 조르덴스Steve Joordens가 '위대한 과정', 이를테면 '기억력과 인간 수명'을 주제로 한 훌륭한 강의에서 "정치인들이 바라는 점은 자신들의 이름이 유권자인 당신의 눈에 띄고, 자신들에게 마음이 이끌려 투표하는 것이다. 그렇다면 어떻게 자신들에게 마음이 이끌리도록 할 수 있을까? 당연히 사전에 자신들의 이름을 반복하여 노출시키면 된다. 후보자들은 심지어 당신이 자신들의 이름에 관하여 많이 생각한다고 해도 별로 신경 쓰지 않는다. 그저 자신들의 이름을 당신이 인식하길 바라지만, 그래도 본질적으로는 정치인으로 적합할 만큼 실력이 뛰어나고, 훈훈하면서도 거침없이 유창하게 말하며, 당연히 직업상 정치인으로서 올바르고 정치적인 일에 매우 능숙할 정도로 자질을 완전히 갖추었다고 느끼는 이름으로 기억되길 원한다"라고 주장했다.

어떤 사건이나 상황을 반복적으로 경험할 때, 우리는 그 사건이나 상황을 점점 더 능숙하게 인식하게 된다. 신경심리학자들은 이러한 현상을 '지각적 유창성'이라고 한다. 우리는 다양한 사회적 맥락에서 한 사람을 자주 만날수록 그 사람을 훨씬 더 쉽게 인식할 수 있다. 때때로 사회적 사건이나 상황이 단 하나로 한정되어 있거나 몇 개가 안 된다면, 그럴 때는 당혹스러운 오류들이 발생할 수 있다. 한 남성이 동네 수영장이 아닌 슈퍼마켓에서 이웃 여성과 마주쳤을 때, 그 남성은 이웃에게 “나는 옷을 차려입은 당신을 알아보지 못하겠어요”라고 어색하게 웃으면서 말했다. 다행스럽게도 아내와 함께 있던 그 이웃의 남편은 무슨 말인지를 이해하고 그 남성을 따라 웃었다.

신경심리학자들은 많은 연구에서 친근감을 실험을 통해 유도했다. 예를 들어, 실험 참가자들은 20가지나 30가지 다른 단어들에 포함된 한 단어를 예전에 접한 적이 있었다면 그 한 단어가 나머지 단어들보다 훨씬 더 또렷하게 읽기 쉽다고 확신할 수 있다. 그 이유는 충분히 설명하지 못하지만, 또한 예전에 접한 적이 있었던 한 단어가 다른 단어들보다 훨씬 더 선명하게 인쇄되어 있다고 판단하는 경향도 있다. 이 경우에 뇌는 그 한 단어를 어떻게든 나머지 다른 단어들과 차이점을 두면서 정확하게 인지한다. 하지만 시각적 선명도는 예전에 그 단어를 접했던 경험에서 비롯된다고 추정하는 것이 부정확할 수도 있다.

실험 참가자가 ‘좋아하는’ 단어와 더불어 ‘싫어하는’ 단어를 식별하도록 요청받는다면, 자신이 예전에 접했던 단어는 좋아하는 단어로, 예전에 접해 보지 못한 새로운 단어는 싫어하는 단어로 식별할 것이다. 이러한 현상은 친근감의 영향력을 자연스럽게 입증해 준다. 우리는 심지어 참가자에게 단어들 가운데 하나를 화면에서 시간상 좀 더 길게 혹은 좀 더 짧게 보여 줄 거라고 미리 제안할 수도 있다. 하지만 참가자는 우리가 자신에게 ‘좀 더 길게’라고 제안하든 혹은 ‘좀 더 짧게’라고 제안하든 아무런 상관이 없으며, 어쨌든 예전에 접했던 단어가 훨씬 더 친근하게 느껴질 것이다. 모든 단어는 실제로 화면에 비춰지는 시간이 모두 똑같았기 때문에, 심리학 문헌에서는 이런 실험을 ‘가짜’ 실험이라고 언급한다. 그래도 이러한 연구들은 우리 뇌가 친근감을 느끼는 대상에게 가장 편안하게 연결된다는 사실을 우리에게 다시 한 번 더 상기시킨다.

친근감은 흔히 우리가 의식적으로 기억하지 못하지만 정신적으로 강력하면서도 예상치 못한 영향력을 계속 발휘할 수 있는 무의식적인 인식과 사건에 기반을 두는 경우가 많다. 상당히 많은 연구 결과를 요약해 보면, 나는 우리가 과거로부터 무언가를 떠올릴 수 있다는 신뢰나 최소한 다양한 노력으로 무언가를 기억해 낼 수 있다는 신뢰, 우리가 결국 그 무언가를 기억해 낼 수 없다는 신뢰를 버려야 한다고 주장하는 것이 타당하다고 생각한다. 대신에 우리의 무의식적인 기억은 강력하면서도 예상치 못한 영향력을 발휘한다. 그래서 우리가 인식하고 있는 것 이상으로 기억할 뿐만 아니라 의식적으로 기억하지 못한 예전의 사건들이 계속 인식되고 기억될 수도 있다.

내가 당신을 아나요?

우리는 기억력이 왜곡될 수 있는 방법에 스스로 익숙해지며 기억력에 관한 많은 부분을 배울 수 있다. 우선 지극히 정상적인 사람들에게 영향을 미칠 수 있는 기억력 왜곡부터 시작하여 다른 부분들도 계속 탐구해 보자.

10여 년 전, 나는 모든 사람이 서로를 다 알고 지낼 정도로 유대 관계가 친밀한 지역에서 생활했다. 자신의 어린 아이들이 내 아이들과 함께 놀았던 한 이웃 여성은 동네 행사에서 우연히 마주칠 때마다 내게 상당히 싸늘해 보였다. 나는 그녀와 마지막으로 마주친 이후로 훨씬 더 싸늘해진 상황을 인지하고서 그녀에게 다가가 "기분은 좀 괜찮으세요?"라고 조심스럽게 말을 건넸다. 그러자 그녀는 내가 묻는 말에 안도하는 모습을 보이며 "우리가 거리에서 마주칠 때 적어도 내게 아는 척하며 인사라도 하면 좋겠어요"라고 답했다. 그런 다음에도 끊임없이 마주칠 때마다 나와 계속해서 아는 척하며 인사했다. 그런데 유감스럽게도 그녀는 자신이 먼저 인사해야만 내가 그제서야 비로소 인사했으며, 내 목소리나 태도를 볼 때 자신에게 정식으로 인사한다고 인지하지 못했다고 당당하게 주장했다. 나는 사과했지만, 다음에 내가 그녀와 마주쳤을 때 상황이 반드시 더 잘 풀릴 거라고 자신할 수 없었다. 왜 그럴까?

나는 내게 친숙한 사람을 너무 늦게 알아 보거나 전혀 알아보지 못했던 경우를 평생 동안 꾸준히 경험했다. 이런 당혹스러운 얼굴 인식 문제를 수십 년 전으로 거슬러 올라갈 수 있다.

여기에서는 몇 년 전으로 거슬러 올라가서 내가 크리스마스 파티에 참석했을 때 겪었던 또 다른 사례를 소개하려고 한다. 크리스마스 파티를 준비한 안주인은 모든 사람이 모여 있는 방으로 나를 데리고 가면서 "즐거운 시간을 보내면서 판사님과 함께 이야기도 나눠 보세요"라고 말했다. 나는 그 판사님이 누구인지를 몰랐기 때문에, 파티에 초대받은 손님들 가운데 두세 명과 돌아가면서 대화를 나누기 시작했다. 파티에 참석한 지 한 시간 정도 지났을 때, 나는 상냥해 보이는 한 여성과 이야기를 나누게 되었다. 이 여성은 자신을 간단하게 산드라라고 소개했다. 나는 그녀를 신문과 잡지 속 사진이나 텔레비전에서 본 적이 있다는 사실을 깨달았다.

우리가 자연스럽게 대화를 나누고 있을 때, 나는 안주인의 제안이 문득 머릿속에 떠올라 그녀에게 혹시라도 누가 판사인지를 알고 있는지 물어볼까 잠시 고민했다. 하지만 뚜렷하게 말할 수 없는 이유 때문에, 이런 질문을 건네는 상황은 문제가 있어 보였다. 잠시 후 나는 어느 순간 대화를 나누고 있는 이 여성이 대법관 산드라 데이 오코너Sandra Day O'Connor라는 사실을 알아차렸다. 그때 그녀가 누구인지를 인지했던 순간은 대화 중 어느 시점이었을까? 그 질문에 대한 답은 내가 그 순간을 현재 기억하고 있다는 사실이 무엇을 의미하는지에 관하여 우리가 생각하는 바에 따라 달라진다.

판사님과 이야기를 나눠 보라는 제안을 받으며 방으로 들어섰을 때, 주로 남성 판사들을 대했던 내 과거 경험들은 안주인이 언급한 판사가 여성일 가능성을 고려하는 데 방해가 되었다. 이러한 무의식적이고 수치스러운 성차별은 결국 내가 방으로 들어서자마자 주변을 살펴보면서 안주인이 언급한 판사가 남성일 텐데 판사일 가능성이 매우 커 보이는 남성이 이곳에 없다고 생각하며 잘못된 의미론적 범주를 형성하게 되었다. 이 시점에서, 나는 산드라 데이 오코너 대법관의 존재를 전혀 인지하지 못했다고 말하는 것이 타당해 보인다.

내가 상황을 진정으로 인지하던 순간은 나와 대화를 나누고 있는 상대가 일종의 유명 인사라는 사실을 인식하기 시작한 때였을까? 아니면 방으로 들어선 지 한 시간 만에 처음으로 '판사님'을 찾아내어 함께 이야기를 나눠 보라는 제안을 기억했을 때였을까? 아니면 자연스럽게 대화하던 중에 "그런데, 저는 이곳에 판사님이 계시다고 알고 있습니다. 혹시 그 남성분이 누구신지 아십니까?"라고 물어볼까 생각하며 분명하지 않지만 확실한 예감을 느끼기 시작했을 때였을까? 아니면 나와 대화를 나누고 있는 이 여성을 어디에서인가 본 적이 있다는 사실을 기억하면서 이와 동시에 얼굴과 이름을 인식했던 바로 그때였을까?

안면 인식 장애에 시달리는 사람들

안면 인식 장애는 사람마다 각자 다른 수준에서 발생할 수 있다. 50명 가운데 1명이 지금까지 내가 설명한 얼굴 인식 불능증(말 그대로 '안면 인식 장애')에 어느 정도 시달리고 있다는 사실을 알게 된다면 깜짝 놀랄 수도 있다. 얼굴 인식 불능증이 심각한 사람들은 비록 사람이 말하거나, 신체를 움직이거나, 그 외에 얼굴이 아닌 어떤 다른 단서를 제공할 경우에 그 사람의 얼굴을 즉시 인식하더라도, 사람의 얼굴을 인식하는 능력을 완전히 상실한다. 하지만 나의 경험은 이런 작은 유형의 안면 인식 장애가 지극히 정상적인 사람들에게 발생할 수 있다는 강한 확신을 보여준다. 당신도 나와 유사한 경험을 한 적이 있는가?

얼굴 인식 불능증이 심각한 사람들은 흔히 주변 사람들의 반응에 따라 사회적으로 복수심을 품는 경우가 많을 수 있다. 또한 얼굴 인식 불능증이 있는 사람들은 내 이웃과 같은 사람들에게 평가 절하된다고 느껴 분개하며 자신들을 '사회적으로 무시당하는 사람'으로 오해하기 때문에, 나는 얼굴 인식 불능증이 있는 사람들에게 조언하고 싶은 마음으로 '얼굴 인식 불능증에 시달리는 사람'이라는 단어를 사용한다.

얼굴 인식 불능증이 최악으로 심각하게 발달된 사람들은 심지어 자기 자신이나 가까운 친척조차 인식하지 못할 것이다. 얼굴 인식 불능증에 시달리는 한 환자에게 자신의 결혼 사진을 보여줬을 때, 이 환자는 "두 사람 가운데 한 사람은 드레스를 입은 실루엣을 보니 내 아내일 것이고… 한 사람이 내 아내라면, 나머지 다른 한 사람은 제가 될 수도 있겠네요"라고 설명했다. 또 다른 환자는 자신의 아내나 딸이 아무런 말도 없이 자신에게 다가왔기에 그들을 인식하지 못했다. 어떤 환자는 자신의 아내에게 "누구신가요…? 저는 우리 집에 다른 여성이 없으니까 당신이 내 아내라고 생각하는데, 그냥 당신이 내 아내라고 안심하고 싶습니다"라고 말하기도 했다.

얼굴 인식 불능증이 부분적으로 약화된 사람들은 다른 사람들을 인식하는 방법이 걷는 방식이나 목소리, 일상적으로 착용하는 의복 등 매우 다양하므로 일단 거의 세상의 주목을 받을 만큼 심각하게 다가오지 않는다. 대법관의 사례에서 살펴볼 수 있듯이, 나는 예전에 그녀의 목소리를 듣거나 걸음걸이를 관찰할 기회가 전혀 없었기에 그녀의 얼굴을 기억하는 내 능력에 완전히 의존했다.

얼굴로 사람들을 인식하는 능력이 우리가 인생을 살아가는 데 매우 중요한 부분을 차지하므로, 우반구 후방에 위치한 뇌의 특정 부분인 '방추형 이랑'이 얼굴 인식을 담당한다는 사실은 그렇게 놀랄 일이 아니다. 얼굴 인식 불능증은 일반적으로 얼굴 인식을 담당하는 방추형 이랑이 손상되어 발생하며 뇌 병변 장애에서 비롯된다. 하지만 나는 이러한 얼굴 인식 불능증에 대단히 흥미를 느끼면서도 뇌가 기억력을 담당한다는 사실보다 뇌의 어느 부분이 손상되어 얼굴 인식 불능증이 발생하는

지에 더 관심이 쏠린다.

당신이 피부 전도도(생리학적 측정법)를 측정할 수 있도록 얼굴 인식 불능증 환자를 관찰한다면, 당신은 얼굴 인식 불능증 환자가 사진을 살펴보고 얼굴에 맞는 이름을 맞출 때 당신의 추측보다 훨씬 더 좋지 못한 점수를 받는다는 사실을 알 수 있다. 그런데도 피부 전도도 반응은 얼굴 인식 불능증 환자가 사진을 살펴보고 얼굴에 맞는 이름을 맞추는 동안 얼굴과 이름이 60퍼센트 이상 일치할 때 극대화된다. 다시 말해서 얼굴 인식 불능증 환자가 검사에 답변할 때 확실하게 얼굴을 인식하지 못할 수 있다. 하지만 피부의 전기적 특성을 지속적으로 변화시키는 인체의 특성인 피부 전도도에 따라 측정될 때 어렴풋한 얼굴 인식은 발생할 수 있다. 단순하게 사람을 인식하지 못하는 장애보다 오히려 친숙한 얼굴을 인식하지 못하는 장애는 사진으로 이름을 맞추는 검사를 통해 자신이 이 사람을 알지 못한다고 답하는 상황에서 받는 점수와 피부 전도도 검사를 통해 신체적으로 드러나는 반응은 서로 일치하지 않는다.

이러한 유형에서 뒤따를 수 있는 곤란한 문제로, 우반구의 후방에 위치한 뇌의 특정 부분인 방추형 이랑이 손상되어 얼굴 인식 불능증에 시달리는 아마추어 예술가 S. P.의 사례를 살펴 보자. S. P.는 목소리로 사람들을 식별할 수 있는 능력을 갖추고 있지만, 친숙한 얼굴을 인식하지 못한다. 방추형 이랑이 손상되기 전에 그렸던 모델들의 초상화를 식별하도록 요청받았을 때, S. P.는 제대로 식별했다. 그러나 오로지 겉으로 보이는 나이나 성별, 복장, 그 밖의 다른 세부 사항 등을 능숙하게 살펴보면서 교묘하게 추론하는 방법을 통해서만 가능했다. 그는 자신이 그렸던 모델들의 친숙한 얼굴을 인식하지 못하기에 이런 어려움을 겪는다. 자신이 얼굴 인식 불능증에 시달리고 있다는 사실에 대한 통찰력이 없다면 자신의 실수를 알 수도 없고 바로잡을 수도 없다.

초인식자의 놀라운 능력

얼굴 인식 불능증을 한 방향에서 바라보는 극단적인 차이는 얼굴을 인식하는 능력이 남들보다 월등하게 발달된 초인식자와 함께 발생한다. 얼굴을 인식하는 능력이 매우 뛰어난 초인식자는 전체 인구의 약 2퍼센트 정도로 추정된다. 이를 그래프로 그린다면 엎어진 U자 형태, 즉, ∩이다. 대다수가 곡선의 중간 부분에 해당하고, 얼굴 인식 불능증 환자들이 최하단 부분에 있으며, 초인식자들이 최상단에 있다.

초인식자는 얼굴의 옆모습만 보더라도 그 얼굴을 기억할 수 있고, 아이들의 얼굴을 기억할 수 있다. 여러 다른 인종이나 다양한 민족 출신의 얼굴을 살펴보고 기억하는 실험에서 정확도가 전혀 떨어지지 않는다. 갑자기 많은 얼굴이 한꺼번에 제시되는 실험에서도, 초인식자는 오로지 자신들의 눈으로만 사람을 인식할 수 있다. 초인식자들에게 매우 능숙한 한 전문가는 일반적인 얼굴 인식을 순간적으로 촬영한 스냅 사진 수준의 짤막한 묘사에 비교했지만, 초인식자들은 다양한 각도에서 촬영한 사진처럼 다른 사람들의 얼굴을 부호화할 수 있다.

유명인의 어릴 때 사진을 보여 주면서 누구인지 맞추게 하는 일명 '그들이 유명해지기 전 검사(Before They Were Famous Test)'에서, 배우들이 세 살이였을 때와 성인이었을 때의 사진이 제시되었다. 초인식자는 그 두 시기의 사진을 맞추는 데 어떤 어려움도 겪지 않았다.

놀랄 것도 없이 초인식자들은 경찰 부대와 감시 부대의 환영을 받았다. 런던 경찰청은 초인식자 20명을 고용하여 이들에게 2011년 런던과 다른 영국 도시에서 발생한 폭동의 원인으로 생각되는 600명 이상의 용의자를 식별하도록 하는 중요한 임무를 맡겼다. 초인식자들은 수천 개의 폐쇄 회로 텔레비전 영상을 자세히 살펴보았다.

한 초인식자는 용의자들의 거의 3분의 1 정도를 식별했다. 초인식자가 식별한 폭도들 가운데 한 명은 눈을 제외하고 모든 부분을 가린 반다나를 착용하고 있었다. 신원 확인이 이렇게 까다로웠음에도, 초인식자가 식별한 용의자가 결국 자백하고 징역형을 선고받으면서 초인식자의 식별이 옳다고 밝혀졌다.

초인식자는 경찰청의 얼굴 인식 소프트웨어와 어떻게 비교되었을까? 경찰청의 얼굴 인식 소프트웨어는 초인식자가 이미 식별한 용의자들 가운데 단 한 명만 식별했다. 비록 초인식자가 완벽하지 않더라도, 심지어 때때로 얼굴을 잘못 식별하거나 정확하지 못하더라도, 현재 사용하고 있는 모든 컴퓨터 프로그램보다 훨씬 더 나은 결과를 계속해서 내놓는다.

얼굴 인식 불능증에 시달리는 사람도 아니고 초인식자도 아닌 지극히 정상적인 사람들 사이에서도, 친숙한 얼굴을 인식하는 현상은 다른 사람들이 적절하게 보이는 반응에 따라 달라질 수 있다. 유명한 실험에서, 심리학자는 실험에 참가한 학생들 가운데 한 명에게 학생의 부모가 숙박하고 있는 런던 호텔 밖에 서 있으라고 설득했다. 그 학생의 부모는 자신의 딸이 오스트레일리아에 있는 집에 머물러 있으리라고 믿었기에 호텔 밖에 서 있는 딸을 보았을 때 매우 놀라면서도 기뻐했다. 하지만 딸은 연구를 진행하는 심리학자에게 연구의 일환으로서 호텔 밖에 서 있을 때 자신의 부모를 보더라도 인사하거나 특정한 반응을 보이지 말라는 지시를 받았다. 당황한 그 학생의 아버지는 자기 자신의 얼굴 인식 능력과 친근감을 의심하며, "정말 미안해요. 다른 사람인 줄 알았어요"라고 중얼거리더니 슬그머니 지나쳐 갔다.

다소 가학적인 이런 실험에서, 얼굴 인식 시스템이 정상적으로 작동하는 사람들은 사람 얼굴, 심지어 자신과 가까운 친척이나 절친한 친구들의 얼굴조차도 자신들이 정확하게 인식하는지를 의심하게 될 수 있다. 이러한 현상은 마치 뇌가 다른 사람의 신원을 가장 제대로 추정한 다음 다른 사람이 확실하게 내비치는 반응을 유심히 살피는 것과 같다. 게다가 다른 사람이 확실하게 내비치는 반응이 호의적으로 다가오지 않으면, 의심과 혼동, 심지어 비현실감까지 발생할 수 있다. 안면 인식 장애는 그저 친숙한 얼굴을 인식하는 주관적인 경험과 관련하여 얼굴 인식 불능증의 가장 극적인 사례일 뿐이다.

우리가 잘 알고 있고 친근감을 느끼는 대상은 19세기 심리학자 에드워드 티치너Edward Titchener가 언급한 바에 따라 친숙한 사람과 마주칠 때 경험하는 '따뜻한 행복감'을 우리에게 제공해 줄 것이다. 유감스럽게도, 이런 따뜻한 행복감은 의식적이든 무의식적이든 간에 다른 사람들이 내비치는 반응 때문에 우리에게 얼굴 인식 오류가 유발되거나 스스로 얼굴 인식 오류를 초래할 수 있다.

이처럼 앞에서 언급한 두 경우의 얼굴 인식 오류는 우리가 느끼는 친근감에도 영향을 미칠 수 있다.

일어나지 않은 일에 대한 기억

대부분은 처음으로 무언가를 접하거나 누군가를 만났을 때 친근감이 느껴지는 현상을 한번쯤 경험한다. 처음 해 보는 일이나 처음 보는 대상, 처음 와 본 장소 등이 낯설게 느껴지지 않는 이런 현상을 데자뷰('이전에 본 적이 있는'을 뜻하는 프랑스어)라고 하는데, 여기에서 설명하는 현상은 우리가 데자뷰를 경험하면서 느끼는 감정이 실제로 과거에 언젠가 일어났다는 믿음을 향한 단계일 뿐이다. 나는 지금 망상이나 다소 희귀한 생각이나 미묘한 정신적 혼란을 이야기하는 것이 아니다. 오히려 이전에 어딘가를 방문해 봤거나, 방금 소개받은 누군가를 예전에 만났다고 느끼는 감정을 말하는 것이다.

데자뷰는 흔히 간질 환자들이 경험하는 '꿈같이 몽롱한 상태'의 일환으로 측두엽에서 발생하는 경우가 많다(이때 측두엽은 기억 중추와 직접적으로 근접한 연결 고리를 형성하고 있다는 사실을 기억하자). 자신이 간질 환자라고 주장했던 소설가 표도르 도스토옙스키Fyodor Dostoevsky는 자신의 소설 《백치》에서 주인공 므이쉬킨 공작을 등장시키며 데자뷰를 통찰력 있게 묘사했다. 다른 '꿈같이 몽롱한 상태'들은 좀처럼 사라지지 않는 예감과 다른 사람들의 의도에 대한 의심, 사람이 깨어 있는지 혹은 잠들어 있는지를 확신할 수 없는 몽롱한 상태 등을 포함한다.

데자뷰에는 불일치성이 포함되는데, 이를테면 긍정적이고 주관적인 인식(나는 예전에 여기를 와 봤다)은 당신이 예전에 그곳을 가본 적이 없다는 사실과 모순된다. 당연히 데자뷰가 주관적인 인식과 객관적인 인식의 체제를 어지럽게 흐트러뜨리면, 이런 현상은 마치 이상하고 묘한 상황을 마주친 듯이 낯설고 불안한 감정을 일으킬 수 있다. 데자뷰는 전형적으로 피로나 과로, 스트레스, 과음 등과 같은 상태에서 생겨난다. 데자뷰 발생 빈도수에 대한 통계 자료는 이 책의 독자들 대부분이 적어도 한 번쯤 데자뷰를 경험했다는 사실을 암시할 정도로 일반인들도 데자뷰 발생 빈도수가 매우 높다는 사실을 시사한다. 당신은 데자뷰를 경험한 적이 있는가?

내게 친숙한 대상이 달라 보일 때

친근감과 기억력의 또 다른 장애는 데자뷰와 정반대다. 데자뷰보다 훨씬 더 희귀한 현상인 자메뷰('결코 본 적이 없는'을 뜻하는 프랑스어)에서, 기억력은 결코 일어나지 않은 사건을 포함한다. 일반인들 가운데 대략 3분의 1 정도만이 자메뷰를 경험한 적이 있다. 가장 가볍고 순한 방식으로 설명하자면, 자메뷰 경험은 평소 친숙했던 대상이 더 이상 친숙하지 않고 생소하게 느껴지므로 관대하고, 어리둥절하고, 당황스럽고, 난처하고, 괴상한 감정 등을 일으킨다.

내가 진료했던 간질 환자들 가운데 한 명은 측두엽이 제대로 조절되어 수년간 간질 발작이 발생하지 않았으나, 최근에 자기 집 거실에 놓인 커피 탁자가 '다르게' 보인다는 사실을 인지했다고 내게 보고했다. 그는 거실에 놓인 커피 탁자와 자신이 수년 전에 구매했던 커피 탁자가 똑같은 제품이라는 사실을 부인하지 않았지만, "거실에 놓인 커피 탁자가 뭔가 다르게 보인다"라고 결론을 내렸다.

나는 그에게 커피 탁자에서 '매력(간질 환자의 말)'적인 부분을 한층 더 끌어내도록 요청했고, 환자는 나의 요청에 따라 커피 탁자에서 매력적인 부분을 끌어내고자 탁자를 한참 동안 응시한 다음 거실에서 다른 위치로 옮기고, 탁자를 '더욱더 정상적으로' 만들어 보려고 시도하면서 탁자 위에 놓인 다양한 사물을 재배치하는데 상당히 많은 시간을 보냈다. 일주일 정도 지나자, 커피 탁자에 대한 낯선 느낌이 사라졌다. 이런 반응이 나타난 이유는 아마도 내가 그에게 항경련제의 복용량을 약간 증가하도록 처방했기 때문일 수도 있다. 자메뷰는 흔하지 않은 현상이므로, 상상하기가 어렵고 힘들 수 있다. 여기에서 자메뷰를 상상하는 데 도움을 줄 수 있도록 자동 실험을 제시하려고 한다.

데자뷰와 대조적으로, 자메뷰는 자발적으로 스스로 유도될 수 있다. 자메뷰 경험은 불편하게 느껴질 수 있지만, 자메뷰를 경험하고 싶다면 방법이 있다. 먼저 일반적인 단어를 하나 선택한다. 이를테면 내가 앞에서 언급했던 탁자를 선택할 수도 있다.

일반적인 단어로 탁자를 선택했다면, 이제는 "탁자, 탁자, 탁자"를 큰 소리로 100번 정도 반복한다. 탁자라는 단어가 의미 없이 단순히 소리로만 느껴질 때까지 큰 소리로 반복해야 한다. 이렇게 훈련하는 동안 어느 순간에 탁자라는 단어의 의미가 사라지는 현상을 경험할 것이다. 당신은 인생을 살아가면서 '탁자'라는 단어를 여러 번 접했지만, 그저 '탁자'라는 한 단어만 계속 큰 소리로 반복하는 경험을 겪은 적이 없었다. 이런 자동 실험에서, '탁자'라는 단어는 서서히 낯설고 독특하게 느껴지기 시작할 것이다. 탁자라는 단어를 계속 반복하면서 잠시나마 자메뷰 경험을 스스로 유도하기 때문이다.

자신의 이름을 큰 소리로 100번 정도 반복한다면, 이때는 익숙하지만 훨씬 더 낯선 자메뷰 경험이 일어날 수 있다. 이렇게 훈련하는 동안, 자신의 이름을 언급하는 사람으로서 스스로에게 의도적으로 집중해야 한다. 어느 순간, 불편한 감정을 느낄 것이다. 여전히 자신이 누구인지를 잘 알고 있지만, 어떻게든 자신의 이름과 자신 사이의 연관성을 다른 방식으로 경험하게 된다. 내가 알고 지내는 사람들 중 대부분은 이런 작은 실험을 시도하면서 기괴한 감정이나 자기 소외감이 느껴지기 시작한다고 내게 보고했다. 이러한 현상은 그저 정신과 전문의들이 자메뷰 자체의 일종으로 언급하는 '비인격화'에서 멀어지는 단계일 뿐이다. '현실의 현실(reality of reality)'과 같은 이런 변화는 정신의학과 전문의들이 비현실이라고도 언급한다.

비현실과 비인격화에 대한 감정이 외부로 드러난다면, 자메뷰를 경험하는 사람은 알 수 없는 이유로 친숙한 인물의 모습과 정체성을 갖추고 있는 사기꾼이나 낯선 사람들과 같은 다른 사람들과 우연히 마주칠 수 있다.

과장된 자메뷰 경험은 이중적인 측면에서 자신의 주변 인물이 분장을 한 전혀 다른 사람으로 바뀌었다고 믿는 증상인 '카그라스 증후군'의 토대를 형성한다. 카그라스 증후군에 사로잡힌 사람은 다른 사람들이 반대하는 모든 합리적인 추론에도, 사랑하는 사람, 심지어 때때로 반려동물까지도 왜 그런지 모르겠지만 이상하고도 신비롭게 바뀌었다고 주장할 수 있다. 낯선 감정과 사회적인 소외감을 동반하는 이런 상황에서 친근감은 완전히 상실된다. 과장된 자메뷰 경험은 통찰력을 상실한다는 측면에서 일반적인 자메뷰 경험과는 다르다.

카그라스 증후군을 겪는 사람들은 자신들의 인식이 옳다고 강하게 확신하기에 자신들이 인식한 대로 반응하며 행동할 것이다. 카그라스 증후군에 사로잡힌 사람들의 살인과 살인 미수는 오랜 세월에 걸쳐 기록되어 왔다. 의학 역사학자들은 심지어 지난 수세기 동안 마법적인 힘을 비난해 온 현상이 미혼이거나, 혼자 생활하거나, 다른 사람들과 어울리지 않거나, 다른 사람들과 상호 작용하는 모습이 '이상하고 낯설게' 보이는 다른 구성원들에게 경험하는 낯선 감정에서 비롯되었을 수 있다는 사실을 제안했다. 거의 변함없이 마법적인 역할을 수행하는 사람들은 남성보다 여성이 많았다. 그런 까닭에 자신이 속한 단체를 선호하는 독신 여성이 틀림없이 '마녀'라는 이런 확신은 모든 이성적인 의식을 압도했으며, 그 결과 소위 마녀로 낙인이 찍힌 여성들은 화형을 당하거나 그밖에 다른 방식으로 살해되었다.

거짓 기억이 뇌에 남은 이유

때때로 실제로 일어나지 않았던 사건이나 상황이 기억 속에 존재하거나 실제를 왜곡하여 기억하는 심리학적 현상인 거짓 기억(오기억)이 발생할 수 있다. 심지어 우리에게 거짓 기억이 발생할 수 있다는 사실을 정확히 인지하지도 못한다. 가장 유명한 사례들 가운데 하나는 국제적으로 호평을 받는 인지 발달 심리학자 장 피아제Jean Piaget와 관련이 있다. 장 피아제가 자신이 기억할 수 있다고 주장한 내용은 다음과 같다.

매우 어린 시절 어느 날, 피아제는 근처 공원을 산책하기 위해 보모의 도움으로 유모차를 타게 되었다. 그때, 갑자기 한 남성이 덤불 뒤에서 불쑥 튀어나와 유모차에 앉아 있는 피아제를 와락 잡아채서 데려가려고 시도했다. 보모는 그 남성의 손에서 피아제를 빼앗으려고 뒤엉켜 싸우며 실랑이를 벌이다가 양쪽 뺨에 상처를 입게 되었다. 보모의 비명소리는 바로 가까이에 있던 경찰관을 포함하여 많은 사람을 끌어들였고, 바로 가까이에 있던 경찰관은 불행히도 공격자를 수색하는 데 실패했다. 피아제는 보모에게 공감을 나타내며 현장에 모여든 사람들의 얼굴을 여생 동안 기억했다. 또한 경찰관이 착용하고 있던 제복이나 공격자와 실랑이를 벌이다가 보모의 뺨에 난 상처, 폭행 사건이 일어났던 공원의 정확한 위치 등을 잊지 않았다.

몇 년 후, 피아제의 아버지는 예상치 못한 뜻밖의 편지 한 통과 시계를 받았다. 집을 떠난 지 오래된 보모는 '납치 미수 사건'이 발생했던 당시에 가족들이 보모에게 피아제를 보호하려는 영웅적인 노력에 감사해서 선물했던 금시계를 되돌려 주었다. 보모는 자신이 최근에 개신교의 한 교파인 구세군으로 개종하였고, 납치 미수 사건은 자신이 조작했으며, 그 일에 대해 아직도 끊임없이 죄책감에 시달리고 있다고 편지에 썼다.

보모는 납치 미수 사건이 발생했던 당시의 상황을 자세히 진술하지 않았지만, 아마도 가족들에게 자신의 위치를 부각시키기 위해 스스로 상처를 내는 등 시나리오를 은밀히 조작했을 것이다. 납치 미수 사건 이후, 보모는 단번에 평범한 가사 노동자에서 거의 가족 구성원으로 지위가 향상되었다. 보모가 납치 미수 사건을 부분적으로 철저하게 조작했기에, 피아제의 가족들은 사건을 보모가 조작한 그대로 알았다.

성인이 된 피아제는 비록 사건이 조작되었다는 사실을 아버지에게 전해 들어서 보모의 속임수에 관해 제대로 인지했지만, 그때 사건이 실제로 일어났던 것처럼 계속해서 언급했다. 사실 한때 세계적으로 가장 유명한 인지 발달 심리학자였던 피아제는 거짓 기억이 근절에 매우 완강히 저항한다는 사실을 발견했고, 그러한 현상을 역설적으로 '사건에 대한 기억, 하지만 거짓 기억'이라고 불렀다.

이런 이상한 일련의 사건들을 기억하는 방법을 어떻게 가장 쉽게 설명할 수 있을까? 나는 피아제가 납치 미수 사건과 관련하여 듣고 참여했던 무수한 대화를 바탕으로 모든 이야기를 내면화했다고 생각한다. 과장된 사건의 극명한 세부 사항들은 각각 피아제의 기억 속에서 매우 선명하게 부호화되었으며, 납치 미수 사건에 대하여 수많은 대화가 반복된 후에 실제로 일어났다고 인식한 사건은 현실과 자체적으로 따로 분리되었다고 본다.

피아제는 "어렸을 때 나는 부모님이 납치 미수 사건을 그대로 믿고서 보모에게 감사함을 표현했다는 이야기를 부모님에게 묘사를 통해 자세히 들으면서 기억력의 유형으로 시각적 이미지를 형성했을 것이다"라고 기록했다.

피아제가 기억력을 형성하는 측면에서는 감정을 매우 중요하게 생각했다는 사실에 주목하길 바란다. 보모가 비명을 지르고, 자신이 스스로 자신의 뺨에 상처를 내는 등 많은 부분을 은밀하게 조작한 사건에서 당연히 잔뜩 겁에 질렸던 어린 피아제는 성인이 된 후에도 성숙한 뇌에서 이러한 시각적 이미지들을 선명하게 형성하고 기억된 그 사건을 평생 동안 기억할 것이다.

개인적으로 경험하지 않은 사건을 유사하게 기억하는 현상은 벨기에의 초현실주의 화가 르네 마그리트René Magritte에게서도 일어났다. 마그리트가 13세이었을 때, 그의 어머니 레지나는 근처 삼브레 강에 빠져 자살했다.

마그리트가 주장한 바에 따르면, 이런 슬픈 사건에 대하여 시각적 이미지를 형성한 기억력은 어머니가 자살한 지 13일 후에 삼브레 강에서 어머니의 시신을 인양했을 때부터 계속 유지되었다고 한다. 하지만 마그리트는 잠옷으로 어머니의 얼굴과 머리를 감싼 채 어머니의 시신을 인양했던 그때 당시에 현장을 지키고 있었던 사람들 사이에 없었다. 그런데도 어머니의 시신을 인양했던 당시를 마그리트는 기억한다는 사실이 놀랍다. 특히 마그리트의 가장 유명한 작품들 가운데 하나인 1928년 작품 〈연인들〉에서는 연인들의 얼굴과 머리를 천으로 감싼 이런 모티브가 그의 작품 전반에 걸쳐 나타난다.

《르네 마그리트의 인생》의 저자이자 사학자인 알렉스 단체브Alex Danchev가 주장한 바에 따르면, 잠옷으로 어머니의 얼굴과 머리를 감싼 채 시신을 인양했던 그때 당시에 마그리트의 뇌에서 시각적 이미지를 형성한 기억은 그가 남긴 많은 작품에 이어서 '건국 신화'가 되었다.

마그리트는 "우리 눈에 보이는 모든 부분은 또 다른 부분을 가리고 있고, 우리가 항상 보고 싶어 하는 부분은 우리 눈에 보이는 부분 때문에 가려져 있다… 말하자면, 이런 흥미로운 현상은 시각적으로 가려진 부분과 시각적으로 뚜렷하게 드러난 부분 사이에서 일종의 갈등이나 매우 강렬하고 열정적인 감정의 형태를 취할 수 있다"라고 기록했다.

장 피아제와 르네 마그리트가 시각적 이미지를 형성한 기억으로 자신들이 직접 경험하지 않은 사건이나 과장된 사건을 계속해서 기억하듯이, 심지어 기억과 다르게 발생한 사건이나 발생하지 않은 사건들도 시각적 이미지를 선명하게 형성한 기억력 때문에 머릿속에 계속 떠오를 수 있다. 그러한 시각적 이미지가 기억에 미치는 영향은 평생 지속되기도 한다.

확고한 기억도 틀릴 수 있다

당신은 사진을 보고서 과거에 일어나지 않았던 어떤 사건이 현실에서 일어났다고 확신할 수 있는가? 나는 아내와 함께 하와이에서 여행을 즐기며 학회에 참석하던 어느 날 오후, 그 질문에 대한 답을 직접 알게 되었다.

저녁 만찬을 위해 옷을 갖춰 입고, 우리는 호텔 레스토랑으로 내려갔다. 레스토랑 밖에는 새장 안에서 횃대 위에 앉아 있는 앵무새가 보였다. 나는 어린 시절부터 앵무새를 무척 좋아했고 25년 이상 직접 키웠기에, 밖에서 앵무새와 몇 분간 시간을 보냈다. 그 뒤 우리는 저녁 식사를 하러 안으로 다시 들어갔다.

워싱턴 D.C.로 되돌아오자마자, 아내는 우리가 하와이에서 여행하는 동안 자신이 직접 촬영했던 사진들을 내게 보여 주었다(내 아내는 당시 전문 사진작가였다). 한 사진에 숙박했던 호텔 객실의 발코니에서 서 있던 내 모습이 찍혀 있었다. 나는 태평양이 내려다보이는 발코니는 기억났지만, 내가 직접 손가락 위에 앵무새를 앉혀 둔 채로 서 있던 모습은 사실 기억나지 않았다. 사진을 살펴보면서 나는 불안감을 느꼈다. 사진에서 보던 장면과 전혀 다른 저녁 상황을 기억했기 때문이다.

사진이 진실일까, 내 기억이 진짜일까?

그렇다. 우리는 그때 당시 앵무새와 우연히 만났지만, 그 장소는 호텔 객실의 발코니가 아니었다. 나는 그날 우리가 저녁 만찬을 즐기기 전에 레스토랑 밖에서 앵무새와 몇 분간 즐거운 시간을 보냈다고 기억한다. 이런 사실을 아내에게 말했을 때, 그녀는 "당신은 저녁 식사 후의 상황을 전혀 기억하지 못하는 군요. 식사 후에 우리가 호텔 지배인에게 앵무새와 사진을 촬영하고 싶다며 우리 객실로 그 앵무새를 데려다 줄 수 있는지를 물었잖아요. 감사하게도 지배인이 앵무새를 데려다 줘서, 제가 사진을 몇 장 촬영할 수 있었어요. 그 후에, 제가 앵무새를 다시 레스토랑으로 데려다 줬어요"라고 말했다.

나는 아내가 언급한 이런 모든 상황을 전혀 기억할 수 없었다. 하지만 어떻게 내가 사진에 찍힌 나 자신의 모습을 분명히 보고도 사진 속의 상황을 의심할 수 있을까?

완벽하지 않은 기억력과 사진 사이에서 하나를 선택하도록 강요받았을 때, 나의 뇌는 사진을 선택했고 이런 이유로 나는 불안감을 느꼈다. 내가 그날 저녁에 와인을 생각보다 훨씬 더 많이 마셨을까? 하지만 내가 아내를 바라보았을 때, 아내는 순간적으로 웃어 보였고 신속하게 사진 두 장을 내게 보여 주었다. 첫 번째 사진은 호텔 레스토랑 바깥쪽 입구에서 횃대 위에 평화롭게 앉아 있는 앵무새의 모습이 찍혀 있었고, 두 번째 사진은 호텔 객실의 발코니에서 나 혼자 서 있는 모습이 찍혀 있었다. 그런 다음 아내는 앵무새의 이미지를 나 혼자 서 있는 모습이 찍힌 사진으로 교묘하게 슬쩍 옮기는 방법으로 한 번도 일어난 적이 없던 상황을 연출하여 확실하게 설득력 있는 사진을 만들어 냈다.

지금은 나와 앵무새가 함께 찍힌 사진이 가짜 사진이었다는 사실을 정확히 인지하고 있다. 하지만 나는 여전히 두 가지 시각적 이미지, 이를테면 나와 앵무새가 서로 즐거운 시간을 보낸 진짜 사건에 대한 시각적 이미지와 직접 내 손가락 위에 앵무새를 앉혀 둔 채로 서 있던 모습이 찍힌 가짜 사건에 대한 시각적 이미지를 선명하게 형성한 내 기억력을 계속 유지하고 있다. 그렇다면 이 두 가지 시각적 이미지 가운데 어느 쪽이 사실일까? 물론 '진짜 사건'에 대한 시각적 이미지가 사실이다. 하지만 나는 거짓 기억이 완전히 사라지지 않으리라고 생각한다. 장 피아제가 말했듯이, 그러한 현상은 역설적으로 '사건에 대한 기억, 하지만 거짓 기억'이다.

고요 속의 외침

많은 사람은 기억력이 실제로 얼마나 취약한지를 정확히 인식하지 못한다. 이런 불편한 인식에 따른 통찰력은 20세기 초 기억 연구의 선구자이자 심리학자인 프레더릭 바틀릿Frederick Bartlett으로부터 시작했다. 그는 1920년대와 1930년대에 국제적으로 유명한 어린이 놀이이자 말놀이인 '옮겨 말하기'의 여러 유형을 관찰한 후 기억 연구에 중대한 공헌을 했다. 당신은 아마도 옮겨 말하기를 '고요 속의 외침'으로 알고 있을 것이다.

옮겨 말하기를 즐기는 방법은 먼저 6명이나 8명이 한 줄로 서 있고, 첫 번째에 서 있는 사람이 뒤돌아서 두 번째 사람의 귀에 대고 "우드척(다람쥐과에 속하는 설치류의 일종)이 나무를 콕콕 찍는다면 얼마나 많은 양의 나무를 찍을까?"와 같은 질문이나 "신발은 내 손에 맞지 않는다"와 같이 우스꽝스럽게 지어낸 문장을 속삭인다. 그 다음 두 번째 사람이 뒤돌아서 세 번째 사람의 귀에 대고 자신이 전해 들었던 문장을 그대로 반복하여 속삭인다. 이렇게 앞사람에게서 전해 들었던 문장을 다음 사람의 귀에 대고 반복하여 속삭이는 식으로 이어져 맨 마지막에 서 있는 사람이 앞 사람에게서 전해 들었던 문장을 모든 사람이 들을 수 있도록 큰 소리로 외친다.

옮겨 말하기에서 전달된 질문이나 문장은 대부분 극단적으로 바뀌며, 정말 웃기고 재미있게 변형되는 경우가 많다. 바틀릿은 어린이들이 옮겨 말하기를 즐기는 모습을 관찰하면서 재구성적 기억의 개념을 생각해 냈다(옮겨 말하기는 어른들도 즐기지만, 이때 어른들이 지어낸 문장은 일반적으로 어린이들이 지어낸 문장보다 훨씬 더 장난스럽고 도발적이다).

이제 전형적인 실험에서, 바틀릿은 실험에 참가한 대학생 20명에게 북아메리카 민화인 〈유령들의 전쟁〉에서 대략 330단어 정도 되는 가장 짧은 구절을 읽어 보도록 요청했다. 그런 다음 바틀릿은 실험 참가자인 대학생 20명에게 몇 시간이나 며칠, 몇 주, 몇 달, 심지어 몇 년의 간격으로 방금 읽었던 그 구절을 기억해 내도록 요청했다. 그는 실험에 참가한 대학생 20명 가운데 한 여학생과 우연히 마주칠 기회가 생겼는데, 그때는 자신이 그 여학생에게 처음으로 기억력 검사를 실행한 지 2년 뒤였다.

바틀릿은 실험에 참가한 대학생 20명이 기억력을 형성하는 방식과 망각하는 방식을 연달아 관찰했다. 첫째, 참가자들은 330단어 정도 되는 가장 짧은 구절을 읽어 본 지 2년(가장 긴 간격) 뒤에 기억력 검사를 실행했을 때, 자신들이 읽었던 짧은 구절을 평균적으로 330단어에서 180단어로 줄여 이야기했다. 둘째, 짧은 구절 속에서 세부 사항들을 구성하여 친숙하지 않은 이야기를 부분적으로 바꾸면서 친숙한 이야기로 만들어 냈다.

바틀릿은 또한 실험에 참가한 대학생들이 명확하고 선명한 정신적 이미지를 구축하여 기억력을 형성하고 있을 때 기억하고 싶은 부분을 가장 정확하게 기억한다는 사실도 관찰했다. 이러한 실험을 직접 경험해 보려면, 당신은 다음과 같은 이야기를 기억하고 반복할 목적으로 읽어야 한다.

"우선 당신은 피가 나지 않기를 원한다. 속도가 원활하게 빠른 사람은 속도가 원활하게 느린 사람, 특히 나이가 아주 많고 매우 미숙한 사람에게 상황에 따라 양보해야 할 수도 있다. 어떤 경우에는 전자 제품이 가장 효과가 좋은 해결책이다. 피가 날 가능성은 완전히 제거된다. 그런 전자 제품은 처음에 비용이 매우 비싸게 느껴지지만, 장기적으로 보았을 때는 결국 훨씬 더 저렴하다."

당신은 위에서 제시한 문장들 가운데 몇 개의 문장을 반복할 수 있는가? 한 가지 조건만 충족한다면 위에서 제시한 문장들을 반복하기가 별로 어렵지 않을 것이다. 이를테면 당신은 내가 면도에 관하여 설명하고 있다는 사실을 인식해야 한다. 그렇지 않으면, 정신적 이미지를 형성할 수도 없고, 위에서 제시한 문장들을 기억할 수도 없다.

수십 년 전, 심리학과 교수인 존 D. 브랜스퍼드John D. Bransford가 실험한 결과에 따르면, 한 구절이 문맥 없이 제시될 경우에 사람들은 그 구절을 거의 기억하지 못했다. 하지만 한 구절이 문맥 없이 제시된 경우에도 구절에 대한 제목을 제공해 주기만 하면, 그 구절을 이해하고 기억할 수 있었다.

"실험 절차는 실제로 매우 간단하다. 우선 우리는 실험 대상자들을 다양한 그룹으로 배열한다. 물론 대상자의 수가 얼마나 되느냐에 따라 한 그룹으로 충분할 수 있다. 실험을 진행할 시설이 부족하여 어딘가 다른 곳으로 이동해야 한다면, 그때는 다음 단계로 넘어간다. 그렇지 않으면 우리는 시설을 매우 많이 배치해야 할 수도 있다."

한 그룹은 구절을 읽기 전에 제목을 제시받았지만, 다른 그룹들은 구절을 읽기 전에 받은 정보가 전혀 없었다. 구절을 읽기 전에 제목(예를 들어 세탁물)이 제시된 한 그룹만이 그 구절의 문장들을 인식하고 기억할 수 있었다.

바틀릿은 우리가 면도나 세탁물과 같은 특정 개체들에 대한 반응이나 경험을 기억하여 환경에 적응하고 대처하도록 도와주는 역할을 담당하는 반응 체계를 심리학적 전문 용어로서 스키마(Schema)라고 불렀다. 음식점 앞에서 한 줄로 서서 차례를 기다리거나, 식사를 주문하거나, 식사비를 지불하는 등 모든 유형의 행동에 스키마를 적용한다. 스키마 덕분에, 우리는 극히 드문 경우를 제외하고 이런 모든 유형의 행동을 수행하는 데 따르는 각각의 구성 요소들을 자세히 생각할 필요가 없다. 예를 들어, 초밥집에 처음으로 방문한다면, 당신은 젓가락 사용을 맞게 하고 있는지 당황스러울 수 있다. 하지만 주변 상황을 주의 깊게 충분히 관찰한다면, 주변에서 식사를 즐기는 일본인 고객들이 각자 손으로 초밥을 먹고, 다른 음식을 섭취할 때 젓가락을 사용한다는 사실을 인지할 것이다. 이런 식사법을 익히고 구현하면, 그때는 또한 초밥집에서 식사하도록 도와주는 대본으로 알려진 스키마로 바뀐다.

바틀릿은 기억력이 음성 녹음기처럼 우리의 경험을 재생하는 것이 아니라, 그러한 경험을 재구성한다는 사실을 스스로 인식하도록 통찰력을 갖추는 일이 무엇보다 가장 중요하다고 주장했다. 이런 통찰력은 20세기와 21세기에 적용한 우리의 사법 체계와 광고업에 기반을 제공했다.

일어나지 않은 일에 대한 조작된 기억

마케팅은 단어가 기억력을 형성하는 데 영향을 미친다는 사례를 제공한다. 《소비자의 숨은 심리를 읽어라》의 저자 제럴드 잘트먼Gerald Zaltman는 "판매자가 자신들의 과거 경험을 긍정적인 방식으로 언급할 경우, 소비자가 기존 제품이나 쇼핑 경험에 관하여 기억하는 부분은 자신들의 실제 경험과 다를 것이다"라고 말했다.

예를 들어, '1924년 이래로 독창적'이라는 단어를 음료병에 새겨 넣는다면, 스튜어츠 루트 비어(식물 뿌리로 만든 탄산음료)와 같은 청량음료를 마시는 많은 사람은 수년 전 어린 시절에 이와 비슷한 음료병에 담긴 그 청량음료를 마셨던 기억이 날 것이다. 하지만 여기에는 문제점이 한 가지 있었다. 이를테면 루트 비어는 겨우 10년 전부터 청량음료로만 마실 수 있게 되었다. 그 이전에는 오로지 기계 장치로 분배하는 분수 음료로만 제공되었다. 잘못된 정보를 사실로 추정한다는 주장에 따르면, 어린 시절에 병에 담긴 루트 비어를 마셨다는 기억은 거짓이었다.

다른 예로는 어린 시절에 겪었던 경험에 관한 어떤 사건을 매우 괴상하게 기억해 온 성인들의 사례가 있다. 이러한 사례는 어린 시절 물에 빠져 하마터면 죽을 뻔했으나 안전 요원의 도움으로 구출되었던 기억이나, 사나운 개에게 악랄하게 공격당했으나 겨우 살아남았던 기억, 삼촌과 함께 열기구를 탔던 기억 등 전해들은 거짓 기억 정보를 기반으로 하였다. 사실 이러한 사건들은 일어난 적이 없었다. 하지만 자신이 어린 시절에 열기구를 탔던 사건에 관하여 이야기를 전해 듣고 삼촌과 함께 열기구를 타고 있는 조작된 자신의 사진을 보게 되었을 때, 이 성인들 가운데 50퍼센트 정도는 어린 시절에 그러한 여행을 즐겼다고 기억했다.

기억 모핑(기억을 전혀 다른 기억으로 변화시키는 기법)은 기억력이 일정한 조건에 따라 변할 수 있고 오래 유지되지 않는다는 성질을 이용한다. 우리는 마음속에 기억을 떠올릴 때마다 기억을 바꾼다. 판매자도, 영리한 변호사도 이러한 사실을 인지하고 있다.

법정에서 직접 심문과 대질 심문은 의식적으로든 무의식적으로든 거짓 기억 정보를 도입하지 않는 일이 매우 중요하다. 예를 들어, 교차로가 실제로 교차 신호등에 따라 통제되었을 때 자동차 두 대 가운데 어느 자동차가 정지 신호에서 제대로 멈추지 못했는지를 목격자에게 물었다고 가정해 보자. 변호사 가운데 한 명이나 목격자가 이런 거짓 기억 정보를 바로잡지 않는다면, 목격자와 배심원단은 또한 진실 대신 거짓 정보를 기억할 것이다. 그 후로 영원히, 교차로는 교차 신호등 대신 정지 신호에 따라 통제되는 것으로 기억될 것이다. 목격자 오염은 이런 상황에 적합한 용어이다.

목격자 오염에 관한 또 다른 사례는 교통사고를 설명하는 데 사용되는 동사와 관련이 있다. 자동차 한 대가 다른 자동차를 '들이받았다' 혹은 '부딪쳤다', '충돌했다', '박살냈다' 등과 같은 동사로 교통사고를 설명한다면 어떨까? 교통사고를 설명할 때는 어떤 동사를 사용하느냐에 따라 차이가 크게 느껴진다. 단순하게 동사를 '들이받았다'에서 '박살냈다'로 바꾸기만 해도, 목격자는 우선 가해 자동차가 달리던 실제 속도에서 시간당 16킬로미터 정도 더 빠른 속도로 차이 나게 추정하도록 유도될 수 있다. 게다가 사고 현장을 촬영한 사진 속 어디에서도 유리창이 깨진 장면을 찾아볼 수 없더라도, 사고를 설명할 때 사용되는 동사를 '박살냈다'로 들은 목격자는 피해 자동차의 유리창이 깨졌다고 '기억'할 가능성이 30퍼센트 이상 더 클 것이다. 이러한 사례들과 거짓 기억에 대한 법정 연구의 대부분은 기억 오염이 거짓 기억을 유도하는 데 미치는 영향과 거짓 기억에 대하여 능통한 세계적인 기억력 전문가들 가운데 한명이자 《목격자 증언》의 저자인 엘리자베스 로프터스Elizabeth Loftus의 연구에서 비롯된다(엘리자베스 로프터스는 2021년 아동 성매매 혐의로 기소되어 유죄 판결을 받은 길레인 맥스웰의 재판에서 피고 측 증인이었다).

우리의 기억은 왜 변할까

확고하게 형성된 기억도 미래에 발생하는 영향에 따라 변할 수 있다. 예를 들어, 한 사람이 영화를 관람하고 나서 영화의 등급을 높게 평가하든 낮게 평가하든 간에 스스로 평가하는 경우를 생각해 보자. 이때 영화에 대한 그 사람의 기억은 그 영화에 관해 열정적으로 격찬하는 평론을 읽은 후 바뀔 수 있다. 심지어 처음 관람했을 때 그 영화가 자신의 취향이 전혀 아니었다고 하더라도, 그 사람은 당연히 자신이 처음부터 그 영화에 호의적인 견해를 가졌다고 잘못 기억할 수 있다. 게다가 심리학 실험 참가자들에게도 이러한 현상이 드러났다. 이를테면 참가자들은 자신들이 관람했던 영화에 대해 본래 느꼈던 감정을 스스로 잘못 파악하고 있다는 사실을 전혀 알지 못했다. 참가자들은 자신들이 관람했던 영화에 관한 평론을 읽은 후 그 영화에 대한 자신들의 생각이 바뀐 것이 아니었다. 오히려 그 영화를 관람하면서 원래 어떤 감정을 느꼈는지에 대한 자신들의 기억이 바뀌었다.

'백워드 프레이밍(Backward Framing)'으로 알려진 이런 기술을 이용한다면, 이미 형성된 기억은 바뀔 수 있다. 이러한 현상은 심지어 참가자들이 영화 평론을 읽은 후에 평론가들의 견해가 아니라 영화를 관람하면서 본래 가졌던 자신들의 견해에 따라 답변하도록 요청받았을 때도 여실히 드러났다. 마케팅 분야에서 기억력을 변경시키는 역할을 광범위하게 설명한 기억력 왜곡 전문가인 캐서린 브라운 라투르Kathryn Braun-Latur는 "인생은 기억력이 새로 입력된 기억 정보에 따라 계속해서 새롭게 형성되는 지속적인 기억력 변경 실험이다"라고 주장했다.

이와 마찬가지로 우리는 4장의 맨 앞부분에서 신경과학자이자 기억력 전문가인 대니얼 샥터의 '기억의 죄악' 가운데 편향을 논의할 때 기억력 왜곡을 다뤘다. 편향에 따른 부차적인 요소인 기억력 변경에 관한 일부 사례들은 매우 분명할 수 있다. 기억력 실험에서는 참가자들에게 소금과 식초가 첨가되어 불쾌한 맛이 나는 오렌지 음료를 제공했다. 그런 다음 그 오렌지 음료를 광고하면서 '상쾌한' 음료라고 열정적으로 주장했다. 이에 따라 참가자들 가운데 일부는 자신들도 그 오렌지 음료가 상쾌하게 느껴졌다고 보고했다. 물론 이러한 실험은 기억력뿐만 아니라 피암시성(타인이 넌지시 표현하는 내용을 받아들여 자신의 의견이나 태도에 반영하는 성질)도 측정한다. 남의 영향을 매우 쉽게 받는 사람들은 남의 영향을 별로 받지 않는 사람들보다 기억 모핑을 훨씬 더 쉽게 경험할 수 있다. 하지만 다른 실험에서는 기억력 변경 현상이 거의 보편적으로 일어난다. 당신도 기억 모핑의 민감성을 검사해 보자. 다음 단어들을 대략 1분 동안 살펴보길 바란다.

- 탄산음료, 감정, 치아, 타르트, 미각, 신맛
- 쓴맛, 제품, 설탕, 사탕, 만족감, 케이크

• 파이, 초콜릿, 꿀

제시된 단어들을 주의 깊게 읽고 나서 기억할 수 있는 단어들을 모두 기록한다. 그런 다음에는 위에서 제시한 단어 목록을 1분 동안 한쪽에 따로 놓아둔다. 당신은 커피를 따르거나, 신문에 실린 헤드라인 기사를 응시하는 등 다른 곳으로 집중을 돌린다. 이제 다시 돌아와서 다음과 같은 단어 목록을 주의 깊게 읽는다.

• 탄산음료, 감정, 치아, 타르트, 미각, 신맛
• 쓴맛, 제품, 설탕, 사탕, 단맛, 만족감, 케이크
• 파이, 초콜릿, 꿀

위에서 제시한 두 번째 단어들 가운데 하나는 원래 처음에 제시했던 단어 목록에 포함되지 않았다. 어떤 단어였는가?

이미 당신의 기억력이 매우 많이 발달해 있지 않는 한, 정신을 산만하게 만드는 단어를 잘못 기억할 가능성이 높다. 특히 골치 아픈 단어들은 위의 목록에 포함된 단어들과 의미적으로나 언어학적으로, 혹은 개념적으로 유사한 단어들이다. 제시된 두 번째 단어 목록에는 '단맛'이라는 단어가 있었지만, 처음에 제시했던 단어 목록에는 없었다. 그밖에 다른 모든 단어는 처음에 제시했던 첫 번째 단어 목록과 두 번째 단어 목록에 모두 공통으로 있었다. 또한 두 단어 목록에 포함된 단어들 가운데 대부분은 어떤 식으로든 단맛이라는 단어와 개념적으로 관련이

있었다. 따라서 미각이라는 단어와 관련된 다른 단어들과 더불어 첫 번째 단어 목록에 단맛이라는 단어가 포함되어 있었다고 가정하기는 너무 쉬웠다.

기본적으로 기억 모핑은 기억의 가변성(일정한 조건에 따라 변할 수 있는 성질)을 이용한다. 그렇기에 우리가 과거에 겪었던 무언가를 경험하고 싶을 때마다 재생하는 DVD나 비디오테이프와 같이 당신의 기억력이 부호화되어 있지 않다는 사실을 확실하게 알아야 한다.

유감스럽게도 우리는 우리 뇌가 거짓 기억 정보를 구성하여 잘못 표현하거나 인식하는 방식에 민감할 수 있다는 사실을 염두에 두며 살아가야 한다. 하지만 기억력이 강화된다면, 이에 대응할 수 있다. 5장에서 기억 전쟁과 역사 기억법을 다룰 때 좀 더 자세히 살펴볼 수 있다.

기억 상실증, 아주 흔한 질병

기억 상실증이 매우 흔한 병이라는 사실을 알게 된 점이 정말 놀랍지 않은가? 신경과 전문의로서, 나는 매일 기억 상실증에 관한 사례를 살펴본다. 머리 부상은 기억 상실증의 가장 흔한 원인이다. 전형적으로 집 안에서 넘어지거나 자동차 사고를 당한 사람은 머리 부상에 시달리는 경우가 많다. 그런 사람들은 의식을 잃게 될 수도 있거나 그렇지 않을 수도 있으며, 보통 단 몇 초 동안만 의식을 잃을 수도 있다. 하지만 머리 부상의 심각성과 뇌진탕의 정도에 따라, 머리 부상으로 몇 초에서 한 시간 정도의 범위에 걸쳐 의식을 잃게 되기 이전에 일어났던 사건을 기억할 수 없다. 이런 현상을 '역행성 기억 상실증'이라고 부른다. 이를테면 역행성 기억 상실증은 사고로 머리 부상을 당해 의식을 잃게 되는 시점으로부터 이전에 일어났던 과거 사건들을 기억하지 못하는 질병이다.

어떤 사람들은 '선행성 기억 상실증'에 시달린다. 전형적으로 선행성 기억 상실증에 시달리는 사람들은 제대로 걷고, 조리 있게 말을 잘 하며, 심지어 자신들이 넘어지거나 사고가 발생한 상황에 대해 질문하기도 한다. 하지만 몇 시간이 지나면 사고가 발생한 직후에 자신들이 했던 말과 행동을 거의 기억하지 못한다. 선행성 기억 상실증에 시달리는 사람들은 머리 부상을 당한 후에 다양한 시간 동안 새로 겪은 경험을 기억하지 못한다. 대부분의 경우, 선행성 기억 상실증에 시달리는 사람들의 예후는 양호하지만, 대다수는 기억력 장애를 어느 정도 유지한다. 제한적 기억 상실증에서 완전히 회복되지 않은 사람들 가운데 대부분은 특별히 자신들의 증상을 별로 신경 쓰지 않는다. 하지만 어떤 사람들은 제한적 기억 상실증에서 완전히 회복되지 않은 사람들이 왜 머리 부상을 당했던 사건을 미래에도 기억하고 싶어 하는지를 계속해서 질문한다. 또한 나도 제한적 기억 상실증에서 완전히 회복되지 않은 사람들에게 "왜 당신은 가장 고통스럽고 섬뜩할 정도로 무서웠던 사건을 확실하게 기억하고 싶어 합니까?"라고 질문한다. 제한적인 기억 상실증은 항상 안심할 수 있는 질병이 아니다. 후반부에서 좀 더 자세히 다루겠지만, 기억력이 정체성과 관련되어 있기 때문에, 제한적 기억 상실증에 시달리는 사람들은 자신들이 제한적 기억 상실증에 시달린다는 사실 자체만으로도 매우 당황하고 괴로워한다.

이제는 기억 상실증의 정도로 주제를 옮겨 보자. 자신들이 기억 상실증에 시달리고 있다는 사실을 제대로 인식할 만큼 충분한 기억력을 유지하고 있더라도, 이들은 누구든 방해하고 불안하게 만들 정도의 기억 상실증을 가지고 있을 것이다.

현재에만 머무르는 사람들

기억 상실증은 흔히 영화와 텔레비전 프로그램에서 줄거리의 소재로 다뤄지는 경우가 많다. 2002년 개봉한 미국 영화 〈본 아이덴티티〉에서 주인공인 CIA 암살자 제이슨 본은 자신의 이름이나 과거 사건들에 대한 기억을 상실한 채로 어선에서 깨어났다. 본은 새로운 사건이나 상황들을 학습하고 기억을 새로 형성하는 능력을 여전히 갖추고 있었으며, 그저 자신의 과거에 대한 기억이 사라졌을 뿐이었다.

실제로 특정한 기억력 시스템이 기능을 완전히 상실하거나 제대로 작동하지 않는 상황에 대한 가장 극적인 사례는 뇌가 극심하게 손상된 사람들을 대상으로 진행한 실험에서 비롯된다.

당신이 만성 선행성 기억 상실증과 역행성 기억 상실증에 시달리고 있는 클라이브 웨어링Clive Wearing을 처음으로 만난다면, 매우 뛰어나고 훌륭한 사람을 만난다는 사실을 알게 될 것이다. 웨어링은 유명한 중세와 르네상스 음악학자이고, 국제적으로 명성 있는 합창단의 지휘자이고, 고도의 기술을 보여 주는 오르간 연주자이며 17세기와 18세기, 19세기 음악의 전문가이다. 예를 들어, 찰스 왕세자Prince Charles와 다이애나 스펜서Diana Spencer가 결혼했을 때, 웨어링은 1568년 2월 22일로 거슬러 올라가 바이에른 왕실의 결혼식을 독창적인 연주로 재현했다.

내가 뉴욕 대도시권을 권역으로 하는 공영 텔레비전 방송국 WNET 팀의 구성원으로서 뇌인지 과학 혁신 교육 채널인 〈뇌〉시리즈를 촬영하는 웨어링을 만났을 때, 감사하게도 웨어링은 우리를 위해 흔쾌히 피아노 앞에 앉아 여러 곡을 연주했다. 그런데 그때 이상한 일이 일어났다. 웨어링의 아내인 드보라가 촬영실로 들어오자, 그는 피아노 연주를 멈추고 자신의 아내에게 활기차게 인사했다. 하지만 웨어링은 단 몇 분 동안만 드보라와 잠시 이야기를 나눈 후 피아노 연주를 다시 처음부터 시작했다. 심지어 더욱 이상한 일이 일어났다. 이를테면 우리가 이미 웨어링의 사회적 경력에 관하여 그와 매우 오랜 시간 동안 이야기를 나눴는데도, 웨어링은 연주를 끝마치고서 우리에게 다가와 자신을 다시 소개했다.

1980년대 초, 웨어링은 뇌를 공격하는 헤르페스의 한 유형인 헤르페스 바이러스성 뇌염에 걸렸다. 헤르페스 바이러스는 좌측 전두엽의 상당한 부분과 더불어 해마가 포함된 좌측 측두엽과 우측 측두엽을 매우 심각하게 손상시킨다. 극심하게 손상된 해마는 웨어링이 새로운 기억력을 형성하지 못하도록 방해했다. 이런 이유로 그는 바로 얼마 전에 자신이 촬영장에서 우리와 자신의 아내인 드보라를 만났다는 사실을 기억하지 못했다. 자신에게 일어나는 모든 사건이나 상황에 대한 기억을 10초 이상 유지하지 못할 뿐더러(선행성 기억 상실증), 자신이 과거에 경험한 모든 사건이나 상황도 기억할 수 없었다(역행성 기억 상실증). 새로운 기억력이 형성되지 못하기에 기억 정보를 저장하거나 복구하지 못했다.

웨어링은 헤르페스로 인한 혼수상태에서 깨어난 후, 12인용 병실에 앉아 혼자서 끊임없이 전통 카드 게임인 솔리테어 게임을 즐기고 노트에 반복적으로 기록하면서 자신만의 방식으로 시간을 보낼 운명이라고 생각하게 되었다. 웨어링이 기록한 내용은 '지금 나는 몇 년 만에 처음으로 완전히 깨어났다'로 항상 똑같았다. 그는 같은 내용을 반복적으로 기록하면서도 "나는 그 내용을 기록한 사람이 누구인지 모른다. 노트에 기록한 사람은 내가 아니었다"라며 자신이 기록했다는 사실을 완강히 부인했다.

나는 아내인 드보라에게 그의 상태를 질문했다. 드보라는 이렇게 답했다.

"남편의 세계는 현재 닻을 내린 과거도 없고 앞을 내다볼 수 있는 미래도 없는 한 순간으로 구성되어 있습니다. 그야말로 눈 깜짝할 정도로 매우 짧은 한 순간입니다. 그는 자신의 바로 앞에서 일어나는 사건이나 상황을 인지하지만, 기억 정보는 뇌에 입력되는 순간 곧 서서히 사라집니다. 그래서 어떤 상황에서도 감명 받지 못하고, 어떤 사건도 기억하지 못합니다. 하지만 그는 모든 능력을 갖추고 있어서 무엇이든 완벽하게 잘 해냅니다. 그의 지적 능력은 사실상 손상되지 않은 온전한 상태이며, 당신이나 나와 마찬가지로 자신만의 세상을 인지합니다. 하지만 자신만의 세상을 인지하고 눈길을 다른 곳으로 돌리는 순간, 자신만의 세상은 그에게서 서서히 사라집니다. 그래서 그런 현상은 순간순간의 인식, 말하자면 시간 공백으로 이어집니다. 또한 그 순간 전의 모든 인식은 완전히 사라집니다. 게다가 마치 자신이 항상 새롭게 다시 깨어나고 있는 듯 느끼며, 언제나 자신이 대략 2분 정도 깨어 있었다고 생각합니다."

웨어링은 일화 기억을 형성하거나 부호화할 수 없기에, 그에게는 절차 기억을 학습하기 위한 단 하나의 방법만이 남아 있다. 이러한 방법을 자주 반복한다면, 분명히 새로운 절차 기억은 일화 기억을 완전히 건너뛴 채로 형성될 수 있다. 예를 들어 본 적도 없거나 본 기억도 없는 비디오 영상을 수없이 반복한 후, 그는 그 비디오 영상을 어떻게 학습했는지를 정확히 인지하지 못한 채 영상에서 곧 펼쳐질 부분을 예측할 수 있었다. 그는 자신이 음악 분야에서 평생 동안 뛰어난 경력을 쌓아 온 유명한 인물이라는 사실을 기억할 수 없다. 하지만 절차 기억을 담당하는 뇌 영역이 손상되지 않은 덕분에, 여전히 복잡한 고도의 기술을 보여 주며 악보를 처음 보고도 즉석에서 피아노와 오르간을 구성하여 연주하고, 합창단을 지휘할 수 있다. 이러한 음악적 능력을 표출할 방법이 없었다면, 그는 아마도 수년 전에 음악적인 분야에서 스스로를 없애버렸을 것이다.

드보라는 다음과 같이 말했다.

"남편의 상태 가운데 가장 슬프고 안타까운 부분은 그가 자신에게 일어난 사건이나 상황을 이해할 수 없다는 점입니다. 심지어 당신이 자신에게 무언가를 말하고 있는 동안에도 당신이 말한 이전 문장을 기억하지 못하기에, 당신이 자신에게 어떤 말을 하는지를 파악할 수 없습니다. 그래서 누군가가 자신에게 전하는 말을 결코 이해하거나 파악하지 못합니다."

뇌 손상으로 기억을 잃은 헨리 몰래슨

극심한 기억 상실증에 시달리는 클라이브 웨어링의 사례를 자세히 살펴보았지만, 신경 심리학 문헌에서 수년간 알려진 헨리 구스타프 몰래슨Henry Gustav Molaison은 수술로 해마를 포함한 내측 측두엽이 제거된 형태에서 기억 상실증에 시달렸다. 어린 시절, 몰래슨은 흔히 하루에 10번 이상 발생하는 난치성 발작 장애를 경험하면서 영구적인 뇌 손상이나 심지어 죽음의 위협을 받는 경우가 많았다. 발작 장애는 뇌의 한쪽 반구에서 다른 한쪽 반구로 전기 에너지가 이리저리 신속하게 과잉 방출되어 비정상적인 전기 활동으로 인해 일시적으로 갑작스럽게 발생하며, 반복적으로 일어난다. 신경외과 의사들은 대뇌 측두엽의 한쪽에 존재하는 해마에서 대뇌 측두엽의 다른 한쪽에 존재하는 해마로 전기 에너지가 과잉 방출되고 있다는 사실을 매우 강하게 의심했다. 결국 치료법에 따라, 신경외과 의사들은 몰래슨의 우측 측두엽과 좌측 측두엽에서 해마와 편도체를 제거했다. 수술은 그런대로 수월하게 진행되었고, 만족스럽게 성공하여 발작 장애 증상이 멈췄다. 하지만 모순적으로 수술 직후에 새로운 발작 장애 증상이 나타났다.

수술 이후 몰래슨은 특정한 유형의 기억력 장애를 매우 구체적으로 겪기 시작했다. 이를테면 그는 이제 더 이상 자신이 아침 식사로 어떤 음식을 먹었는지 기억할 수 없거나, 자신이 왜 병원에 입원해 있었는지 상황을 종합적으로 맞추지 못했다. 그리고 자신이 예전에 만났던 사람을 인식하지 못하거나, 심지어 바로 몇 초 전에 일어났던 만남에 대해서도 기억할 수 없었다. 그를 담당하는 신경 심리학자 브렌다 밀너Brenda

Milner와 매일 검사를 통해 날마다 만났다고 하더라도, 몰래슨은 자신이 밀너와 만났던 상황이나 장소를 기억할 수 없었다. 심지어 점심시간 가운데 짧은 시간 동안에도, 몰래슨은 밀너와 만나서 오후 검사를 진행했다. 하지만 그는 아침에 밀너와 만나서 기억력 검사를 진행했던 상황을 기억하지 못했다.

몰래슨은 수술한 지 얼마 되지 않아 자신의 삼촌이 사망하여 비통해 하며 슬퍼했다. 하지만 슬픔을 표현한 지 하루만에, 마치 삼촌이 여전히 살아 있는 것처럼 이야기했다. 삼촌이 몇 달 전에 이미 사망했다는 소식을 다시 전해 들었을 때, 몰래슨은 놀라움과 슬픔을 다시 새롭게 드러냈다. 이런 심각한 혼란에도 기억력을 형성하는 측면에서 몰래슨은 웨어링과 대조적으로 뇌수술을 시행하기 전에 발생했던 사건이나 상황에 대한 기억력을 바람직하게 유지했다. 웨어링은 선행성 기억 상실증과 역행성 기억 상실증에 시달렸지만, 그의 기억력 장애는 주로 선행성 기억 상실증으로 제한되었다. 따라서 헨리 몰래슨은 새로운 기억을 형성할 수 없었다.

헨리 몰래슨의 성격은 기본적으로 변하지 않았다. 수술하기 전부터 몰래슨을 잘 알았던 사람들은 그의 성격이 수술 전과 후가 똑같았지만, 수술 전에는 몰래슨이 심각한 기억력 장애에 시달렸다고 진술했다. 몰래슨은 집중적으로 한 가지 사건에만 주의를 기울일 때마다 바로 조금 전에 경험했던 사건을 즉시 잊어버렸다. 그는 자신에게 매일매일 일어나는 사건을 계속해서 추적 관찰하고자 스스로 노트에 기록해야 했다. 한 가지 사건에 자신의 주의력을 고정할 수 있는 한, 그 한 가지 사건을 잊지 않고 계속해서 기억할 수 있었다. 하지만 주의력을 현재의 사건에서 단 1초만이라도 바로 옆에서 벌어지는 사건으로 옮긴다면, 현재의 사건에 대한 기억력은 카드로 엉성하게 지은 집처럼 무너져 내렸다.

기억 조각을 연결시키지 못하는 뇌 손상

나는 항상 몰래슨이 어떻게 자신의 과거 기억에 접근할 수 있었는지 궁금했다. 그의 과거 기억은 손상되지 않은 대뇌 신피질, 특히 시각과 청각, 촉각 등과 관련된 영역에 저장되었지만, 그가 예전의 기억을 다시 경험하기 위해서는 기억을 저장한 영역이 해마와 다시 한 번 더 상호 작용할 필요가 있어 보일 것이다. 하지만 몰래슨의 경우에는 우측 측두엽과 좌측 측두엽에 모두 존재하는 해마가 수술로 제거되었다. 이러한 사실은 수수께끼 같은 상황으로 남아 있으며, 나는 일단 어떠한 사건에서 뇌가 손상되면 뇌를 구성하는 요소들이 그저 레고 조각들처럼 재구성될 수 없다는 사실을 독자들에게 상기시키고자 이러한 사실을 이야기할 뿐이다.

그렇다면 웨어링과 몰래슨의 비극적인 사례들 가운데 어떤 사례에 속하고 싶은가? 클라이브 웨어링의 사례인가, 아니면 헨리 몰래슨의 사례인가? 여기에서 잠시 멈추고 앞으로 당신의 인생이 어떻게 펼쳐질지를 곰곰이 생각해 보길 바란다. 혹시라도 이 두 사람의 비극적인 사례들 가운데 하나를 선택하도록 강요받는다면, 나는 확실하게 대부분이 몰래슨의 사례를 선택하리라고 생각한다. 왜냐하면 몰래슨은 자신의 뇌가 손상되기 전에 일어났던 사건들에 계속 접근할 수 있기 때문이다.

그에 반해서 웨어링은 뇌가 손상되기 전에 일어났던 사건들에 접근할 수도 없고(역행성 기억 상실증), 뇌가 손상된 후에 일어난 사건들에 대하여 새로운 기억력을 형성할 수도 없었다(선행성 기억상실증).

갑작스레 찾아오는 기억력 장애

가족과 함께 해수욕장으로 휴가를 온 55세 남성은 물놀이를 즐기다 갑자기 물 밖으로 나와 아내에게 다가가 “우리가 지금 여기에서 뭘 하고 있는 거죠? 누가 우리를 이곳으로 데리고 왔나요?”라고 물었다. 그 후 5분 정도가 지나자, 남성은 점점 더 불안해하는 모습을 보이며 똑같은 질문을 반복했다. 남성은 불안감이 걷잡을 수 없이 커진 상태에서도 가족들을 인식하고 대응했지만, 해수욕장으로 휴가를 온 과정을 전혀 기억하지 못했다. 가족들은 남성이 뇌졸중에 시달리고 있을 수도 있다는 사실에 무척 걱정하며, 해수욕장에서 가장 가까운 응급실로 데려갔다. 신체검사를 시행한 결과, 신경과 전문의는 이상 증상을 전혀 발견하지 못했다. 하지만 남성의 정신 평가를 시행한 결과, 신경과 전문의는 남성이 해수욕장에서 극적인 이상 증상을 보이고 현재 병원에 방문하기 몇 주 전부터 계속 심각한 기억 상실증에 시달리고 있었다는 사실을 발견했다.

신경과 전문의는 응급실을 방문한 남성과 그의 가족과 친구들을 모두 불러 모아 앞으로 12시간 정도가 지나면 환자의 모든 극적인 이상 증상이 해결될 거라고 안심시켰다. 의사는 일단 남성의 이상 증상을 '일과성 완전 기억 상실증(TGA, Transient Global Amnesia)'으로 인지했기에 남성이 그런 불안한 모습으로 당황스러운 이상 증상을 보였더라도 곧 완전히 해결되리라고 확신할 수 있었던 것이다. 의사가 예측한 대로, 기억 상실증 증상은 남성이 호텔 객실로 돌아온 지 3시간 정도 지나 확실하게 사라졌다. 가족들은 남성의 기억 상실증 증상이 호전되어 무척 기뻐했다. 그러나 정작 본인은 자신이 해수욕장에서 이상 증상을 보였던 사건이나, 해수욕장에 오기 며칠 전부터 일어났던 사건을 전혀 기억할 수 없었기 때문에 가족들과 함께 기쁨을 나누지 못했다.

일과성 완전 기억 상실증은 흔하지도 않지만 희귀하지도 않은 유형의 기억 상실증이며, 주로 50세에서 70세 사이의 남성들에게 영향을 미친다. 기억력 전문가들은 일과성 완전 기억 상실증이 뇌로 공급되는 혈류량이 감소한 현상과 관련되어 있을 수 있다고 생각한다. 하지만 현재는 급성 기억 상실증 증상인 일과성 완전 기억 상실증에 관한 이런 설명이 보편적으로 받아들여지지 않고 있다. 그러나 일과성 완전 기억 상실증은 전형적으로 정신 상태가 정상이며 흔히 일과성 완전 기억 상실증 증상이 나타난 지 6시간에서 10시간 정도 이내에 완전히 호전되는 경우가 많다. 일과성 완전 기억 상실증은 거의 재발하지 않으며, 스트레스를 받거나, 성관계를 하거나, 앞에서 언급한 남성과 같이 차가운 물에 전신이 노출될 경우가 원인이 되어 발생할 수 있다. 이런 증상을 대단히 흥미롭게 다루는 이유는 일과성 완전 기억 상실증이 우리에게 기억력의 중요성을 강조해 주기 때문이다.

일과성 완전 기억 상실증에 영향을 받는 사람들은 겨우 몇 분이나 심지어 몇 초의 시간 내에 자신의 기억력을 상실한다. 게다가 일과성 완전 기억 상실증에 시달리는 환자들은 결국 증상이 정상으로 호전되더라도, 증상이 나타나는 동안 발생한 모든 사건을 기억하지 못하며 일과성 완전 기억 상실증이 영구적으로 남는다. 환자가 일과성 완전 기억 상실증 증상이 나타나는 동안 겪고 기억하지 못한 자신의 낯선 경험을 나중에 묘사하며 자세히 설명할 때는 자신에게 전혀 일어나지 않은 사건이 아니라 자신과 관련된 사건을 관찰한 관찰자의 기억력을 기반으로 한다.

일과성 완전 기억 상실증은 또 다른 급성이나 아급성 기억 상실증 증상으로서 자신의 과거나 정체감에 대한 기억을 상실하여 특별한 목적지도 없이 여기저기를 배회하는 배회증(둔주)과 같은 유형이다.

스트레스가 기억력에 미치는 영향

몇 년 전 나는 개인적으로 38세 농부 T를 진료했다. T는 아무런 언급도 없이 자신의 새 신부를 홀로 남겨 두고 2주간 메릴랜드주 지방에 있는 자신의 집에서 차로 운전하여 자신이 예전에 단 한 번도 방문한 적이 없던 코네티컷주로 이동했다. T는 코네티컷주의 작은 마을에 도착하여 모텔에서 숙박하려고 시도했다. 그런데 모텔의 야간 직원이 언급한 바에 따르면, T는 모텔에서 숙박하려고 시도하는 내내 '의심스러운' 행동을 하고 있었다. T는 모텔 장부에 서명할 때 자신의 이름과 주소를 기억하고자 자신의 운전 면허증을 자세히 들여다보아야 했다. 또한 T는 자신이 어디에서 사는지, 원래 어디를 여행하려고 했는지에 관하여 확실하게 기억나지 않는다는 사실을 수차례 언급했다. T는 여행 가방도 들고 있지 않았다. 결국 야간 직원은 코네티컷주 소속 경찰관을 불렀다. 코네니컷주 경찰관은 몇 분 만에 모텔에 도착하여 T를 경찰서로 다시 데려갔다.

코네티컷주 소속 경찰관은 T의 운전 면허증을 주의 깊게 살펴본 후, T가 사는 워싱턴 D.C. 인근의 작은 농촌을 담당하는 경찰관에게 연락을 취했다. 결국 경찰관들은 T의 아내와 이야기를 나눴는데, T의 아내는 자신의 남편이 어디를 갔는지 전혀 모른다고 경찰관들에게 필사적으로 알렸다. 그 후 몇 시간이 지나자, 워싱턴 D.C.에서 사는 한 이웃 주민이 코네티컷주 경찰서까지 차를 몰고 가서 T를 다시 데려와 집으로 되돌려 보냈다. T가 워싱턴에 있는 병원으로 옮겨진 때는 그 시점이었고, 그때 나는 T를 진단해 달라는 요청을 받았다.

정체성을 상실하게 되는 배회증

T는 자신이 어떻게 코네티컷주까지 가게 되었는지 당황스러워했다. 자신이 실종된 당일에 농장에서 작업한 사실을 기억했지만, 점심 시간 후에 일어난 사건은 제대로 기억하지 못했다. 특별히 T에게 점심 시간

후에 일어난 사건을 기억나는 대로 구체적으로 설명해 달라고 요청하자, T는 자신이 코네티컷주까지 차를 몰고 간 이유를 전혀 기억하지 못했다. 그리고 그날의 긴박하고 무서웠던 경험을 겨우 생각해 내면서 자신이 워싱턴 D.C.에서 남쪽으로 65킬로미터 정도 떨어진 자신의 집에서 차를 몰고 나와 코네티컷주의 작은 도시에 도착했던 과정과 방법을 간신히 부분적으로만 설명할 수 있었다. 모텔의 직원과 코네티컷주 소속 경찰관이 보고한 세부 사항들을 제공받아 T에게 제시했을 때, 그는 자신이 보였던 행동을 믿지 못하는 듯 고개를 저었다.

T는 곧 자신의 신원을 확인할 수 있었지만, 기억이 되돌아와 상황을 완전히 정확하게 파악하기까지는 하루 이상이 걸렸다. T는 의식을 완전히 되찾으면서 자신에게 기억 상실증이 초래하게 된 원인에 대하여 불안감을 내비쳤다. 심리 치료와 우울증 치료를 시작한 후부터는 쓸쓸한 은둔자인 T가 신혼 생활에 스스로 적응하는 데 매우 어려움을 겪은 이야기를 털어놓았다. T는 새 신부와 결혼한 뒤 더 이상 대부분의 시간을 자기 혼자서 보낼 수 없다는 사실을 무척 유감스럽게 생각했다.

기억 상실증의 두 가지 유형인 일과성 완전 기억 상실증과 배회증은 극심할 정도로 갑작스럽게 발병하는 기억 상실증에 속한다. 일과성 완전 기억 상실증을 경험하는 사람들은 자신이 누구인지를 제대로 파악하거나 가족과 친구들을 인식하는 등 개인적인 정체성을 계속해서 의식할 수 있으며, 오로지 현재 상황만을 기억할 수 없다. 하지만 배회증에 시달리는 사람들은 개인적인 정체성을 일시적으로 상실한다.

일과성 완전 기억 상실증과 배회증은 또한 기억 장애의 인과관계 측면에서도 명확하게 다르다. 비록 신경과학자들이 일과성 완전 기억 상실증과 관련된 뇌의 영역이나 회로에 관하여 확신하지 못하더라도, 대부분의 사람은 일과성 완전 기억 상실증이 뇌를 기반으로 한다는 사실에 동의한다. 반면에 배회증은 일반적으로 심리학적인 정신 현상에 기반을 둔 심리적 장애로 간주된다. T는 집을 나와 자신도 알지 못하는 낯선 지역으로 여행을 떠나는 동안 자신의 기억력과 정체성을 부분적으로 상실했다. 이러한 배회증은 전체적으로 일과성 완전 기억 상실증과 뚜렷하게 중요한 차이점을 보이지만, 여전히 해답을 알 수 없는 의문들만 남아 있다. 어떻게 전적으로 심리적 장애에 시달리는 사람들이 자신의 기억력을 상실하게 될 수 있을까?

일과성 완전 기억 상실증과 배회증은 둘 다 기억력이 부분적으로 상실되거나 완전히 상실된다. 배회증은 스트레스가 거의 모든 경우에 영향을 미치고, 일과성 완전 기억 상실증은 스트레스가 매우 드물게 영향을 미친다. 어쨌든 스트레스는 기억 장애의 인과 관계 측면에서 매우 강력한 요소로 작용한다. T는 신혼 생활에서 느끼는 불안감에 대응하여 정체성의 상실을 겪게 되었다. 간단히 말해서, 배회증에 시달리는 T는 간편하게도 신혼 생활에서 느끼는 불안감에서 자유롭게 벗어났다. 하지만 그 대가로 자신의 정체성을 상실하게 되었다.

하지만 기억력에 관한 많은 뚜렷한 차이점들과 마찬가지로, 일과성 완전 기억 상실증과 배회증 증상은 절대로 100퍼센트 확신할 수 없다. 일과성 완전 기억 상실증은 불안감에 일시적으로 반응할 수 있으며, 때때로 배회증은 특히 스트레스가 가득한 상황에서도 반응하지 않을 수도 있다. 따라서 기억력 상실은 탑이 무너지지 않도록 주의하며 직육면체 한 조각을 빼내어 맨 위에 다시 쌓아 올리는 젠가 게임과 유사할 수 있다. 이를테면 어떤 이유로든 간에 기억력이 하나라도 제대로 기능하지 못한다면, 모든 기억력 체계는 붕괴될 수 있다(일과성 완전 기억 상실증). 또한 배회증과 마찬가지로 기억 상실증이 부차적으로 심리적 장애에 영향을 받는다면, 기억력이 상실되는 과정은 한층 더 서서히 진행될 수 있다. 일과성 완전 기억 상실증과 배회증에 시달리는 사람은 현재 자신에게 일어나고 있는 사건이나 그 사건이 일어나는 이유를 합리적으로 생각하지 못한다. 최종적으로 일과성 완전 기억 상실증과 배회증을 뚜렷하게 구별하는 차이점은 경험자의 반응을 포함한다. 전형적으로 일과성 완전 기억 상실증에 시달리는 사람들은 매우 혼란스러운 상황에 동요되어 불안해하거나 당황한다. 반면에 배회증에 시달리는 사람들은 매우 혼란스러운 상황에 무관심하고 침착하다.

스스로 회복된 뇌 손상

때때로 심각한 기억력 장애는 심지어 뇌가 손상되었을 때도 스스로 회복될 수 있다. 고인이 된 재즈 기타리스트 팻 마티노Pat Martino는 이전 상태로 되돌릴 수 없을 만큼 극심한 기억력 장애 증상이 나타났어도 회복될 수 있다는 용기와 희망을 불어넣어 준 사례로 주목받게 되었다.

팻 마티노는 자신의 자서전《지금 여기》에 1977년 30대 초반에 마티노는 프랑스 무대에서 공연을 펼치던 중 일어난 상황에 대해 다음과 같이 기록했다.

“대략 30초 정도 기타 연주를 멈추고 무대에서 가만히 서 있었다. 기억력 장애 발작이 일어난 바로 그 순간에는 마치 내가 블랙홀로 빠져들거나, 모든 것이 내게서 빠져나가는 것처럼 느껴졌다.”

진단 정밀 검사 결과, 뇌 동정맥 기형이 드러났다. 뇌 동정맥 기형은 선천적으로 뇌가 발생하는 과정에서 동맥과 정맥 사이에 모세혈관이 생성되지 않아 뇌동맥과 뇌정맥이 복잡하게 뒤얽혀 바로 연결되어 혈관 덩어리를 형성하는 질환이다. 뇌동맥과 뇌정맥이 언제라도 파열될 수 있으며, 결국 심각한 기억력 장애나 사망으로 이어진다. 뇌 동정맥 기형을 진단받은 마티노는 이례적으로 기타를 연주할 능력을 상실한 사례와 더불어 심각한 기억력 장애를 성공적으로 회복할 작업이 필요했다. 사실, 그는 예전에 기타를 연주해 본 적이 있다는 사실을 기억하지 못했다.

“무엇인가를 기억하지 못한다면 그 존재를 알 수 없다고 생각한다. 내가 병원에 입원해 있었을 때, 침대 옆에 서 있던 두 사람이 우리 부모님이었다는 사실을 알았다면… 나는 그 상황에 따라 일어나는 감정을 느꼈을 것이다. 그리하여 우리 부모님이 당시에 경험한 상황은 내게도 매우 고통스러웠을 것이다. 하지만 내가 병원에 입원해 있었을 때 우리 부모님이 아닌 그저 낯선 사람으로 보였기에, 그 상황은 내게 전혀 고통스럽지 않았다.”

마티노가 회복하는 동안, 그의 부모는 마티노가 자신의 앨범에 실린 곡을 연주하는 사진과 가족사진을 활용하면서 심각한 기억력 장애를 회복하도록 도왔다. 마티노가 다시 기타 연주를 시작하도록 격려하는 방식은 또 다른 유형의 기억력 장애 치료법이었다.

“일단 기타를 연주해 보기로 결정하자 나는 마치 수년간 자전거를 타지 않았던 어린아이가 다시 자전거를 타듯이, 내가 직접 기타를 익숙하게 연주하는 모습을 마음속으로 활성화시켰다. 이때 제대로 활성화되지 않는 순간들도 있었지만, 어느 순간 나도 알지 못하는 사이에 순조롭게 진행되었다. 몇 차례 실수를 거듭한 후에는 내가 기타를 연주하는 모습이 마음속에 확실하게 떠오른 다음 더욱 강력하게 선명해졌다.”

기타를 연주하는 방식을 다시 배우는 과정은 마티노가 기타를 완전히 다시 인식하는 부분에서 꼭 필요한 단계였다.

1980년대 중반, 마티노는 우선 다시 녹음할 수 있을 정도로 연주 능력을 회복했다. 그는 자서전에서 자신이 어떻게 능력을 회복했는지를 자세히 설명한다. 그는 자서전에 다음과 같이 기록했다.

“기타를 연주하는 방법을 이해하고 계속 연주할수록, 연주하던 기억과 근육 기억이 머릿속에 잠깐씩 떠오르다가 손가락으로 기타 현을 누르는 지판의 모양이나 집에서 다른 방으로 향하는 계단들 등이 서서히 눈앞에 어른거리곤 했다. 집에는 오로지 나만이 알고 있는 비밀의 문이 존재하고, 나만이 알고 있다는 사실 자체가 기분 좋은 일이기에 상상 속에서 그 비밀의 문을 자연스럽게 통과한다.”

그가 자서전에서 언급한 ‘집에서 다른 방으로 향하는 다른 계단들’과 ‘집에서 오로지 나만이 알고 있는 비밀의 문’은 팻 마티노가 기억의 궁전에서 제시한 기억력 강화 방법에 이끌리거나 익숙해졌을 수 있다는 사실을 암시한다. 어쨌든 마티노는 2001년 〈요시 클럽에서 공연한 실황〉

앨범과 2003년 〈씽크 탱크〉 앨범으로 그래미 어워드 수상 후보에 오를 만큼 연주 능력과 더불어 심각한 기억력 장애를 성공적으로 회복했다.

무엇을
하려 했는지
기억나지 않는다면

기억은 기분에 영향을 받기도 한다. 현재 우울한 기분을 느끼고 있을 때는 과거의 슬픈 기억을 떠올리거나 깊이 생각하는 경향이 있다. 이러한 현상은 현재 가라앉은 우리의 감정을 더욱 부정적인 감정으로 악화시키고, 결국 임상 우울증으로 이어질 수 있다는 사실을 강조한다. 사실, 심각한 우울증의 가장 고통스러운 측면은 과거에 실패한 사건이나 상황, 혹은 그 사건을 무능력하게 처리한 기억 등을 실제로든 상상으로든 간에 계속 되새기는 데서 생겨난다. 기분이 좋아지기 시작하면, 다른 기억이 고통스러운 기억을 대체하기 시작한다. 얼마 전까지만 해도 스트레스와 괴로움을 유발했던 기억이 변화한다. 그리고 지금까지 끔찍하게 기억해 온 상황들을 결국 별로 대수롭지 않은 상황으로 기억하게 된다. 이때부터는 기분이 더 좋아지면서 더욱 즐겁고 행복한 기억들이 떠오르기 시작한다.

또한 기억과 기분의 상호 작용은 새로운 기억력을 형성하는 데에도 매우 중요한 역할을 한다. 조명이 밝고 조용한 방과 같이 마음이 편안하거나 친숙한 학습 공간에서 꾸준히 공부한 학생들은 특히 공부하는 시간에 자신들이 느끼는 기분에 따라 학습 내용을 명확하게 기억하는 정도가 달라진다. 심지어 학습 환경이 공부하는 시간마다 바뀌지 않더라도 기분 변화, 특히 부정적인 기분은 결국 학습 능력 장애와 나중에 기억력 장애를 초래할 수 있다.

기분 의존 기억에 관한 사례들은 현재의 기분이 과거 기억과 미래 기억에 어떤 영향을 미칠 수 있는지를 분명히 보여 준다. 이를테면, 당신이 기억할 수 있는 과거의 사건이나 상황은 현재의 기분 상태에 따라 달라진다. 그리고 현재의 기분은 결국 당신이 미래의 어느 적절한 시점에 어떤 일을 수행할 지를 스스로 상상할 수 있는 미래 기억을 결정한다.

방에 들어 온 이유가 기억나지 않을 때

나이가 들어갈수록 스스로 기억력 장애를 예방하려고 노력하지 않는다면, 지극히 전형적인 유형으로서 미래 기억 장애로 알려진 기억 상실증의 증상이 심화될 수 있다. 기억 상실증은 어떤 일을 완전히 실행할 의도가 있었지만 그 사실을 깜빡 잊으면서 결과적으로 그 일을 실행하는 데 실패한 상황과 관련이 있다. 미래 기억 상실에 관한 사례는 어떤 목적 때문에 방에서 나와 다른 방으로 이동했으나, 어떤 일을 하려고 했는지를 기억하지 못하는 일반적이고 지극히 전형적인 경험과 관련되어 있다. 원칙적으로 그러한 현상은 심각한 기억력 장애의 징후가 아니다. 아마도 우리가 한 방에서 또 다른 방으로 짧은 여행을 할 때, 어떤 산만한 상황이 생각하던 일을 실행하지 못하도록 방해했을 것이다. 대다수는 이런 상황에 좌절감을 느낀다. 하지만 우선 다른 방으로 출발하기 전까지 처음 목적을 계속 되새기고 그 목적을 정신적으로 재생한다면 기억력을 회복할 수 있다.

여기에서는 당황스러울 정도로 흔한 유형의 미래 기억 장애를 설명하려고 한다. 예전에 누군가에게 어떤 일을 하겠다고 한 약속을 계속 잊어버리는 경험을 해 본 적이 있는가? 예를 들어, 사무실에서 내일 당신이 책을 가져와 빌려주겠다고 약속하면서 직장 동료를 안심시켰다. 그러나 "이번에는 정말 잊어버리지 않고 기억할게요"라고 말했지만 그 약속을 또 잊어버린다. 미래에 어떤 일을 실행하거나 기억하겠다고 스스로 약속했으나 이런 당혹스러운 경험을 했다면, 당신은 미래 기억 장애에 시달리고 있었을 수도 있다.

하지만 이런 실패가 발생하는 가장 일반적인 원인은 기억력과 아무런 관련이 없다. 미래 기억 장애는 다른 사람이 우리에게 요구하는 일을 스스로가 하기 싫거나 꺼리기 때문에 발생한다. 그래서 이런 문제를 가장 먼저 해결해야 한다. 당신은 정말로 직장 동료에게 책을 빌려주고 싶은가? 혹시 당신은 직장 동료가 책을 다시 돌려주지 않을까 봐 우려스러운가? 미래 기억 장애에 시달리는 사람은 때때로 사형에 처할 만한 살인자("내가 권총을 발사한 사건이나 상황이 기억나지 않는다")부터 사회적 활동에 사전 연락도 없이 불참하는 사람("비록 내가 날짜를 잊어버렸다고 하더라도,

나는 어쨌든 그 사람과 데이트를 하고 싶지 않았다")에 이르기까지 모든 사건이 나 상황에 핑계만 대며 변명을 늘어놓는다. 하지만 이 경우에, 당신이 직장 동료에게 진심으로 책을 빌려주고 싶으나, 사무실로 가져와야 한다는 사실을 기억하지 못한다고 가정해 보자.

내 생각에는 지금 기억하고 있는 어떤 일을 미래에 해야 한다고 기억하는 것 자체가 독특한 현상이기에 미래 기억이 매우 어렵고 힘든 듯하다. 사실은 나도 가끔 미래 기억 장애를 경험했으며, 이를 해결할 나만의 방법도 있다. 하지만 내가 미래 기억을 해결하는 방법을 제시하기 전에, 우선 당신은 여기에서 잠시 멈춘 다음 미래 기억 장애가 계속된 후로 당신이 그 책을 사무실로 가져와야 한다는 사실을 자신에게 상기시키도록 스스로 어떻게 해야 할지를 자문해 보길 바란다.

미래 기억 장애를 해결할 나만의 방법은 다음과 같다. 나는 현재 데이빗 루니David Rooney의 《어바웃 타임: 열두 개의 시계 속 문명사》를 읽고 있다. 그래서 그 책을 사무실로 가져가려고 생각했다면, 나는 우리 집 안에서 보이는 현관문을 커다란 시계 형태로 마음속에 그릴 것이다. 하루를 시작하면서 집을 나설 때는 현관문에서 마음의 눈으로 보이는 커다란 시계가 내게 그 책을 상기시켜 줄 것이다. 그렇다면 미래 기억 장애를 해결할 당신만의 방법은 무엇인가?

자살 사고를 목격한 기관사의 기억

아프리카계 미국인인 40세 남성 트로이는 "비록 마르시는 사망했지만, 가끔 저는 제가 지금 당신을 보는 것만큼이나 또렷하게 마르시를 볼 수 있습니다"라고 이야기한다. 트로이는 자신이 현재 지속적으로 곤경에 처하게 된 상황을 계속해서 말한다. 45세 노숙자 여성인 마르시는 4개월 전에 워싱턴 D.C에서 지하철역에 들어가 선로로 뛰어 내린 뒤 열차가 플랫폼으로 들어서자 무릎을 꿇는 자세를 취하면서 자살했다. 트로이는 그때 당시 열차 기관사였다.

마르시를 들이받은 지 몇 초 후, 트로이는 열차를 멈추고 기관실에서 뛰어내렸다. 트로이는 "저는 열차의 양쪽 측면을 따라 쭉 길게 이어져 퍼진 피를 본 기억이 납니다"라고 말했다. 제정신이 아닌 상태에서, 트로이는 종합 상황실에 전화를 걸어 "피투성이! 피투성이!"라는 단어를 반복했다. "피투성이! 피투성이!"라는 단어는 누군가가 플랫폼으로 들어서는 열차 앞으로 뛰어든 상황을 기관사가 종합 상황실에 전달할 때 사용하는 암호이다. 몇 분 후, 트로이는 경찰관이 묻는 질문에 답변하면서 '멍한 기분'을 느꼈다. 어느 순간, 정신이 산만해진 트로이는 몹시 야윈 마르시의 시신을 선로에서 치우고, 열차의 양쪽 측면과 앞부분에 퍼진 마르시의 혈액을 씻어내는 등 섬뜩한 작업에 몰두하며 분주하게 바쁜 청소부 쪽으로 몸을 돌렸다.

그 후 며칠 동안, 트로이는 잠을 설쳤고, 선로에서 마르시가 얼굴을 들어 열차를 운전하는 자신을 올려다보는 꿈을 꾸며 잠에서 깨는 경우가 많았다. 자가용을 운전할 때는 보행자가 인도에서 차도로 갑작스레 뛰어들어 자신의 차 아래로 몸을 던질까 봐 몹시 두려워하며 끔찍한 공포를 반복적으로 경험했다. 그런 다음에는 집을 나설 때마다 호흡 곤란과 두려움이 뒤따랐다. 트로이는 다양한 신문을 정기적으로 구독했지만, 자신이 언급한 '사고'를 떠올리지 않은 채 무섭고 두려운 생각에서 완전히 벗어나기 전까지 더 이상 사고에 관한 기사를 한 단락이나 심지어 한 문장도 끝까지 읽을 수 없었다. 그는 자신의 내면에 살아 있는 감각을 유지하기 위해 배경 소리가 들리도록 텔레비전을 틀어 놓았을 때나 심지어 텔레비전을 꺼 놓았을 때도 갑작스러운 소리나 시끄러운 소리에 지나치게 깜짝 놀라며 과잉 반응을 보였다. 하지만 트로이가 고통스럽게 겪는 이런 모든 경험 가운데 가장 좌절감을 느끼는 경험은 '마르시가 불시에 보이는 현상'이었다.

"저는 텔레비전에서 눈길을 돌리면 마르시를 볼 수 있습니다. 마르시는 제 방 안에 있는데, 사고 당시 선로에서 저를 올려다볼 때와 똑같은 표정으로 저를 응시하고 있습니다. 가끔은 마르시를 또렷하게 볼 수 있고, 평소에는 제 방 안에 마르시가 있다는 느낌만 듭니다. 마르시가 사망했기 때문에 방 안에 있을 리가 없다는 사실을 마음속으로 잘 알고 있습니다. 그래도 어쨌든 그녀가 있습니다."

트로이가 신경정신과 진료를 문의하고자 나를 찾아온 후 처음으로 그와 이야기를 나눴을 때, 그는 혼자서 완전히 고립되어 거의 집 밖에 나가지를 않았다. 그의 여자 친구는 외톨이처럼 홀로 동떨어져 있는 트로이와 만나거나 이야기를 나눌 수도 없다고 하소연하며, 그런 트로이를 사소한 일에도 '버럭 화를 내는' 사람으로 묘사했다.

트로이는 내게 "아직 아무도 만나고 싶지 않습니다. 사람들은 제가 마르시에 관해 이야기하면 제 이야기를 믿어 주지 않습니다. 그래서 저는 그냥 혼자 집에 머물러 있는 게 훨씬 더 마음이 편합니다"라고 말했다.

트로이가 지하철 사고를 경험한 후 마음에 큰 충격을 받아 불안 증상을 나타냈기에, 외상 후 스트레스 장애로 진단했다.

부정적 감정이 기억에 미치는 영향

외상 후 스트레스 장애는 자발적으로 억누를 수 없는 고통스러운 기억으로 인해 발생하는 질환이다. 다시 말해서 충격적인 사건을 경험한 후 그와 유사한 사건이 현재에 일어날 경우 예전에 느꼈던 공포감을 다시 느끼며, 무작위로 또는 더 일반적으로 고통스러운 감정에서 벗어나고자 에너지를 소비하게 되는 질환으로서, 정상적인 사회 활동에 악영향을 끼친다. 과거에 겪은 충격적인 상황과 유사한 상황을 경험하는 동안 그때의 공포감을 다시 느끼면서 활성화되는 증상들은 그 상황을 다시 경험하는 듯이 고통스러운 장면이 갑자기 생생하게 떠오르는 회상이나 불쾌한 꿈, 사라지지 않는 무서운 생각 등 트로이가 극심한 고통에 시달리던 증상들 대부분을 포함한다. 트로이는 또한 회피 증상, 이를테면 마르시가 사망했던 끔찍한 지하철 사고를 상기시키는 사람들과 사건, 상황들을 계속 멀리 피하는 증상이나, 극심한 공포감이나 공황 발작이 일어나지 않도록 더 이상 지하철역에 들어갈 수 없는 증상도 경험하고 있었다.

근본적으로 이런 두 유형의 기저에는 트로이와 그 주변 사람들에게 가장 스트레스를 안겨주는 각성 증상, 이를테면 조그마한 자극에도 지나치게 깜짝 놀라며 과잉 반응을 보이는 증상이나, 공포감에 휩싸이면서 계속 마음이 초조하고 불안하여 어찌할 바를 모르는 증상, 자주 불쾌한 꿈을 꾸며 잠을 설치는 증상, 사소한 일에도 과하게 버럭 화를 내는 증상 등이 있다. 이런 복잡한 증상들에 시달리는 트로이는 치명적으로 고통스러웠던 그날에 경험했던 모든 상황을 기억하는 데 어려움을 겪는다. 이런 기억 상실증은 잔인할 정도로 모순적이다. 트로이에게는 마르시가 사망했던 그날부터 오로지 그 지하철 사고 하나만 매우 명확하게 남았고 그밖에 다른 사건이나 상황들과 관련된 기억은 흐릿하게 남아 있다.

100명 가운데 7명이나 8명 정도가 인생의 어느 시점에서 희귀한 장애보다 오히려 외상 후 스트레스 장애를 경험하게 된다. 가장 보편적인 원인은 전쟁이다. 일반인들은 자동차 사고와 일반적인 사고가 외상 후 스트레스 장애 환자들의 대부분을 차지한다. 외상 후 스트레스 장애는 나중에 설명할 다른 질환들보다 기억력 형성의 원동력으로서 감정, 특히 부정적인 감정의 중요성을 더욱 분명하게 보여 준다.

외상 후 스트레스 장애는 증상이 매우 심각하다면 잠재적으로 치명적인 상태로 변할 수 있다. 격렬한 폭력 사태나 총기 난사 사건, 자살, 가족의 해체, 알코올 중독, 약물 과다 복용 등 이러한 사건 목록은 외상 후 스트레스 장애로 인해 계속 이어진다. 이를 가장 성공적으로 치료하는 방법은 기본적으로 충격적인 사건이나 상황과 관련된 기억을 수정하는 것이다. 트로이와 마찬가지로 외상 후 스트레스 장애에 시달리는 사람들은 충격적인 사건이나 상황과 관련된 기억을 수정하고 개선하는 방식을 통해 극복하는 데 도움을 얻을 수 있다. 또한 이 책에서 줄곧 언급한 대로 외부 환경과 상황에 적응하여 기억을 변화하는 방식을 함께 적용할 수 있다. 외상 후 스트레스 장애 환자가 충격적인 경험을 회상할 때마다, 치료사는 충격적인 경험과 관련된 기억이 변화하도록 유도하고자 그 상황과 관련된 기억을 명확하게 수정하는 방식을 제시할 수 있다. 게다가 기억을 명확하게 수정하는 방식은 특히 뇌의 화학적인 변화에 기반을 두고 있다.

좋은 기억이든 나쁜 기억이든 기억을 회상할 때마다 우리가 관심을 돌려 다른 상황에 집중하며 그 기억을 일시적으로 잊어버렸다면, 기억은 변화될 수 있다. 결과적으로 우리가 사건이나 상황을 기억한 다음에는 그와 관련된 기억이 매우 미묘하게 바뀐다. 예를 들어, 당신이 처음으로 데이트했던 그 날을 회상해 보자. 첫 데이트를 즐긴 후 처음 며칠 동안보다 첫 데이트와 관련된 기억이 훨씬 더 희미해졌다. 어떤 이유로든 정기적으로 첫 데이트를 회상하지 않는 한, 한 해가 지나갈 때마다 첫 데이트와 관련된 기억은 당연히 희미해진다.

이런 정상적인 유형의 '망각'은 단백질의 효율적인 합성 과정에 따라 변화되는 분자 수준에서 발생한다. 첫 데이트를 회상할 때마다, 관련된 기억을 부호화하는 뇌 영역에서 특정 단백질을 합성하는 과정을 거쳐 그 기억력을 확실히 재형성한다. 하지만 특정 단백질을 합성하는 과정이 방해받는다면, 기억은 성공적으로 재형성되지 않는다. 우리는 두려움에 사로잡힌 쥐를 대상으로 한 실험에 따라 이 사실을 알 수 있다.

쥐가 두려움에 사로잡힌 후, 연구원이 쥐의 뇌에서 두려움과 관련된 기억을 형성하기 전에 단백질을 합성하는 과정을 적극적으로 방해한다면, 쥐에서 두려움과 관련된 기억을 소멸시킬 수 있다. 쥐가 기억을 확실하게 형성할 만큼 시간이 충분하지 않았기 때문이다. 그렇다면 이와 같은 현상이 인간에게도 똑같이 적용될 수 있을까? 충격적인 사건과 관련하여 한 사람의 기억이 변화될 수 있을까? 두 가지 질문에 대한 답변은 모두 '그렇다' 이다. 쥐와 마찬가지로 인간에게도 똑같이 적용하는 방식은 다음과 같다.

특정한 신체적 특징은 충격적인 사건을 경험한 후 극심한 공포감에 휩싸여 외상 후 스트레스 장애에 시달리는 사람들과 충격적인 상황에 제대로 대응하는 정상적인 사람들을 식별한다. 그러한 상황을 경험할 때, 시상하부와 편도체는 콩팥 위에 존재하는 내분비샘인 부신과 더불어 교감 신경계를 활성화한다. 스트레스를 다루는 신체의 능력을 강화시키고 스트레스를 받으면 분비량이 증가하는 화학 물질인 코르티솔은 스트레스 호르몬으로서 외상 후 스트레스 장애가 발생하는 사람의 부신 피질에서 분비된다.

외상 후 스트레스 장애를 가진 사람은 교감 신경을 자극하여 혈압 수치와 심장 박동 수, 심장박출량을 증가시키는 호르몬이자 신경 전달 물질인 아드레날린(에피네프린)이 정상적인 사람보다 훨씬 더 많이 분비된다. 또한 정상적인 사람보다 코르티솔 수치와 아드레날린 수치도 훨씬 더 높다. 하지만 코르티솔 수치와 아드레날린 수치가 매우 높은 상태에서 습관적으로 계속 유지된다면, 이런 현상은 외상 후 스트레스 장애에 시달리는 사람에게 생물학적 위험 요소가 될 수 있다.

마지막으로 외상 후 스트레스 장애에 시달리는 사람은 정상적인 사람보다 해마 부피가 훨씬 더 작다. 이러한 해마 부피 손실 현상은 부차적으로 높은 스트레스 호르몬 수치에 노출되어 해마 뉴런의 사멸이 증가되는 원인으로 여겨진다. 게다가 해마가 새로운 기억을 형성하는 동안 기억 정보를 저장하고 복구하는 데 매우 중요한 역할을 한다. 이런 이유로 좌측 측두엽과 우측 측두엽에 각각 존재하는 해마의 크기를 살펴보고자 외상 후 스트레스 장애에 시달리는 사람들을 대상으로 MRI 검사와 기억력 검사를 시행했다. 검사 결과에 따르면, 이들은 전형적으로 기억력 장애를 호소했다. 또한 자기 공명 영상에 나타나듯이 좌측 측두엽과 우측 측두엽에 각각 존재하는 해마의 크기가 정상적인 사람들보다 훨씬 더 작았으며, 이런 현상과 관련하여 기억력 장애 증상을 드러냈다.

임상 실험 연구진은 스트레스 호르몬 차단제인 베타 차단제라는 약물이 제공하는 효과를 확실히 증명했다. 연구진이 확인한 바에 따르면, 베타 차단제는 일반적으로 뇌와 말초 신경계 모두에서 스트레스 호르몬을 끌어들이는 수용체를 차단하는 역할을 한다. 그리고 흔히 교감 신경의 아드레날린 수용체 가운데 베타(β) 수용체에만 차단하는 작용을 보이는 약제를 가리킨다. 녹음기로 충격적인 이야기를 듣고 베타 차단제를 복용한 사람들과 복용하지 않은 사람들을 비교한 임상 실험 결과에 따르면, 충격적인 이야기를 듣고 베타 차단제를 복용한 사람들은 복용하지 않은 사람들보다 자극에 비해 외상 후 스트레스 장애 증상이 훨씬 더 적게 나타났다. 이런 치료법은 앞에서 설명한 쥐 실험 연구와 매우 유사하다.

베타 차단제는 미래에는 재난 현장으로 출동하는 구급대원들에게도 사용될 수 있다. 또한 재난 현장에서 생존한 사람들도 초기 치료의 일환으로서 구급대원들과 똑같이 베타 차단제를 복용할 수 있다. 베타 차단제는 충격적인 사건이나 상황과 관련된 기억을 완전히 지울 수 없지만, 그 대신 감정적인 측면에서 기억하는 부분을 효과적으로 약화시킬 것이다. 심지어 충격적인 사건을 경험한 후 베타 차단제를 즉시 복용할 수 없는 사람은 나중에라도 복용한다면 관련된 기억이 완전히 확실하게 형성되기 전에 그 사건과 관련된 기억을 바꿀 수 있다는 의견도 일부 존재한다. 베타 차단제는 감정적인 측면에서 기억하는 부분을 효율적으로 약화시킨다. 공포심을 유발할 정도로 어떤 사건을 경험했든 간에, 그 기억은 여전히 유지되지만, 극심한 불안감이나 공포감, 공황 상태, 감정적인 폭풍 등은 사라질 것이다.

· 5장 ·

기억하려는 의지가 당신을 만든다

기억력의 역할

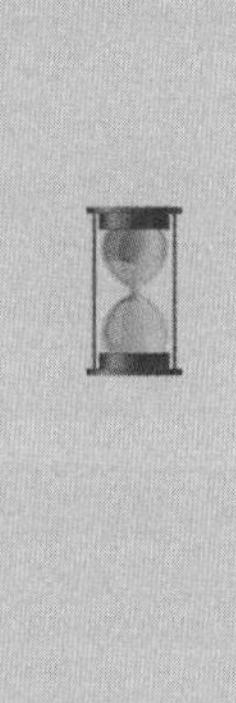

가장 뛰어난 기억술사의 비밀

매우 뛰어난 기억력을 실용적으로 활용할수록 더욱 많은 이점이 따른다. 예를 들어, 1895년부터 1967년까지 살았던 에든버러 대학의 A. C. 앳킨A. C. Aitken 교수는 지금도 여전히 일부 기억력 전문가들에게 모든 기억술사 가운데 가장 뛰어나다고 여겨진다. 그는 수학자이자 유심론자, 통계학자, 뛰어난 바이올린 연주자였다. 앳킨이 원의 둘레와 지름의 비율인 원주율 파이의 소수점 첫째 자리부터 1,000번째 자리까지 나열된 숫자들을 암기했을 때, 그 경험을 '바흐Bach의 푸가를 듣는' 경험에 비유했다. 그는 원주율의 소수점 첫째 자리부터 50번째 자리까지 나열된 숫자들을 각각 숫자 5개씩 나열해 10개의 그룹으로 배열했다. 그런 다음에는 바흐의 푸가에서 들은 한 가지 리듬에 맞춰 숫자 5개씩 각각 나열해 10개 그룹으로 배열한 숫자들을 암송했다. 그가 인생을 살아가면서 사회적 경력을 쌓는 동안 스스로 기억력을 강화하고자 적용한 주된 방법은 음악과 학습된 정보를 연결하는 의미 있는 연결 고리를 끝까지 찾아내는 것이었다. 앳킨이 기억력을 강화하는 주요 방법을 인용하자면 다음과 같다.

음악적 기억의 놀라운 힘

"음악적 기억은 어떤 다른 기억보다 훨씬 놀라울 수준으로 발달될 수 있다. 왜냐하면 우리는 흔히 하나 이상의 운율과 리듬, 선율, 화음, 기악적 색체, 특정한 감정이나 연속적인 감정, 의미 등에 관심을 갖는 경우가 많기 때문이다. 청중 앞에서 음악을 연주하는 연주자의 경우에는 율동적이고, 운율적, 표현적, 기능적, 실용적인 측면에서 기억력을 형성한다. 그리고 부차적으로 내 경우에는 악보 페이지마다 시각적 이미지를 구성하여 기억력을 형성한다. 아마도 어떤 사람은 자신만의 감정을 그대로 느낄 수 있는 작곡가에게 관심을 가질 수도 있고, 더 나아가 감각적인 사람은 부분적으로 작품의 유형에 따라 관심을 보일 수도 있을 것이다."

시는 음악가가 아닌 사람들에게 리듬이나 의미와 유사한 상관관계를 제공할 수 있다. 소설가 엘리엇 홀트Elliott Holt는 〈뉴욕 타임즈 매거진〉에 저술한 수필 〈다시 읽는 시〉에서 시를 암기할 수 있도록 기억력을 강화하는 방법을 설명한다. 홀트는 자신에게 매력적인 시를 하나 선택하여 한 달 동안 매일 읽는다. 목표는 단어의 의미뿐만 아니라 소리를 통해 단어들을 연결하는 것이다. 이런 방법은 홀트가 자신이 선택한 시의 본문에서 새로운 부분에 주목하고, 한 달이 끝날 무렵에 시를 정확히 파악하고 암기할 수 있도록 도움을 준다.

홀트가 안내하는 방법, 즉 시를 큰 소리로 읽으면서 리듬을 감상하며 제대로 인식하는 방법을 당신도 따라할 수 있다. 이 방법을 이른 아침이나 취침 직전에 직접 해 볼 수 있다.

"예전보다 훨씬 더 시에 깊은 관심을 갖고, 친근감을 느끼며, 시의 의미를 명확하게 이해하게 될 것이다. 시를 매일 반복해서 읽는 방법은 일종의 직관적이면서도 다차원적으로 시에 집중하는 방식이다."

그의 방법대로 시를 매일 반복해서 읽는 사람은 결국 그의 말처럼 시를 깊게 이해하게 될 것이다. 이 방법은 단순한 반복이 아니라, 마침내 다양한 색실로 그림을 짜 넣은 태피스트리와 마찬가지로 시 속에 리듬과 의미를 어떻게 짜 넣었는지에 초점을 맞춘다는 사실을 염두에 두길 바란다. 이 방법을 활용하기 위해서는 우선 리듬 구조가 두드러지게 뛰어난 시 한 편을 선택하여 시작하는 것이 가장 좋다. 나는 개인적으로 셰익스피어의 소네트 가운데 하나를 선호한다. 소네트에 관하여 간단히 설명하자면, 10개의 음절로 구성되는 시행 14개가 일정한 운율로 이어지는 14행시를 말한다. 또한 소네트는 다음과 같이 4행시 3그룹으로 구성되어 있다.

ABAB

CDCD

EFEF

게다가 소네트는 다음과 같이 일정한 운율로 이어지는 2행시로 마무리되어 있다.

GG

아마도 셰익스피어 소네트 가운데 가장 유명한 소네트는 셰익스피어 소네트 116번일 것이다. 그래서 홀트가 안내하는 방법을 처음 시작할 때는 셰익스피어 소네트 116번을 선택하는 것이 매우 좋다. 셰익스피어 소네트 116번을 읽은 다음 또 다시 읽을 때는 각 행의 끝부분에 있는 단어들을 강조해서 읽는다.

이런 단어들을 암송할 때는 다른 모든 시행에 운율을 맞추면서 당신이 드럼을 친다고 생각해 보길 바란다.

ABAB

CDCD

EFEF

GG

2행은 끝부분이 Love(사랑)이고, 4행은 끝부분이 Remove(변질)이며, 마지막 2행시는 끝부분이 Proved(입증되다)와 Loved(사랑하다)이다. 여기에서는 운율이 덜 명확하지만 그래도 그런대로 명확하다고 볼 수 있다.

셰익스피어 소네트 116번은 다음과 같다.

Let me not to the marriage of true **minds** (A)

Admit impediments, Love is not **love** (B)

Which alters when it alteration **finds,** (A)

Or bends with the remover to **remove:** (B)

O no! it is an ever-fixed **mark,** (C)

That looks on tempests and is never **shaken;** (D)

It is the star to every wandering **bark,** (C)

Whose worth's unknown, although his height be **taken.** (D)

Love's not Time's fool, though rosy lips and **cheeks** (E)

Within his bending sickle's compass **come;** (F)

Love alters not with his brief hours and **weeks,** (E)

But bears it out even to the edge of **doom.** (F)

If this be error and upon me **proved,** (G)

I never writ, nor no man ever **loved.** (G)

진실한 사람들의 결혼에

장애물을 허락하지 않으리라.

변질되는 상황에 따라 변질되고,

변질되는 사람과 함께 변질되는 사랑은 사랑이 아니리라.

오, 아니리라! 사랑은 영원히 변치 않는 표적이나니,

거센 폭풍이 몰아쳐도 흔들리지 않으리라.

사랑은 방황하는 모든 배의 북극성이로다.

사랑의 절정은 알 수 있어도, 사랑의 가치는 알 수 없으니,
사랑은 세월의 바보짓이 아니리라.
장밋빛 입술과 뺨이 세월에 굴복하더라도,
사랑은 짧은 시간에 변질되지 않으리라.
운명의 끝자락에도 참고 견디리라.
이런 생각이 잘못된 생각으로 입증된다면,
나는 절대 사랑을 논하지도 않고, 누군가를 사랑하지도 않으리라.

기억력을 풍요롭게 만드는 시

미국에서 1960년대부터 1980년대에 고등학교 교육을 받았다면, 아마도 셰익스피어 소네트 116번과 같은 시를 선택하여 암기해야 했을 것이다. 흔히 시를 선택하고, 암기하는 상황 자체가 흥미롭지 않은 경우가 많기에, 이 모든 과정이 몹시 두려웠을 수도 있다. 이러한 문제점들 가운데 일부는 결과적으로 당신이 시 한편을 선택해야 할 때 시에 대한 정보나 조언이 부족했기 때문에 생긴다. 당신이 지금처럼 시를 자유롭게 선택할 수 있었다면, 오로지 시에서만 느낄 수 있듯이 당신에게 매력적일 뿐만 아니라 삶도 풍요롭게 만들어 주는 시를 선택할수록 확실하게 기억할 가능성이 커진다는 사실을 배웠을 것이다.

내가 가장 좋아하는 시인 가운데 한 명은 스티븐 던Stephen Dunn이다. 그는 직업 시인이 되기를 선택하기 전에 농구 장학생으로 대학교에 입학했으며, 졸업 후에는 세미프로 농구 선수로 활약했다. 그런 다음에는 광고업계에서 경력을 쌓기 시작했다. 그는 물론 광고업계에서 뛰어난

기량을 발휘했지만 자신이 선택한 일에 행복감을 느끼지 못하고, 결국 스스로 인생 계획을 바꿔 시인의 길을 선택했다. 던은 산문의 문체와 비슷하게 솔직하면서도 부드러운 문체로 시를 썼기에, 그의 모든 시행은 우리가 목적을 달성하는 데 가장 중요하게 여기는 측면에서 읽고, 이해하며, 암기하기가 수월하다.

스티븐 던은 자신을 매우 좋아하는 독자들 가운데 한 명이 "그의 시는 본질적으로 가장 어려운 마법을 부린다"라고 언급한 글을 포착했다. 그래서 자신을 찬미하는 팬들에게 보답하는 마음으로 자신의 시를 암기하는 방법을 제안한다.

그가 자신의 시를 암기하는 방법으로 제안한 세 가지 단계는 다음과 같다. 이 세 가지 단계는 매우 즐겁고 재미있어서 내게도 도움이 되었다. 그의 시들은 주로 행복과 친구, 사랑을 나눈 후를 주제로 다룬다. 당신은 주로 이용하는 검색 엔진에서 행복이나 친구, 사랑을 나눈 후를 입력하여 입력한 주제와 일치하거나 유사한 사이트를 검색한 다음 입력한 주제와 관련된 시들을 각각 읽어 본다. 녹음기에 대고 모든 구절을 크게 읽고, 읽는 동안 당신의 목소리에 귀를 기울인다. 스스로 모든 시행을 외울 수 있을 때까지 이 과정을 반복한다.

기억력과 창의력의 연결 고리

기억력과 창의력이 동전의 앞면과 뒷면에 각각 구성된다고 생각해 보자. 이미지가 창의적으로 선명하게 형성될수록 그 이미지는 더 잘 기억될 수 있다. 선명하게 기억되는 정신적 이미지 속에서 창의성이 가장 잘 발휘되기 때문이다. 영화 〈레미니센스〉의 감독이자 영화 각본가인 리사 조이Lisa Joy는 〈뉴욕 타임스〉 기자에게 자신만의 방식으로 영화 장면을 창의적으로 연출해 내는 방법을 다음과 같이 설명했다.

"저는 각본을 쓸 때, 등장인물들이 말하는 모습을 상상하고, 무대 공간을 설계하며, 내 머릿속에 저장된 장면이 빠져나가지 못하게 차단합니다. 그리고 내가 바라보고 있는 영화를 그대로 기록합니다."

기억력과 이해력을 뛰어나게 강화하고자 도전적으로 노력해야 할 부분은 일반적으로 함께 생각하지 않는 것들을 서로 연관시키는 것이다.

철학자 데이비드 흄David Hume은 "황금산을 생각할 때, 우리는 그저 일관되게 모두가 잘 알고 있는 두 단어인 황금과 산이 결합되어 이뤄진 단어라고만 생각한다"라고 말했다. 결과적으로는 정신적 이미지를 괴상하게 형성할수록, 그 정신적 이미지를 기억할 가능성이 매우 커진다. 약간 통통하고 곡예사 복장을 갖춰 입은 한 남성의 머리와 목이 아이스크림콘으로 형성되어 있는 모습과 마찬가지로 괴상한 이미지를 상상할 때, 우리 뇌의 두 영역은 즉시 활성화된다. 첫 번째로, 전두엽은 현실 세계에서 마주칠 가능성이 낮은 특정한 상황에 대응하여 경고하고 경계시키는 기능이 작동한다. 두 번째로, 좌측 측두엽과 우측 측두엽에 각각 존재하는 해마의 앞부분에서 맨 처음으로 기억 경로를 따르는 편도체는 기억을 처리하는 기능이 작동된다.

앞에서 언급했듯이, 편도체는 우리가 지금 마주치고 있는 어떤 사건이나 상황이 예전에 경험했던 것과 확실히 다를 뿐더러 현실 세계에서 마주칠 가능성도 매우 적을 때, 충돌이나 혼동, 정서적인 자극 등에 감정적으로 반응한다. 심지어 황금산과 같이 지금껏 한 번도 경험해 본 적이 없는 것을 포함할 때도, 편도체는 황금빛 보석류나 산과 같이 각각 경험한 요소들을 끌어 모아 결합한다.

대부분의 사람이 꿈꾸는 동안에는 독특한 이미지나, 심지어 비현실적으로 아주 괴상하고 이상한 이미지들도 가장 사실적으로 생생하게 나타나기도 한다. 마치 꿈같은 상황을 경험할수록, 그러한 상황을 정확하게 기억한다. 실제로 꿈과 관련된 기억은 창의성을 발휘하는 데 중요한 원동력이 될 수 있다.

눈앞에서 날아다니는 원자들

꿈의 이미지가 창의성에 미치는 영향에 관한 사례들 중 가장 유명한 한 가지는 인쇄업과 산업에서 사용되는 화학 물질인 벤젠의 화학 구조를 발견한 일과 관련이 있다. 벤젠의 화학 구조는 탐정 소설이나 퍼즐을 맞추는 방식, 꿈속에 나타난 이미지를 결합하는 방식으로 발견되었다.

C6H6는 벤젠의 화학식이며, 벤젠이 탄소 원자 6개와 수소 원자 6개로 이뤄져 있다는 뜻이다. 19세기에는 탄소와 수소를 배열한 벤젠의 이런 화학식과 화학 구조가 실제로 화학 분야에서 가장 업적이 빛나는 사람들을 무척 당황하게 만들었다. 전 건축가이자 화학자인 프리드리히 아우구스투스 케쿨레Friedrich August Kekule는 벤젠의 화학 구조를 파악하고자 매우 열심히 노력했지만 만족스런 성과를 거두지 못했다. 그러던 어느 날 밤, 그는 꿈을 꾸었고, 자신이 꾼 꿈의 내용을 다음과 같이 서술했다.

"나는 벨기에 겐트에 머무는 동안, 중심가에 있는 쾌적한 독신자 숙소에서 지냈다. 하지만 내 서재는 좁은 골목길을 바라보았으며, 낮에는 햇빛이 거의 들어오지 않았다. 나는 서재에서 논문을 작성하는 작업에 몰두했다. 하지만 작업이 잘 풀리지 않았으며, 내 마음은 다른 곳에서 헤매고 있었다. 나는 의자를 벽난로 쪽으로 돌리고서 깜빡 잠이 들었다. 꿈속에서는 원자들이 내 눈앞에서 날아다니고 있었다. 매우 작은 원자 그룹은 당장 바로 내 눈앞에 나서지 않았다. 내 마음의 눈은 한 가지 유사한 유형의 구조를 반복적으로 선명하게 바라보았고, 이제는 다양한 유형의 커다란 구조를 식별했다. 기다란 줄들은 모두 다 함께 이동하면서 서로 가까워지고, 마치 우로보로스(입으로 자신의 꼬리를 물고 삼키는 형상으로 원형을 이루고 있는 모습의 뱀)처럼 커다란 구조 주변을 빙 둘러 휘감아 빙그르르 돌았다. 뱀들 가운데 하나가 자신의 꼬리를 꽉 물고 삼킨 채로 원형을 이뤄 내 눈앞에서 조롱하듯이 화학 구조 주변을 빙글빙글 돌았다. 나는 번갯불이 번쩍이듯이 순간적으로 잠에서 깨어났다. 이때부터 나는 벤젠의 화학 구조를 파악하고자 가설을 세우고 결과를 도출하는 작업으로 밤을 지새웠다."

아래는 뱀 한 마리가 자신의 꼬리를 삼킨 채로 원형을 이뤄 벤젠의 화학 구조를 빙글빙글 돌았던 이미지이다.

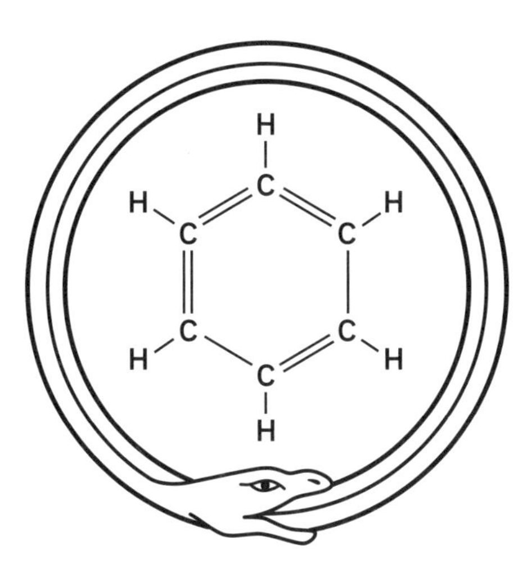

우로보로스, 벤젠의 화학 구조를 파악하도록
프리드리히 아우구스투스 케쿨레에게 영감을 불어넣어 준 뱀.

케쿨레는 자신의 꿈이 예전에 건축가로서 건축 구조를 연구했던 기억과 감각적인 경험을 저항하지 않고 받아들였던 기억을 복구하는 데서 비롯되었다고 확신했다. 케쿨레는 화학적 현상을 뒷받침할 만한 시각적 이미지가 존재하지 않는 한, 화학적 현상을 설명하는 과정에서 실제로 만족감을 느낄 수 없었다. 그가 꿈을 꾸기 전에는 벤젠의 화학 구조를 발견할 수 있도록 모든 요소가 갖춰져 있었다. 하지만 그는 자신의 꿈속에서 뱀 한 마리가 원형을 이뤄 화학 구조를 빙글빙글 돌았던 독특하면서도 괴상한 이미지를 상상하며 벤젠의 화학 구조를 발견하기까지 자신에게 갖춰진 모든 요소를 완전히 바꿔 놓았다. 이런 독특하고 괴상한 이미지 속의 뱀은 우로보로스로 알려진 고대의 상징으로서, 12세기 헤리퍼드셔주에 있는 세인트 메리 교회와 세인트 데이비드 교회의 외부에 조각되어 있어 그 모습을 살펴볼 수 있다.

기억력과 창의력의 상호 작용

60년 후에는 한 환자를 세심하게 연구한 덕분에, 기억력과 창의력 사이의 연관성이 견고한 신경과학적 토대 위에 놓이게 되었다.

심각한 오토바이 사고의 피해자인 80대 K는 기억력 검사에서 일화 기억을 형성할 수 없다고 진단 받았다. 기억력 검사에서 K의 담당 의사가 그에게 한 시간 전에 무엇을 했는지를 물어보았으나, 그는 대답하지 못했다. 무엇보다 담당의가 매우 놀랐던 사실은 그가 자신이 다음 날에 무엇을 할지를 예측할 수도 없었다는 점이다. 이런 현상은 특별하면서도 특이했다. 왜냐하면 K는 극심한 외상성 뇌손상에 시달리는 환자들을 수용하는 병동에서 생활했는데, 안타깝게도 어떤 날은 극심한 외상성 뇌손상에 시달리는 다른 환자들과 거의 똑같아 보였기 때문이다. 새로운 기억력을 형성하고 계속 유지할 수 있는 능력이나 미래의 장면을 마음속에 그려낼 수 있는 능력에 복합적으로 장애가 발생한 K의 증상은 두 명의 신경과학자 엔델 툴빙Endel Tulving과 다니엘 샥터에게 기억력과 창의력 사이의 연관성을 시사했다.

MRI 검사를 시행했을 때, K의 뇌는 손상 부위에 따라 반복적으로 활발하게 활동하지 않는 증상을 드러냈는데, 이런 증상은 사실상 일화 기억과 미래에 발생할 사건이나 상황을 상상하는 능력에 장애가 있을 때 나타나는 증상과 같았다. 이런 증상은 툴빙과 샥터에게 창의력이 기억력에 따라 매우 많이 달라지며, 우리가 이런저런 과거의 기억들을 자르고 재조립하여 가설적이지만 비현실적인 시나리오를 구성한다는 사실을 시사했다. 한마디로 말해서, 우리는 자신이 상상하는 대로 창의적으로 행동할 수 있다.

이보다 훨씬 더 흥미로운 사실은 기억력과 창의력 사이의 상호 작용이 양방향으로 작용할 수 있다는 점이다. 당신이 어떤 일을 특정한 방식으로 실행한다고 상상한다면, 당신은 결국 그 방식 그대로 실행한다고 기억하게 된다.

신경과학자들이 기억력과 창의력 사이의 연관성을 연구한 결과에 따라 새롭게 드러난 가장 중요한 사실은 해마가 기억 경로에서 맨 처음으로 시작되는 지점일 뿐만 아니라, 우리가 세상을 살아가면서 정신적 이미지를 형성하는 데 매우 중요한 역할도 담당한다는 점이었다. 따라서 해마는 우리가 과거를 경험하고 미래를 상상할 수 있도록 정신적 이미지를 형성하는 데 가장 중요한 역할을 담당한다. 뇌과학은 이렇게 하여 기억술사들이 수백 년간 인지해 왔던 사실을 확실하게 보여 주고 있다. 창의력이 발달할수록 기억력이 강화한다. 이러한 사실은 시각적인 장면을 상상하면서 괴상하면서도 극적이고 감정적인 정신적 이미지를 형성하는 방법이 우리가 기억하려고 노력하는 모든 것을 기억하는 데 가장 뛰어난 기억 구조를 제공하는 이유들 중 하나이다.

공유되는 과거의 풍경

두 사람이 함께 같은 경험을 했을 때 둘 중 한 사람이 흔히 같은 경험을 기억하는 데 '역사가' 역할을 하는 경우가 많다는 사실을 느낀 적이 있는가? 그렇다고 해서 다른 한 사람의 기억이 상실되었다는 말은 아니다. 두 사람 중 역사가 역할을 하는 사람은 자신과 무언가 색다르고 새롭게 기억하는 상대방을 통해 과거를 다시 경험하며 즐거움을 느낄 가능성이 크다. "당신은 우리가 5년 전에 암스테르담에서 여행했을 때 무엇을 경험했는지 기억하나요?"와 같은 질문은 여행과 관련된 기억을 잊어버렸기 때문에 던진 물음이 아니다. 상대방의 대답을 듣고서 여행과 관련된 기억뿐만 아니라, 여행과 관련된 기억에 동반되는 친근감도 다시 불러일으키기를 바라는 마음에서 던진 물음이다. 이러한 현상은 배우자의 사망이 때때로 과거의 기억을 완전히 압도할 수도 있는 이유들 가운데 하나이다. 사망한 배우자와 관련된 기억을 감정적으로 세세하게 이야기하더라도 근본적으로 과거의 기억에 동반되는 편안한 감정을 느끼지 못하는 상황에서는 과거가 암울하고 외로운 기억으로 가득 찰 것이다.

타일러 웨더럴Tyler Wetherall은 〈뉴욕 타임스〉에 공유되는 기억을 상실하는 고통에 관한 내용을 담아 훌륭한 수필을 작성했다. 웨더럴의 남자친구인 샘은 극심한 머리 부상을 당했고, 그때 결국 기억 상실증에 시달리게 되면서 웨더럴과 관련된 모든 기억을 다 상실했다. 무엇보다도 최악인 상황은 샘은 기뻐했던 상황을 기억할 수 없었다.

"샘은 우리와 관련된 모든 기억이 모조리 다 사라져 버렸다. 게다가 샘이 기뻐했던 상황을 기억하지 못한다면, 기뻐했던 상황은 샘에게 결코 일어나지 않은 상황일지도 모른다."

하지만 웨더럴은 기억에 따라 감정적인 기억을 오염시키는 요인을 정확히 알 것 같아서 그 요인을 피하려고 최선을 다했다. 그녀는 병원에서 샘과 함께 이야기를 나눌 때를 회상하며 "나는 우리의 이야기를 서로 주고받는 과정에서 내 이야기가 샘의 이야기와 상관없이 독립적으로 존재하기를 원했다. 하지만 내가 샘만의 이야기를 오염시키지 않으면서 우리의 과거를 이야기할 수 있는 방법은 없었다"라고 말했다. 또한 그녀는 과거가 시간 속에서 꽁꽁 얼어붙은 채 남아 있지 않으면서도, 현재와 미래만큼이나 변할 수 있다는 사실을 인식했다.

"샘이 우리의 과거에 관한 이야기를 풀어놓는 과정에서, 나는 새로운 이야기를 만들어 냈다."

그녀의 목표는 "과거를 공유하는 상대가 존재하지 않는다면, 과거의 기억은 현실에서 다시 표현될 가능성이 낮았다"라는 사실을 파악한 이후로 샘과 서로 공유하는 기억을 그에게서 끌어내는 것이었다.

하지만 내 생각에는 개인적인 기억과 공유되는 기억을 모두 끌어내는 방법이 가장 좋은 듯하다. 두 사람이 함께 공유하는 경험에는 오로지 한 사람만이 드러내 보일 수 있는 숨겨진 요소가 항상 존재한다.

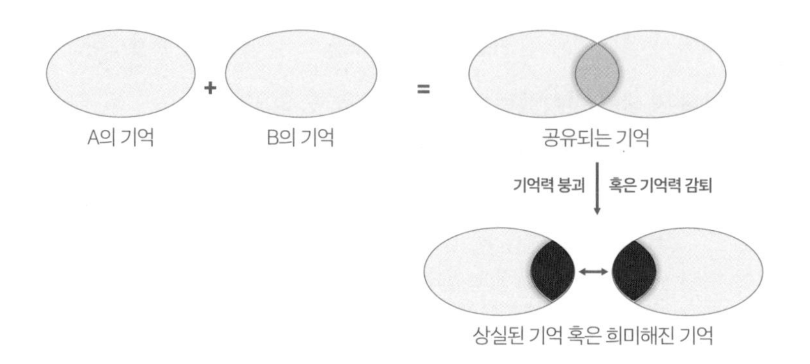

위 그림에서는 두 원에서 공동으로 겹치는 영역이 공유되는 기억을 나타낸다. 뇌 손상과 기억 상실증에 시달리는 샘의 경우와 마찬가지로 '기억력 붕괴' 현상에 따라 공유되는 기억에 혼란이 발생되거나, 공유되는 기억이 상실되거나, 예전에 공유되었던 기억이 희미해지게 된다. 공유되는 기억은 과거의 집단적 기억뿐만 아니라 미래의 기억도 관련되어 있다. 웨더릴은 "당신과 함께 기억을 공유하는 사람에게 기억력 붕괴 현상을 겪는다면, 그 사람과 함께 상상하면서 만들어 낼 미래의 기억을 상실하게 된다. 하지만 그 사람과 공유되는 과거의 집단적 기억은 항상 계속 남아 있을 것이다"라고 말했다.

슬프고 안타깝게도 나 또한 개인적으로 그녀의 관점을 이해할 수 있다. 내가 이 책을 집필하는 동안, 나보다 네 살이 더 어린 내 여동생 루이즈는 뇌출혈로 갑작스레 세상을 떠났다. 우리는 성인이 되면서 함께 자주 어울리는 동안 우리가 어렸을 때 같이 참여했던 행사들로 다시 시간 여행을 떠나면서 당시에 경험했던 기억을 공유하며 즐거운 시간을 보냈다. 무엇보다도 각자 개인적으로 서로 다른 기억들을 끌어 모아 보완하면서 매우 기뻐하고 즐거워했다.

우리가 함께 즐겼던 많은 시간은 우리 중 한 사람이 어린 시절이나 청소년기에 함께 겪었던 우리의 경험들을 일부 잊어버렸던 때였다. 지금은 내 여동생 루이즈가 세상을 떠나고 곁에 없기에, 오로지 나만의 기억을 통해서만 과거의 추억을 기억할 수 있다. 그 사건이나 상황이 정말 그런 식으로 발생했을까? 내가 현재 이해하는 과거의 기억이 내게 합리적인 이유와 동기를 부여할 정도로 정확한 것일까, 아니면 그저 왜곡된 것일까, 아니면 예측된 것일까? 나는 이제 더 이상 내 기억의 일부를 자신 있게 다시 방문하거나 수정할 수 없기 때문에 이런 질문에 제대로 답할 수 없다. 내 여동생 루이즈와 함께 공유했던 과거의 기억은 내가 갈망하는 생각과 환상 앞에서 어찌할 도리가 없어 꼼짝 못하고 휘둘리는 상태로 영원히 남아 있어야 한다.

거짓 정보와의 전쟁

공유되는 기억이 두 사람 이상을 포함할 때는 집단 기억이 형성되고 공유된다(예를 들어 2001년 9월 11일에 발생한 9.11 테러 사건). 개인적 기억과 마찬가지로, 집단 기억은 변화와 기억 상실증에 취약하다. 집단 기억의 한계는 집단적 경험과 이해력, 창의력의 한계에 기반을 두고 있다. 분명히, 우리는 우리가 개인적으로 마주치지 않은 개체나 사건을 기억할 수 없다. 또한 확실히, 우리가 태어나기 전이나 우리의 뇌가 기억력을 형성할 수 있을 정도로 성숙하기 전에 일어난 사건이나 상황들을 경험할 수도 없다. 이러한 경우에는 사진이나 비디오 영상, 영화와 같은 다른 이미지와 더불어 역사적이고 사실적인 설명에 의존하여 집단 기억을 형성한다.

하지만 뇌가 성숙한 후 형성된 기억은 신뢰할 수 있기에, 비디오 영상이나 그림, 심지어 역사적 기록과도 다르다. 이러한 이유로, 대부분 집단 기억, 특히 이미지를 바탕으로 형성한 집단 기억은 오류가 발생할 가능성이 크다. 이를 고려하더라도 우리는 집단적인 문화적 태도와 가치가 잘못된 사건이나 상황을 매우 다른 문화적 태도와 가치로 특징지어진 시대에 살아가는 사람들의 탓으로 돌리며 우리의 기억을 더욱 왜곡할 수 있다.

많은 사람은 지금도 현대식 사고방식이라고 알려진 문화적 태도에 갇혀 산다. 특히 현대식 문화적 태도와 신념에 무비판적으로 집착하는 사람들은 현재의 가치와 개념으로 과거의 사건과 사람들을 해석하고 판단하는 경향이 있다. 미래에 대한 기억 상실증과 마찬가지로, 현대식 사고방식은 과거를 잘못 판단하는 데 기여하는 수많은 현대식 문화적 태도와 신념을 완전히 제대로 인식하는 능력을 상실한다.

수십 년 전, 작가 고어 비달Gore Vidal은 우리 모두가 '기억 상실증에 시달리는 미국'에서 살아가고 있다고 경멸하는 태도로 이야기했다. 비록 비달의 판단이 조금 지나친 것처럼 보이기는 해도, 그의 말은 다음과 같은 의문을 남긴다. 과거의 사건이 실제로 일어났던 방법과, 100년 이상 전에 살았던 사람들에게 투영하여 이들과 똑같은 감정과 사고를 지니는 경향을 확실하게 구별할 수 있을까? 이 질문은 미국이 현재 해결하려고 고심하고 있는 가장 중요한 기억력 문제들 가운데 하나이다.

코로나 19의 또 다른 부작용, 집단적 기억 상실증

이와 관련하여 극도로 고통스러운 문제는 "어떻게 우리가 미래의 전염병에 대응할 것인가?"라는 문제이다. 우리는 전례가 없는 건강 위기 상황에서 이익을 얻을 것인가, 아니면 일단 위기 상황이 해결되면 곧바로 위기 상황에서 형성되었던 개인적 기억과 집단적 기억을 떨쳐내고 없애버릴 것인가? 바이든 대통령의 과학고문인 에릭 랜더Eric Lander는 〈워싱턴 포스트〉에 "많은 사람이 자기 자신과 자신이 사랑하는 사람들을 보호하고자 코로나바이러스 백신을 접종하기로 선택한다면, 백신은 현재 널리 퍼져 있는 유행병을 끝낼 수 있다. 하지만 앞으로 몇 년 동안 우리는 여전히 코로나19의 부작용인 집단적 기억 상실증을 막아 내야 할 것이다"라고 기록했다.

소셜 미디어와 더불어, 정부는 우리가 현재 인식을 오염시킬 뿐만 아니라, 거짓 기억을 저장시킬 수도 있는 잘못된 정보를 제공하며 코로나19의 부작용과 같은 집단적 기억 상실증에 기여한다. 《디지털 시대에 노출된 사람들: 디지털 시대의 욕망과 불순종》의 저자 버나드 하코트Bernard Harcourt는 "우리는 정부가 개인적인 데이터를 제공하고, 첨단 기술 기업이 우리의 개인적인 자료를 수많은 방식으로 사용할 수 있는 권한을 부여하는 설명적인 사회에서 살아가고 있다. 또한 일반적으로 우리 스스로가 이러한 사실을 다 알고도 기꺼이 열정과 기쁨을 모조리 드러낸다"라고 말했다.

우리 주변에서 급속히 커지는 감시 사회(사회적으로 관리하고 통제하기 위해 통신과 정보 기술에 의존하는 사회)는 집단 기억이 왜곡되는 현상을 감소시킬 가능성이 낮다. 응용 프로그램(애플리케이션)들 가운데 일부는 우리에게 유익하지만, 어떤 프로그램들은 우리에게 해롭고, 또 다른 프로그램들은 우리에게 미치는 영향이 아직 파악되지 않았다. 그런데도 감시 카메라에서부터 스마트폰에 이르기까지 다양한 범위의 추적 기술이 바로 지금 우리에게 머물러 있다는 사실에 동의하지 않을 사람은 단 한 명도 없을 것이다.

우리는 인류 역사에서 독특한 상황을 목격하고 있다. 이를테면 모든 사람이 공개적으로 취하는 행동과 움직임들은 공공 기관과 민간 기관 모두가 주시하면서 거슬릴 정도로 끊임없이 관찰하는 대상이다. 그 결과 우리는 비디오 영상으로 주변에서 일어나는 사건이나 사람들을 관찰하고 판단하는 데 익숙해졌다. 한 가지만 예를 들면, 법정에서는 점점 더 많은 판사가 주로 비디오 증거물에 의존하여 판결을 내린다. 결국, 우리는 감시 카메라와 같은 제품을 생산한 첨단 기술 기업이 방향을 결정하는 대로 점점 더 기꺼이 순응적으로 대응하고 있다.

일상생활 속에서 당신의 개인적인 사생활을 무단으로 침범할 수 있는 제품들을 잠시만이라도 생각해 보자. 고속도로에서 운전할 때 당신을 주시하는 감시 카메라와 자동 번호판 판독기, 블루투스 비콘과 와이파이 신호, 페이스북 라이브 스트리밍 비디오 녹화, 트위터나 틱톡, 비디오 캡처 프로그램, 에이티앤티(미국의 세계 최대 통신 기업)와 티모바일(독일의 무선 서비스 제공 기업), 버라이즌(미국의 통신 산업 기업)이 정보를 기록한 GPS 위치와 메타데이터, 지오펜스 수색 영장과 관련된 얼굴 인식 기술, 애플 아이클라우드 계정 정보, 셀레브라이트(Cellebrite) 기술과 마찬가지로 휴대전화의 잠금 장치를 해제하고 휴대전화에 저장된 정보를 복사할 수 있는 다양한 기계 등이 포함된다.

우리 중 누군가가 이 모든 기술적인 감시의 대상이 될 가능성은 적지만, 잠재적 가능성은 존재한다. 그림 한 점이 천 마디 말의 가치가 있을 수도 있으나, 심각한 왜곡 현상을 불러일으킬 수도 있다. 앵무새 사진과 내 사진을 수정하여 내가 발코니에서 앵무새를 손가락 위에 앉혀 둔 채 서 있는 모습으로 조작한 사진과 마찬가지이다. 사진은 우리에게 전혀 일어나지 않은 상황을 묘사하며 '딥 페이크'(Deep Fake, 특정 인물의 얼굴 등을 인공지능 기술로 편집한 편집물)를 생산할 정도로 수정되고 조작될 수 있다. 우리의 기억력은 취약하기에, 기술적인 장치와 다른 사람이 주는 영향을 받아 기억이 수정될 수 있다.

일단 과거의 경험을 타당한 방식으로 묘사한 그림을 기꺼이 인정하고 받아들이면, 우리의 기억은 기술적으로 정의한 기록물에 영향을 받는다. 과거에 실제로 일어났으며 직접 경험하고 기억한 사건과 더불어 우리에게 쉽게 영향을 미치는 현대식 사고방식이나 기술적인 장치들이 난해한 문제를 만들어 낸다. 이처럼 우리는 마구 얽히어 설명하고 해석한 과거를 실제 상황과 식별해야 하는 힘겨운 상황에 직면해 있다.

같은 사건에 대한 인식이 변하는 이유

'역사적 기억'은 다른 사람들이 과거에 경험한 사건이나 상황을 주제로 특정한 이야기를 만들어 내고 풀어 나가는 서술 기법에 이용되는 용어이다. 대체 용어로는 집단 기억이나 사회적 기억이 있다. 역사적 기억은 현재의 역사적이고 정치적인 사건이나 상황에 반응하여 재구성될 때 개인적 기억만큼이나 유동적으로 쉽게 변화될 수 있다. 심리학자들과 역사학자들은 결과적으로 이러한 현상을 기억 전쟁으로 묘사한다.

예를 들어, 이 글은 2001년 9월 11일의 9.11 테러 사건이 발생한 지 올해로 20주년이 되기 5일 전인 2021년 9월 6일에 작성되었다. 자살 폭탄 테러범들에게 납치된 미국 여객기가 뉴욕 맨해튼에 위치한 세계 무역센터에 충돌한 9.11 테러를 맨 처음으로 접했을 당시에 우리가 어디에 있었고 몇 살이었는지에 따라 현재 우리가 그런 중대한 날을 기억하고 있는 부분들이 매우 많이 달라진다.

9.11 테러를 맨 처음으로 학습했을 당시에 매우 어렸다면, 집단 기억은 당시에 자신보다 훨씬 더 나이가 많은 사람들에게 전해 들었던 내용을 통해서 대부분 형성되었기에 안개에 뒤덮인 듯이 희미해졌을 수 있다. 하지만 심지어 그 당시에 성인이었던 사람들 사이에서도, 20년간 지속적으로 보복 작전을 펼쳐 온 상황에 따라 우리가 지금 생각하고 느끼는 9.11 테러 사건 내용에 크게 의존한다.

그동안은 역사상 미국에 최악의 공격을 가한 탈레반에 대항하여 미국이 필요에 따라 20년간 지속적으로 보복 작전을 펼쳐 온 상황이 적절한 대응으로 보였다. 하지만 이제는 많은 사람이 궁극적으로 아프가니스탄에서 미군을 성급하게 철수한 상황을 지켜보는 측면에서 우리 문화의 일부가 이러한 상황을 미심쩍게 여기고 있다.

2002년에 ABC 뉴스와 〈워싱턴 포스트〉가 공동으로 실시한 여론 조사에 따르면, 미국인들 가운데 55퍼센트 정도는 미국이 9.11 테러에 대응하여 훨씬 더 좋은 방향으로 바뀌었다고 응답했다. 그로부터 10년 후인 2011년, 9.11 테러와 관련된 질문에 의견이 나뉘었다. 오늘날 미국인들 가운데 대략 절반(46퍼센트) 정도는 9.11 테러가 미국을 최악의 방향으로 변화시켰다고 생각했지만, 미국인들 가운데 겨우 33퍼센트 정도만이 9.11 테러가 미국을 훨씬 더 좋은 방향으로 변화시켰다고 응답했다. 〈뉴욕 타임스〉의 시사 평론가인 제임스 포니워직James Poniewozik과 마찬가지로, 일부 시사 평론가들은 9.11 테러와 관련된 이러한 변화를 역사적 기억 측면에서 설명해 보려고 시도한다.

"탈레반이 미국을 공격한 9.11 테러는 헤어나기 힘든 군사적 수렁, 국내에서 발생하는 의심과 인종 차별 행위, 특정 목적을 지닌 대규모 기관을 믿지 못하는 신뢰감 상실 등 일련의 사회적 행동과 변화를 터트렸다. 게다가 이러한 일련의 사회적 행동과 변화는 선동 정치가들이 민주주의의 기반을 약화시키곤 했고, 미국을 분열시키고 약화시키려는 오사마 빈 라덴(Osama Bin Laden, 9.11 테러 사건을 주도한 알 카에다의 지도자)이 목표를 달성했기에 발생했다."

미국의 가장 대표적인 일간지 〈워싱턴 포스트〉의 논픽션 비평가이자 편집 위원인 카를로스 로자다Carlos Lozada는 〈9.11 테러 사건은 미국을 시험했다. 미국은 실패했다〉라는 제목의 에세이에서 9.11 테러와 관련된 변화를 훨씬 더 강하게 표현한다.

카를로스 로자다는 에세이에서 "9.11 테러에 대한 미국의 공식적인 대응은 미국의 가치를 최고로 보여주기보다 오히려 속임수와 만행, 오만, 무지, 망상, 지나친 욕심, 부주의 등 미국의 가치를 최악으로 예증하는 특성들 가운데 일부를 촉발시켰다"라고 기록했다.

2001년 〈뉴욕 타임스〉의 9월 11일자 1면에 9.11 테러와 관련된 주요 기사를 작성했던 기자인 세르지 슈메만Serge Schmemann도 이와 비슷한 심경의 변화를 경험했다.

"9.11 테러는 미국이 자신만의 길을 잃었던 순간, 특히 미국이 아프가니스탄을 침공하여 20년간 지속한 아프가니스탄 전쟁이 비극적이고, 치욕스러우며, 무의미하게 끝나게 된 순간을 간략하게 줄여 나타낸 약칭이다."

과거의 상황을 이해하고 현재의 기억 정보에 통합해야 할 때 의견이 충돌한다면 어떤 일이 일어날 수 있을까? 이때 과거 사건에 대한 인식을 목적에 따라 수정하면서 앞으로 어떻게 기억할지를 판단하는 과정은 사회적 활동에 참여하면서 잘못된 기억 정보에 영향을 받아 더욱 복잡해질 수 있다.

이러한 현상은 2021년 11월 아스펜 연구소의 정보 장애 위원회가 80페이지 분량으로 논문을 발행했을 때 명확하게 밝혀졌다. 논문에 따르면 "오늘날 잘못된 정보와 허위 정보는 한 사회로서 발생하는 문제들을 최악의 상태로 악화시키는 데 매우 강력한 영향을 미치는 요인이 되었다. 수억 명의 사람들은 하루도 거르지 않고 매일매일 잘못된 정보와 허위 정보를 접하며 어수선한 세상에서 살아남고자 비싼 대가를 치른다"라고 기록되었다.

허위 정보는 예를 들어 정치적이거나 재정적이거나 사회적인 목적을 달성하고자 일반인들을 호도하려고 의도적으로 생산되거나 전략적으로 증폭된 거짓 정보나 그릇된 정보로 규정된다. 또한 잘못된 정보는 반드시 의도적이라고 볼 수 없는 거짓 정보나 그릇된 정보로 규정된다.

하지만 우리가 허위 정보를 논의하든 잘못된 정보를 논의하든 간에, 이 두가지는 사실상 일반인들에게 악영향을 미치는 정도가 같다.

"공중 보건에서부터 선거 위반, 성폭력, 약탈적인 광고 등에 이르기까지, 잘못된 정보와 허위 정보는 결국 현실적인 세상을 살아가는 일반인들에게 악영향을 미치게 된다."

일반인들에게 가장 악영향을 미치는 잘못된 정보와 허위 정보는 아마도 개인적 기억과 집단 기억에 날카롭게 악영향을 미치는 잘못된 정보와 허위 정보에서 비롯될 것이다. 오늘날 우리가 받아들이고 신뢰하도록 의도적으로 유도할 수 있는 허위 정보는 우리가 미래에 떠올릴 기억을 형성할 것이다. 게다가 잘못된 정보와 허위 정보를 생산하고 증폭시키는 사람들은 일반인들의 마음속에 이미 깊게 자리 잡은 신념을 더욱 북돋고자 잘못된 정보를 제공한다.

정보 장애 위원회가 최종 논문에서 "정보 장애를 가장 도전적으로 다뤄야 하는 측면들 가운데 하나는 자신에게 해로운 사회적 활동에 악영향을 받아 잘못된 정보를 생산하는 사람들이 극심한 편견이나 여성 혐오, 인종 차별, 편협성 등을 마법에 걸린 듯이 생산하지 않아야 한다는 사실에 직면하는 것이었다. 대신에 그러한 사람들은 흔히 자신들이 이미 신뢰하는 경향이 있는 잘못된 정보와 허위 정보를 다른 사람들도 독자와 소비자 입장에서 흔쾌히 받아들이고 신뢰하도록 도와주고자 노력하는 경우가 많다"라고 주장했다.

2021년 10월 프랑스 국방 장관인 플로랑스 파를리Florence Parly가 다음과 같이 말했다.

"거짓 정보나 조작된 허위 정보, 잘못된 정보는 무기이다."

거짓 정보가 무기라고 주장하는 파를리의 발언에 의문을 제기하는 사람은 아무도 없다. 하지만 넌지시 말하면, 과연 거짓 정보가 미국이나 프랑스와 같은 나라에서 사용해야 할 무기일까?

거짓 정보로 거짓 정보와 싸우는 전투는 세상사에 대한 현재의 해석에 부정적인 영향을 미칠 뿐만 과거와 관련된 거짓 정보를 인식할 때에도 악영향을 미친다. 이런 내용이 마치 전쟁을 묘사하는 듯 느껴진다면, 당신은 이미 세계적인 기억 전쟁과 기억 전쟁의 피할 수 없는 후속편인 역사 기억법에 들어선 것이다. 기억 전쟁과 역사 기억법에 들어선 것을 환영한다.

과거는 변하지 않는다는 착각

'기억 법칙'이라는 용어를 살펴보려면, 작가 프랑수아즈 샹데르나고르Francoise Chandernagor가 일간 신문 〈르 몽드〉에 "역사학자들은 과거를 고려할 렌즈를 적용해야 한다"라는 주제와 관련하여 매우 비판적인 기사를 실었던 때인 2005년 12월로 거슬러 올라갈 수 있다.

그로부터 2년 후인 2007년, 스페인은 프란시스코 프랑코(Fancisco Franco, 과거 스페인의 국가 원수이자 독재자)와 프란시스코 프랑코 정권을 겨냥해 역사 기억법을 제정했다. 역사 기억법은 프란시스코 프랑코를 규탄할 뿐만 아니라, 1930년대에 벌어진 내전이나 군사 쿠테타와 관련된 지도자나 상징적인 인물들에게 어떠한 열광도 금지한다는 규정을 목표로 삼았다.

소위 역사 기억법은 다음과 같이 규정되었다.

"역사 기억법의 조항은 과거의 역사를 특정한 방식으로 해석하고 서술하기를 선호하는 입법부나 사법부를 지배한다. 그런 과정에서, 상반되는 해석은 경시되거나, 멸시되거나, 심지어 금지될 수도 있다"

전 세계 가운데 일부 지역을 살펴보면, 과거의 역사적인 사건을 기억해야 할 측면과 기억하지 말아야 할 측면으로 구별하여 공식적이고 도전적으로 해석하려는 사람들이 있다. 결과적으로 역사적인 사건을 법규에 따라 공식적이고 도전적으로 해석하는 사람들이나 법 규정에 어긋나게 해석하고 서술하는 사람들에게 역사적인 사건과 관련하여 어떤 표현도 하지 못하도록 금지되면서 당국과 충돌하게 될 수도 있다. 똑같이 경험했던 과거의 역사적인 사건을 다르게 기억하는 사람은 다른 사람을 대신하여 죄를 덮어쓰는 희생양이 되거나, 심지어 매우 가혹한 처벌을 받을 수도 있다.

수정된 과거 속 역사적 사건이나 상황, 사람들은 심지어 흔적도 없이 사라질 수도 있다. 2021년 9월, 중국의 배우이자 가수인 자오웨이Zhao Wei는 중국에서 몇 달 동안 사회적으로 사라졌다. 그녀가 일시적으로 중국에서 추방되는 동안, 인터넷 상에서는 자오웨이에 관한 모든 기록이 사라졌고, 마치 이 세상에 결코 존재하지 않았던 인물처럼 그녀의 이름은 인터넷 어디에서도 더 이상 나타나지 않았다.

과거에 대한 기억이 한 나라의 미래를 좌우한다

2021년 내가 이 글을 작성하는 바로 이날, 베이징에서는 고위급 회담이 열리고 있어 일당 독재 체제로 국가를 통치하는 중국 공산당의 100

년 역사를 재평가하는 결의안이 통과될 것으로 예상된다. 〈뉴욕 타임스〉의 기자인 크리스 버클리Chris Buckley는 "표면적으로는 역사적 문제에 관한 것이지만, 중앙 위원회의 결의안은 실질적으로 공인된 문서로서 향후 수십 년간 중국의 정책과 사회를 형성할 것이다. (…) 중국 당국이 중국의 현대사와 교과서, 영화, 텔레비전 쇼 프로그램, 학생 등을 가르치는 방법을 지시할 만한 강력한 세뇌 교육 운동이 뒤따를 것으로 예상된다"라고 보도했다.

크리스 버클리가 급하게 보도한 기사에는 중국 현대 전문 역사학자이자 독일 프라이부르크대학교의 역사학 교수인 다니엘 리스Daniel Leese가 자유롭게 개방된 사회 체제가 파괴되리라고 중국의 미래를 예측한 내용이 담겨 있다.

"목표는 과거와 미래를 전반적으로 꿰뚫어 보는 통찰력과 사회 체제를 통합적으로 형성하는 것이다. 예리한 관찰력으로 과거를 바라보는 사람들의 생각을 통합하지 못한다면, 이와 마찬가지로 예리한 관찰력으로 미래를 보는 사람들의 생각도 통합하기가 매우 어렵고 힘들 수 있다."

싱가포르 국립대학의 교수인 알프레드 우Alfred Wu는 다음과 같은 의견에 동의한다.

"정당이 정치적 실권을 장악한 정당 정치는 역사를 해석하고 설명하는 사람들을 통제하면서 대안적인 관점을 억압하는 안건을 가장 중요하게 다뤄 왔다. 또한 정당 정치는 시진핑 주석이 군대에서부터 의사결정에 이르기까지 모든 부분을 통제한 후, 이제 더욱 깊이 들어가 사람들의 마음을 계속 추적하여 통제하려고 애쓰는 안건도 드러내 보인다."

역사 기억법은 현재 처한 상황에 따라 기억력을 형성하는 데 가장 중요한 역할을 할 수 있는 방법을 통찰하면서 미리 앞을 내다보고 인지하는 조지 오웰의 선견지명을 구체적으로 보여 준다.

"과거를 지배하는 사람은 미래를 지배한다. 현재를 지배하는 사람은 과거를 지배한다."

평생 동안, 우리의 기억은 현재 우리 마음속에 자리 잡은 신념과 태도에 영향을 받고, 이러한 태도는 세월과 더불어 변한다. 이런 신념과 태도에 따라 기억이 변하는 사례는 항상 우리 주변에 존재한다.

2012년부터 현재까지 대통령직을 역임한 블라디미르 푸틴Vladimir Putin이 통치하는 러시아는 수직 권력 구조를 갖춘 민주주의에 따른 위험성을 모두 보여 준다. 이를테면 수직 권력 구조는 푸틴이 도입한 개념으로서 '상위 계급의 뜻이나 명령을 하위 계급에게 전달하는 정부 구조'를 의미한다. 카네기 모스크바 센터의 알렉산더 바우노프Alexander Baunov가 주장한 바에 따르면, 상위 계급의 뜻이나 명령을 하위 계급에게 전달하는 이런 상의하달 체계에서 권력은 엘리트 계층이 장악하고, 엘리트 계층은 자신들의 이해관계에 따라 권력을 행사한다.

"당신은 '수직 권력 구조'를 인지하고 있다. 러시아 정부는 이제 '수직적 기억 구조'도 구축하기를 원한다."

알렉산더 바우노프가 주장한 이런 발언은 특히 옛 소련의 정치범 강제 노동 수용소인 굴라그를 언급하며 역사를 바꾸려고 시도하는 푸틴에게 대응하는 차원에서 나왔다.

그런 행동은 섬뜩하게도 19세기 유교 학자가 "한 나라를 파괴하려면, 우선은 그 나라의 역사를 뿌리 뽑아야 한다"라고 주장한 발언을 연상시킨다.

하지만 이런 현상은 전체주의 국가에서 일어나고 있다. 당신도 이런 현상은 미국에서 일어날 수 없다고 생각할 수 있다. 그런데 정말일까? 정말 일어날 수 없는 일일까?

ABC 뉴스와 〈워싱턴 포스트〉가 9.11 테러와 관련하여 공동으로 실시한 여론 조사를 발표한 바로 그날, 시위대는 미국 버지니아주의 중심 도시인 리치먼드로 연결되는 주요 간선 도로에서 미국 남북 전쟁 때 남부군 총사령관을 맡아 북군을 괴롭혔던 미국의 군인인 로버트 에드워드 리Robert E. Lee 장군 동상을 철거했다. 무게가 약 12,000킬로그램이고, 길이가 약 6.5미터이며, 청동으로 만들어진 동상은 말 위에 늠름하게 앉아 있는 자세로 만들어졌다. 이 동상은 미국에 남아 있는 남부 연합 상징물들 가운데 가장 크고 130년 동안 자리를 지키고 있었다. 리 장군 동상을 철거하는 행사가 열렸을 때 버지니아 주지사 랄프 노섬Ralph Northam은 "동상을 철거하는 이 행사는 우리가 누구이고, 민주 공화국으로서 우리가 무엇을 가치 있게 여기는지를 보여 주는 가장 중요한 단계이다"라고 언급했다. 그러나 장군 동상을 옹호하는 사람들은 장군의 기마상을 받침대에서 분리시켜 장군 동상을 철거하는 행사 자체가 역사를 지우거나 적어도 다시 쓰려는 시도라고 주장하며 주지사의 발언에 반박했다. 그렇다면 누구의 주장이 옳을까?

나는 여기에서 역사 기억법과 역사적 기억에 관한 모든 내용을 자세히 다루려고 한다. 집단적 기억이 개인적 기억과 마찬가지로 강제적인 의제에 따라 미묘하게 변화될 수 있다는 사실을 깨닫는 것이 매우 중요하기 때문이다. 학교와 대중 매체에서 접하는 역사를 어떤 방식으로든 이해하고 받아들인다면, 당신은 그 역사를 기억하게 된다. 그 정도로 기억은 우리가 어떤 사건이나 상황을 얼마나 사실로 흔쾌히 받아들이느냐에 따라 달라진다. 하지만 특히 누군가가 우리에게 역사와 관련하여 또 다른 해석도 고려하기보다 한 가지 해석만을 선호하도록 미묘하게 압력을 가한다면, 아주 위험할 수 있다. 우리는 기본적으로 누군가의 설명을 바탕으로 이해하고 받아들이면서 미래의 기억을 형성할 것이다. 만약 누군가가 우리의 관점과 기억을 변화시킬 목적으로 우리가 현재 인식하는 과거의 기억 정보에 정치적이고 사회적으로 압력을 가한다면 어떻게 해야 할까? 첫 번째로 우리는 우리 스스로가 과거를 어떻게 기억하기를 바라고 얼마나 정확히 기억할 것인지를 자신에게 묻고 그에 따른 견해를 스스로 평가하면서 더욱 예리한 관찰력으로 기민한 태도를 유지해야 한다.

두 번째로 우리는 과거에 경험한 사건과 상황을 이해하고 받아들이면서 형성한 기억이 오늘의 기억과 미래의 기억을 형성한다는 사실을 계속 인식해야 한다. 캘리포니아 주 샌프란시스코 대교구 대주교이자 미국 로마 가톨릭 교회의 장로인 살바토레 코딜레온Salvatore Cordileone이 미국을 비롯하여 전 세계적으로 가장 영향력이 큰 일간지인 〈월 스트리트 저널〉의 논평 기사 면에서 "우리가 과거를 기억하기로 선택한 방법은 앞으로 기억하기를 바라는 과거의 역사적인 사건이나 상황이나 사람들과 관련하여 미래의 기억을 형성한다"라고 썼다.

바로 지금, 기억력을 형성하고 파괴하고 왜곡하는 데 가장 큰 영향력을 미치는 수단은 과학 기술적인 장치이다. 과학 기술적인 장치는 기억력을 강화하는 데 편리하게 이용할 수 있는 응용 프로그램을 제공한다. 최근 들어 사진술이 눈에 띄게 발전한 스마트폰은 탄성을 자아낼 정도로 사진을 사실과 거의 똑같게 촬영한다. 하지만 인간의 생물학적인 기억을 기술 혁신적인 기억으로 대체하기에는 그만큼 대가가 따른다.

다음 휴가를 즐길 때 주위를 자세히 살펴본다면, 열광하듯이 매우 빠른 속도로 사진을 촬영하는 사람들을 쉽게 볼 수 있을 것이다. 휴가지에서 열광적으로 사진을 촬영하는 사람들은 보통 카메라 렌즈를 바라보면서 촬영하는 대상을 실제로 아주 잠깐만 본다. 그렇기 때문에 자신이 촬영한 사진을 기억하기까지 많은 제한이 따를 것이다. 결과적으로 사진은 개인마다 기억을 정확히 떠올려 주는 역할을 하지 못하지만, 어느 정도는 기억을 대신할 것이다.

기술적인 장치는 경험을 증폭시키고 풍부하게 만들 수 있으며 기본적으로 우리의 기억력을 형성할 테지만, 또한 우리의 기억력을 위축시키는 원인이 될 수도 있다. 휴대전화 카메라로 모든 작업을 수행할 수 있는데, 왜 굳이 무언가를 마음속에 그려 보고자 노력하며 집중하고, 주의를 기울이고, 열중하려고 애를 쓰겠는가?

무언가를 떠올리려고 애쓰는 이런 모든 상황을 피할 수 있는 방법들 가운데 하나는 기억력을 강화하는 수단으로서 사진을 이용하여 사진을 촬영했을 때는 감지하지 못한 부분들을 알아차리는 것이다. 예를 들어 당신의 옛 대학 룸메이트가 입은 웨딩드레스의 모든 요소를 세세하게 기억할 가능성이 낮기 때문에 기억력을 정확하게 강화할 수 있도록 사진을 촬영하는 것이 가장 좋다.

세상에 없는 사람의 라이브 공연

현재와 앞으로 다가올 미래까지도 계속 눈에 띄게 발전하는 과학 기술적인 장치들은 과거나 현재, 미래와 관련된 우리의 개념을 이미 마구 휘저어 섞고 있다. 당신이 가장 좋아하는 가수가 펼치는 공연을 주의 깊게 바라보고 있다고 상상해 보라. 당신은 그녀가 펼치는 공연을 마음껏 즐기면서도 어떤 이유에서인지 너무 소름이 끼치는 느낌을 받는다. 대중 매체에서는 그 공연을 '라이브(live)' 공연이라고 표현하지만, 그 가수가 9년 전에 이미 사망했다면 어떻게 그 공연을 라이브 공연이라고 부를 수 있을까?

누군가가 사망했을 때, 사망한 사람은 영구적으로 과거의 인물이 된다. 하지만 지금은 컴퓨터를 이용한 가상 기술 덕분에, 마치 사망한 사람이 지금도 여전히 살아 있는 것처럼 경험할 수 있다.

2021년 가을, 그래미 어워드에서 앨범 상을 여러 차례 수상한 가수인 휘트니 휴스턴Whitney Houston은 라스베이거스에서 매진된 공연을 펼쳤다. 그녀의 공연에 동반된 음악가들과 댄서들이 반박의 여지가 없을 정도로 확실하게 라이브 공연을 펼쳤다. 그 당시 이미 고인이었던 휘트니 휴스턴의 전성기 시절 얼굴을 컴퓨터로 만들어 내서 디지털 방식으로 한 배우의 신체에 융합시켜 대역을 썼던 것이었다. 최첨단 기술을 이용한 이런 사후 공연에서는 휘트니 휴스턴이 무대를 서성거리며 자신의 열광적인 팬들을 향해 큰소리로 노래하고, 거의 10년 전에 사망한 사람이라기보다 오히려 바로 지금까지도 현실에서 공연을 펼친 사람이라는 인상을 주면서 무대 위를 가로지르며 매우 설득력 있을 정도로 확실하게 춤을 췄다.

그렇다면 이런 첨단 기술을 장착한 공연은 어떻게 기억될까? 확실히 실제로 펼쳐진 공연으로 기억되지는 않을 것이다. 오히려 휘트니 휴스턴의 사후 공연은 신속하게 진화하는 메타버스 가상 세계, 이를테면 현실 세계를 대체하는 가상 세계에 쉽게 동화될 것이다. 또한 메타버스 가상 세계에서 라이브 공연을 펼친 휘트니 휴스턴의 모습과 마찬가지로 가상 세계에서 생생하게 일어나는 사건이나 상황에 매우 가까이 접근할수록, 현실 세계에서 실제로 일어나는 사건과 가상 세계에서 생생하게 일어나는 사건 사이의 기억을 구별하기가 더욱 어렵고 힘들어질 것이다. 현실 세계에서 실제로 일어나는 상황과 가상 세계에서 생생하게 일어나는 상황 사이의 기억을 구별하려면 무엇을 정확하게 살펴보고 주의 깊게 귀담아 들어야 할까?

기술적인 장치로 컴퓨터 화면에서 사망한 사람을 살아 있는 듯이 생생한 모습으로 변화시켜 재현하는 기술을 과연 믿을 수 있을까? 컴퓨터와 인공 지능 전문가들은 실제 인물과 거의 정확하게 닮아 보이는 가상 인물을 바라보면서 생기는 불안감이나 혐오감, 두려운 감정, 이상하고 낯선 느낌, 섬뜩함 등 부정적으로 느끼는 감정을 '불쾌한 골짜기'라고 한다. 불쾌한 골짜기와 양립하며 내면에서 불쾌한 감정을 일으킬 수 있는 경험인 만큼 사망한 사람을 컴퓨터 화면에 다시 나타내는 재현을 과연 믿을 수 있을까?

· 6장 ·

인생을 허비하지 않는 삶

기억력의 향상

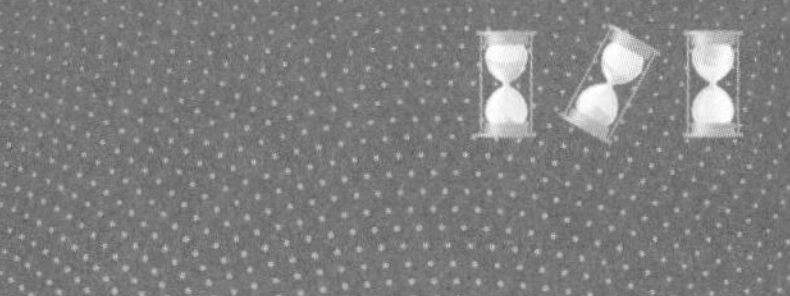

약물이 기억력에 도움이 될까?

사람들이 내게 기억력을 강화할 수 있는 약물이 있는지를 묻는 경우가 많다. 답변은 '그렇다'이지만, 그 대신 기억력을 강화하도록 도와주는 약은 복용과 관련하여 조건이 따른다. 중추 신경과 교감 신경을 흥분시키는 작용을 하는 각성제인 암페타민과 일부 다른 약들은 기억력을 단기적으로 강화할 수 있도록 이미 복용이 가능하다. 이런 약들은 도파민 수용체를 조절하여 도파민 활동을 증진시킨다. 예를 들어 실제로 기억력 검사에 대비하고자 새로운 자료를 학습하고 암기하는 데 도움을 줄 수 있다.

조건이 따르는 약물 복용

하지만 화학적인 약들은 새로운 자료를 암기할 경우에 느껴지는 기분이나 환경과 암기한 자료를 생각해 낼 경우에 느껴지는 기분이나 환경이 비슷한 상태일 때 더욱더 잘 기억되는 현상인 상태 의존적 특성을 지니고 있다. 그래서 기억력 검사를 시행하기 바로 직전에 복용해야 한다. 또한 기억력 검사를 완전히 다 끝마치고 나면 적어도 한 시간 이내에 암기했던 정보들을 모두 다 잊게 될 가능성이 크다. 게다가 그저 일시적으로만 기억력을 강화하는 그 이상의 역할을 담당하는데, 추가적으로 심장 마비나 뇌졸중이 급작스럽게 발생할 때 심장 박동 수와 혈압 수치를 증가시킨다. 하지만 도파민 활동을 증진시키는 그러한 약들은 정상인에게도 분노감이나 불안감을 유발하여 극심한 불안 증세나 공황 발작 증상을 일으킬 수도 있다. 한마디로 말해서, 기억력을 강화하도록 자극하는 약들은 모든 사람에게 유익하다고 단언하기에 불확실하므로, 복용과 관련하여 항상 조건이 따른다.

그러나 그런 심각한 문제들을 일단 고려하지 않더라도, 기억력을 단기적으로 강화하는 데 제한적으로(매우 제한적으로) 도움을 주는 약들이 잠재적으로 부정적이고 치명적인 결과가 발생하지 않은 채 미래에 공식적으로 사용될 수도 있다고 생각하는가? 나는 그럴 수도 있다고 생각하지만, 기억력을 강화하도록 자극하는 약들에 따른 상태 의존적 특성은 완전히 제거될 수 없다고 생각한다. 따라서 기억력을 가장 제대로 형성하고 강화하려면, 기억 정보를 복구하도록 뇌를 조정하듯이 기억력을 형성하도록 뇌를 조정하는 방법이 무엇보다 가장 필요할 것이다.

기억력을 강화하도록 자극하는 약들을 다루는 다른 방법은 기억력을 강화하도록 유도하는 화학적인 약를 개발하여 기억력을 강화하는 데 성공적인 측면을 입증할 수도 있다. 활동적으로 움직이는 쥐와 주로 앉아서 생활하는 쥐를 대상으로 예전에 이미 연구가 진행되었다. 그 결과에 따르면, 활동적인 쥐에게서 따로 추출한 혈장을 활동적이지 않은 쥐에게 직접 주입했을 때, 기억력이 향상되어 미로를 통과하는 방법을 더욱 신속하게 학습했다. 그리고 미로를 통과하는 경로를 더욱 오랜 시간 동안 기억했다. 연구진이 활동적인 쥐의 혈장을 분석한 결과를 보면 항염증 효과가 있어 뇌 염증 수치를 감소시키는 물질인 클러스테린 단백질이 증가했다는 사실을 알 수 있다. 혈액에 존재하는 혈액 단백질들 가운데 하나인 클러스테린 단백질은 뇌에 산소와 영양분을 공급하는 혈관의 내벽에 존재하는 세포가 손상되지 않도록 막아 주는 기능이 있다. 알츠하이머병에 시달리는 쥐는 클러스테린 단백질 수치가 감소하여 뇌혈관 내벽에 존재하는 세포가 손상되고, 뇌 염증 수치가 증가하며, 결국 무엇보다도 기억력이 약화되었다.

하지만 쥐를 대상으로 진행한 실험에 따라 다음과 같은 두 가지 경고 사항은 계속 염두에 두어야 한다. 첫째, 사람을 대상으로 이런 연구를 진행할 때는 쥐를 대상으로 진행한 모든 연구와 똑같이 성공적인 결과를 도출해 내지 못할 것이다. 둘째, 신체적으로 활동적인 사람과 주로 앉아서 생활하는 사람을 대상으로 이런 연구를 진행한다면, 오로지 활동적인 사람의 혈장에서만 클러스테린 단백질과 같은 혈액 단백질을 따로 추출하여 나중에 이런 혈액 단백질을 특별히 함유한 약제를 개발하는 것이 가장 안전할 것이다.

기억력을 강화하도록 자극하는 약들은 먼 미래가 아닌 가까운 미래에도 기억력을 강화하는 데 성공할 가능성이 커 보인다. 하지만 이런 약보다도 기억력을 강화하는 데 훨씬 더 신뢰할 만한 조력자들은 수면과 식습관, 신체적 활동이다. 따라서 지금 당장 기억력을 강화하고 싶다면 우선 충분한 수면을 취하여 수면의 질을 향상시키길 바란다.

매일 낮잠을 자면 일어나는 일

수면은 여러 유형의 모든 기억력을 질적으로나 양적으로 강화한다. 최근에 진행한 실험에 따르면, 수면은 기억력을 형성하는 정도가 낮은 초기 단계에서 약하게 부호화되는 기억력에 선택적으로 유익하다. 다시 말해서, 기억 극장에서 정신적 이미지를 형성할 때 덜 선명하게 형성된 정신적 이미지는 낮잠과 수면을 취하는 동안 선택적으로 선명하게 형성될 수 있다. 잠에서 깨어 있는 동안 단계적으로 기억력이 약화될수록, 수면을 취하는 동안 기억력이 확실하게 강화된다. 게다가 약하게 부호화된 기억력은 나중에 수면을 취하는 동안 더 약화되지 않고 안전하게 회복되어 기억력이 더욱 강화된다.

낮잠이 인간에게 주는 보상

낮잠도 역시 기억력에 긍정적인 영향을 미친다. 어디에서든 30분에서 1시간 30분 정도 지속적으로 낮잠을 취하는 사람들을 대상으로 연구한 결과에 따르면, 이들은 낮잠을 취하기 전에 부호화된 기억력이 나중에 기억 정보를 확실하게 생각해 낼 정도로 강화되었다. 한 실험에서, 실험 참가자들은 텔레비전에서 방영하는 다큐멘터리를 시청하거나 낮잠을 취하는 선택 사항에서 한 가지를 선택하도록 요청받았다. 그런 다음 다큐멘터리를 시청하는 그룹과 낮잠을 취하는 그룹은 단어 목록을 학습하고 암기했다. 실험에 따르면, 단어를 암기한 후 낮잠을 잔 그룹은 단어를 암기한 후 다큐멘터리를 시청한 그룹보다 단어들을 21퍼센트 정도 더 많이 기억해 냈다. 또한 뇌의 활동 수준에서 실험 대상자인 두 그룹을 비교한 실험 결과에 따르면, 단어 목록을 학습하고 암기한 후 낮잠을 잔 그룹은 단어 목록을 학습하고 암기한 후 다큐멘터리를 시청하는 그룹보다 fMRI로 촬영된 해마의 활동성이 훨씬 더 높았다. 이와 더불어 부호화한 기억력이 더욱 강화하는 정도를 측정하는 방추 활동성이 훨씬 높게 나타났다. 이를테면 내측 측두엽에 포함된 해마는 기억력과 관련되는 영역으로서, 기억력을 형성하는 기억 경로에서 맨 처음으로 시작되는 지점이다.

일부 연구들은 밤에 숙면을 취하지 못하고 잠을 설쳤을 때 그에 따른 보상으로 낮잠을 잔 상황과 관련하여 유사한 결론을 도출하게 되었다. 어떤 이유로든 밤에 숙면을 취하지 못하고 잠을 설치면서 수면의 질이나 양이 떨어졌을 때, 특히 청소년과 젊은 성인들은 오후 중반쯤에 낮잠을 잔다면 기억력을 확실히 강화할 수 있다.

수면은 측두엽의 시냅스 기능을 발달시키면서 기억력과 관련된 뇌신경 세포들 사이의 연결 고리인 시냅스 연결을 강하게 만들어 무엇보다 기억력을 강화하는 데 매우 중요한 역할을 한다. 숙면을 취하는 동안에는 이런 시냅스들이 신경 경로를 따라 해마에서부터 대뇌 피질에 이르기까지 기억 정보를 전달한다. 이러한 현상이 발생할수록, 장기 기억은 해마와 관계없이 대뇌 피질에서 강화한다. 또한 이러한 모든 현상은 기본적으로 단기 기억을 장기 기억으로 전환하는 근거가 된다.

그렇다면 어떻게 낮잠을 자야 당신에게 가장 유익할까? 첫째, 정상적인 생물학적 주기에 따라 낮잠을 잠깐 취하기에 가장 적절한 시간대는 오후 1시에서 4시 사이인데, 모든 사람이 성공적으로 낮잠을 푹 잘 수 있는 것은 아니다. 하지만 절망하지 않아도 된다. 일단은 낮잠 시간을 휴식 시간이라고 생각하며, 일부러 낮잠을 자려고 애쓰지 말고 어둡고 조용한 휴게실이나 사무실에서 소파나 침상 위에 누워 있기를 바란다. 며칠간 이런 행동를 반복한 후에는 당신이 오후 1시에서 4시 사이에 따로 자리를 마련한 곳에 누워 있을 때마다 당신의 뇌가 점차 근본적으로 밤에 수면을 취할 때와 유사하게 수면 모드로 전환할 것이다.

현재 당신은 낮잠을 자고 일어났을 때 어떤 기분이 드는가? 혹시라도 정신이 혼미한 상태에서 몸을 제대로 가누지 못하고 비틀거리거나 여전히 잠이 부족하다고 느낀다면, 당신은 24시간마다 반복되는 생물학적 주기로서 당신의 일주기 생체 시계인 일주기 생체 리듬에 방해가 될 정도로 너무 지나치게 오랫동안 낮잠을 잤을 것이다. 결국 당신은 그날 밤에 수면을 취하는 데 문제가 발생할 만큼 수면 장애에 시달릴 수 있다. 수년 간, 나는 낮잠을 정확하게 30분 정도 취하는 방법을 익혔다. 나와 잘 알고 지내는 어떤 사람들은 각자 스스로가 오로지 15분 정도만 낮잠을 잔 다음 상쾌하고 활기찬 기분으로 일어나 생기를 되찾는 방법을 훈련했다.

성공적으로 낮잠을 취하려면 낮잠에 들기 전에 느꼈던 기분보다 훨씬 더 상쾌하고 원기가 회복되는 기분으로 낮잠에서 깨어나는 것이 무엇보다 가장 중요하다. 내 경험에 따르면, 낮잠을 잘 때는 낮잠 자는 시간의 길이와 시간대를 확실하게 설정해놓으면 좋다. 이를테면 낮잠 자는 시간은 15분에서 1시간 이하 정도로 설정한다. 그리고 시간대는 점심 식사 후, 특히 점심 식사 시간에 탄수화물을 다량 섭취한 후 일반적으로 졸음이 몰려드는 시간대를 활용하고자 점심 시간대에 가깝게 설정해놓으면 매우 좋다. 처음에는 자신만의 방식으로 낮잠 습관을 형성하기까지 다소 시간이 걸릴 수 있지만, 그래도 낮잠 습관을 확실하게 형성하도록 스스로 꾸준히 노력해야 한다. 낮잠은 놀라울 정도로 원기를 회복시키고 신체적 에너지를 재충전해 주며, 믿을 수 없을 정도로 당신의 기억력을 더욱 강화시켜 준다.

기억력을 강화하는 건강 식단

식품과 관련된 정보를 보도하는 뉴스도 우리에게 유익하다. 하지만 지금까지 뉴스에서 보도한 식품 정보는 내용이 덜 구체적이며, 특별히 기억력에 유익하다고 확인된 식단은 없었다.

일반적으로 치매 증상이 없다고 하더라도 기억력이 완벽한 사람으로 여기지는 않는다. 대부분 사람은 기억력이 감퇴될 수 있으나, 반드시 치매에 시달리지는 않는다. 또한 내가 이 책에서 몇 차례나 반복적으로 언급했듯이, 기능적으로 뛰어난 기억력을 최상으로 갖춘 사람은 근본적으로 알츠하이머병이나 어떤 다른 유형의 치매에 걸릴 걱정은 하지 않아도 된다.

다크 초콜릿 한 조각의 힘

이러한 사실을 염두에 둔 상태에서, 우선 전 세계적으로 모든 초콜릿 중독자의 마음을 기쁘게 해 줄 연구 결과부터 자세히 살펴보자. 2020년 학술지인 〈영양소 저널〉에 발표된 연구에 따르면, 코코아 함량이 높아 일반 초콜릿보다 더 검은 색깔을 띠는 다크 초콜릿은 건강한 젊은 성인의 일화 기억을 강화시킨다. 코코아 플라보노이드는 코코아에 자연적으로 존재하지만 쓴 맛이 있으며 다크 초콜릿에 함유된 성분으로서, 아마도 뇌 혈류량을 증가시키는 방법과 같은 메커니즘을 통해 기억력 기능을 향상시킨다.

신경과학자들은 이제 기억력을 강화하는 역할을 담당하는 뇌의 한 부분인 치아 이랑(DG, dentate gyrus)을 학습하고 연구할 수 있다. 치아 이랑은 해마의 내부 영역으로서 해마와 해마 곁 이랑 사이에 위치하며 여러 개의 치아가 난 모양을 갖춘 작은 이랑을 말하는데, 나이가 들어갈수록 크기가 줄어들고 기능이 약화된다. 신경과학자들은 3개월간 코코아 플라보노이드가 다량 함유된 식단이나 소량 함유된 식단을 섭취한 52세 연구 대상자와 69세 연구 대상자를 비교하며 연구를 진행했다. 연구 결과에 따르면, 코코아 플라보노이드가 다량 함유된 식단을 섭취한 연구 대상자는 고해상도의 fMRI 검사와 인지 검사를 시행했을 때 기억력을 강화하는 역할을 담당하는 치아 이랑의 기능이 향상되었다. 하지만 다크 초콜릿을 구성하는 성분인 코코아 플라보노이드가 함유된 식단이 전적으로 건강에 유익한 식단이라는 의미는 아니다. 그래도 코코아 플라보노이드가 함유된 특정 식품은 분명히 치매가 발생할 가능성을 줄여 준다.

하버드 의학 전문 대학원의 영양 정신 의학과 교수인 우마 나이두Uma Naidoo 박사는 포괄적으로 뇌 건강에 유익한 특정 식품의 이점을 강조하는 인상적인 연구를 진행했다. 우선 식단을 기능적으로 기억력을 강화하기보다 오히려 기억력을 형성하고 계속 유지하는 데 도움을 주는 보조제로 생각하자. 기능적으로 기억력을 강화하는 보조제는 이 책에서 특별하게 다뤘던 내용들과 마찬가지로 규칙적인 근육 운동을 포함하는 기억력 강화 운동에서 비롯된다.

당신이 건강한 뇌를 소유하고 있다면, 규칙적인 근육 운동을 포함하는 기억력 강화 운동은 확실히 기능적으로 기억력을 강화하는 데 매우 효과적일 수 있다. 이런 이유로 우마 나이두 박사가 연구 결과에 따라 "건강한 뇌는 건강한 기억력을 형성하고 유지하는 기능을 촉진시킨다"라고 제안한 발언은 타당한 진술이다. 그러므로 우선 신체적으로 건강에 유익한 식단을 섭취한다면 심신의 피로감을 덜 느끼게 될 것이고, 이 책에서 기술적으로 제안한 방법들을 제대로 적용한다면 기능적으로 기억력을 강화하는 데 더욱 확실하게 동기 부여가 될 것이다.

내가 가장 제안하고 싶은 세 가지 식품은 다음과 같다.

베리류: 베리류는 가장 강력한 항산화제로서, 비타민과 무기질을 매우 많이 함유하고 있다. 종합적으로 블루베리와 블랙베리, 레드베리 가운데 기호에 따라 선택적으로 섭취한다. 블루베리와 블랙베리, 레드베리는 플라보노이드가 약간 각기 다르게 함유되어 있다.

추가적으로 블루베리와 블랙베리, 레드베리를 모두 섞어서 골고루 섭취할 경우에는 블루베리와 블랙베리, 레드베리 가운데 제한적으로 하나만 섭취했을 경우보다 훨씬 더 많은 이점이 따를 수 있다.

발효 식품: 조직 배양한 미생물을 식품에 첨가하면, 식품에 함유된 설탕은 장내에 유익한 박테리아의 성장을 촉진하는 젖산으로 전환될 수 있다. 이런 발효 식품에는 미소 된장과 콤부차(녹차나 홍차를 우려낸 물에 설탕과 스코비란 효모균을 첨가하여 발효시킨 음료), 케피르(전통 발효유), 요구르트, 자우어크라우트(양배추 발효식품) 등이 포함될 수 있다.

녹색 잎채소: 녹색 잎채소는 신경 전달 물질의 기능을 돕는 비타민 B9인 엽산을 함유하고 있다. 녹색 잎채소에는 아루굴라(루꼴라), 미나리, 시금치, 근대(스위스 차드), 민들레 잎, 상추 등이 포함된다.

이런 권장 식품들을 건강에 유익한 식단에 포함하는 가장 좋은 방법은 무엇일까? 지중해식 식단은 버터 대신 사용하는 올리브유와 더불어 채소와 과일, 콩과 식물, 콩류, 견과류, 시리얼, 곡류, 생선, 불포화 지방 등을 다량 함유한다. 지중해식 식단에 가장 위반되는 식품은 설탕이 다량 함유된 가당 음료와 대부분 피자, 과일 주스, 설탕이 다량 함유된 아침 식사용 시리얼, 튀긴 식품, 페이스트리(밀가루에 버터나 우유, 물 등을 넣고 반죽하여 바삭하게 구운 과자나 빵), 쿠키, 케이크, 감자튀김, 감자 칩 등이 해당한다.

마인드 식단(MIND Diet, 고혈압을 낮추기 위한 식단과 뇌 건강에 좋은 식단을 합친 것)은 지중해식 식단보다 약간 더 엄격하며 뇌 건강에 집중하는 또 다른 뇌 지향적 식단으로서, 신경 퇴행성 진행을 지연하고 뇌 기능을 향상시키는 지중해식 식단과 고혈압을 잡아주는 대시 식단(DASH Diet, 소금 섭취를 제한하고 식이섬유를 섭취하는 식단)과도 유사하다.

매일 삼시 세끼 식단으로 퀴노아나 보리, 메밀, 현미 등과 같은 통곡물과 살찌는 고칼로리 드레싱을 첨가하지 않은 샐러드, 또 다른 야채 등을 섭취하며, 원한다면 와인 한 잔을 곁들여도 좋다. 또한 간식은 간단하게 콩류 반 컵 정도와 견과류를 격일로 섭취한다. 일주일에 두 번 정도는 닭이나 오리, 거위 등 가금류의 고기와 베리류 반 컵 정도를 섭취할 수 있다. 적어도 일주일에 한 번은 석쇠나 오븐에 구운 생선을 섭취해야 한다.

지중해식 식단과 마인드 식단 가운데 내가 개인적으로 선호하는 식단은 약간 덜 엄격한 지중해식 식단과 약간 더 엄격한 마인드 식단의 일부를 조합한 식단이다. 지중해식 식단을 적용할 때는 지중해식 식단에 따라 자신이 금지하는 식품을 피하면서 스스로 설정한 시간대에 원하는 식품을 거의 섭취할 수 있다. 지중해식 식단과 마인드 식단은 모두 현재 정부의 식이 요법 지침에 따른 권장량보다 탄수화물 섭취량이 훨씬 더 적기 때문에, 지중해식 식단과 마인드 식단을 섭취하는 사람들은 일반적으로 체중이 다소 감량될 수 있다. 또한 지중해식 식단과 마인드 식단을 적용할 때는 알코올을 섭취해도 된다. 나는 채식주의자가 아니기에, 가끔은 스테이크와 다른 고기류를 섭취할 수도 있다. 하지만 스테이크와 다른 고기류는 전통적인 지중해식 식단에 따라 마지못해 제외하는 식품들이다. 다시 말해서, 지중해식 식단과 마인드 식단에 가장 위반되는 식품은 주로 대부분 설탕이 다량 함유된 식품과 튀긴 식품, 혈당 부하 지수가 높은 탄수화물 식품, 과도한 알코올 등이 해당한다.

지중해식 식단과 마인드 식단은 모두 뇌 건강에 도움이 되는 식단으로 제안되었지만, 알츠하이머병을 예방하는 식단으로는 입증되지 않았다.

커피와 술은 치매에 어떤 영향을 줄까?

최근 연구에 따르면, 커피와 차를 섭취한 사람은 치매가 발생할 위험률이 줄어들었다. 특히 흥미로운 연구 결과에 따르면, 하루에 커피와 차를 두세 잔 정도 섭취한 사람은 2021년 11월 영국 바이오뱅크(UK Biobank)가 발표한 수치에 따라 치매가 발생할 위험률이 가장 많이 감소되었다. 이러한 연구는 커피와 차를 섭취할수록 뇌졸중과 치매가 발생할 위험률이 감소된다는 사실을 분석했다. 연구 참가자 365,682명 가운데 하루에 커피와 차를 두세 잔 정도 섭취한 사람들은 그렇지 않은 사람들보다 치매가 발생할 위험률이 28퍼센트 정도 감소했다.

국제 학술지인 〈노화 신경과학의 프론티어〉에 발표된 호주식 식단 연구 결과에 따르면, 차와 관련해서는 치매가 발생할 위험률을 측정하지 않았지만, 커피는 앞에서 언급한 연구와 마찬가지로 치매가 발생할 위험률을 감소시켰다. 126개월에 걸쳐 하루에 커피를 두세 잔 정도 섭취한 사람들은 알츠하이머병의 증상 수준을 과도하게 악화시킬 만큼 인체에 해로운 체내 노폐물인 아밀로이드 베타(Amyloid Beta)가 내측 측두엽에 포함된 해마와 대뇌 피질 부위에 덜 축적되고, 인지력 감퇴 현상이 더디게 일어났다.

적당한 음주가 치매를 예방한다?

전 세계적으로 알코올 섭취와 관련된 다양한 연구 결과들이 매달, 심지어 매일 발표된다. 2018년 프랑스 국립 보건 의료 연구소가 영국 의학 저널에 발표한 연구들은 우리를 혼란스럽게 할 수 있다. 연구에 따르면, 알코올을 섭취하지 않은 9,087명의 사람들은 알코올을 적당하게 섭취한 사람들보다 치매가 발생할 위험률이 훨씬 더 높았다. 그렇다면 우리는 어떤 결론을 내릴 수 있을까? 모든 사람이 술을 적당하게 마시면서 술을 아예 입에도 대지 않은 사람들보다 훨씬 더 오래오래 살아가야 하는 것일까? 왠지 그런 연구 결과들은 이해가 잘 되지 않는 것 같다. 소량이나 적당한 양의 알코올을 섭취하는 사람들은 아마도 일주일에 최대한 7잔에서 12잔 정도를 섭취할 것이다. 하지만 나는 중립적인 입장에서 비록 미약하지만 뇌 세포를 사멸시킬 만큼 뇌신경에 유독한 물질인 알코올이 건강에 유익하거나, 심지어 치매가 발생할 위험률도 감소시키는 요소라고 생각하기가 매우 어렵다.

그래서 나는 소량이나 적당한 양의 알코올 섭취와 관련된 세계 문헌을 찾아 꼼꼼하게 살펴보았다. 세계 문헌에서 살펴본 정보들은 아무리 소량이라고 해도 지속적으로 섭취하는 알코올이 건강에 유익하거나 치매가 발생할 위험률을 감소시킨다는 연구를 지지하지는 않았다.

몬트리올에 있는 퀸 엘리자베스 종합 병원의 심장 전문의이자 역학학자이자 의학 박사인 크리스토퍼 라보스Christopher Labos 교수가 주장한 바에 따르면, 개인마다 각기 다르겠지만 우선 전반적으로 매일 한 잔에서 최대 두 잔 정도로 규정된 소량이나 적당한 양의 알코올 섭취가 건강에 유익하다는 연구들은 '상황에 걸맞게 알코올을 인공적으로 처리하여 만들어 낸 주류'에 기반을 둔다. '무알코올 주류'를 섭취한 그룹으로 식별된 연구 참가자들 가운데 일부는 실제로 예전에 알코올을 아예 섭취하지 말라고 권유받을 정도로 알코올을 마구 섭취했던 사람들이다. 하지만 이런 연구 참가자들은 일반적으로 알코올을 섭취하지 않은 그룹에 포함되었다. 현재 알코올을 섭취하지 않더라도 예전에 이미 알코올을 지나치게 많이 섭취했던 사람들은 지금도 지속적으로 일종의 간 질환과 위장 질환에 시달리고 있을 가능성이 크다. 이런 현상에 따라 우리는 소량이나 적당한 양의 알코올을 섭취하는 사람들이 알코올을 섭취하지 않은 사람들보다 훨씬 더 건강하다고 밝힌 연구 결과가 왜 타당하지 않은지를 설명할 수 있을 것이다.

소량이나 적당한 양으로 섭취하는 알코올이 신체적 건강에 유익하다고 결론을 내린 모든 연구는 연구 참가자들마다 젊은 시절부터 갖춰진 음주 습관을 고려해야 하며, 예전에 알코올을 지나치게 많이 섭취했지만 현재 무알코올 주류를 섭취한 사람들을 제외한 채로 처음부터 아예 알코올을 섭취하지 않았던 사람들을 대상으로 진행되어야 할 것이다.

근본적으로, 참가자들 가운데 알코올을 섭취하지 않은 그룹은 한 가지 이유든 또 다른 이유든 간에 오로지 알코올을 결코 단 한 번도 섭취하지 않았던 사람들로만 구성되어야 한다.

라보스 박사는 "이러한 연구들을 올바르게 바로잡는다면, 당신은 알코올이 건강에 유익하다는 결과가 우리 사회에서 최소한으로 매우 적게 존재하거나 아예 존재하지 않고, 알코올이 신체 건강에 유익하다기보다 훨씬 더 해롭다는 사실을 인식하게 될 것이다"라고 주장했다.

지금 여기에서 우리가 매우 중요하게 다루는 문제로서, 특히 알코올이 기억력에 미치는 영향과 관련된 뉴스들은 유난스럽게도 암울하다. 내가 앞에서 식품이 기억력에 미치는 영향을 언급했듯이, 내가 알고 있는 바로는 알코올이 기억력을 명확하게 손상시키지만 나머지 다른 인지 과정을 손상시키지 않는다는 근거가 존재하지 않기 때문에 치매가 기억력 장애를 나타내는 지표로 작용해야 한다. 대신에 알코올은 일반적으로 인지 과정에 매우 해로운 영향을 끼치며, 결과적으로 마지막 단계에서는 치매를 발생시킨다.

최근에 프랑스에서 일어난 100만 건 이상의 치매 사례를 대상으로 조사한 결과에 따르면, 알코올을 지나치게 많이 섭취한 사람들은 고혈압이나 당뇨병과 같은 질환보다 치매가 발생할 위험률이 훨씬 더 높았다.

2021년 영국 바이오뱅크가 연구 참가자 2만 5,000명을 대상으로 연구한 결과에 따르면, 알코올은 건강에 안전하다고 공식적으로 확정할 수 있는 섭취량이 존재하지 않으며, 결국 기억력 장애와 치매를 발생키는 요인으로 작용했다.

소량으로 섭취하는 알코올이 건강에 유익하다는 신화에 반박하는 또 다른 설명은 어쩌면 '알코올은 알코올을 섭취하는 연령대에 따라 다양하게 건강에 악영향을 미친다'라고 결론을 내린 연구들에서 비롯될 것이다. 인생에서 특히 다음과 같은 세 가지 기간 동안에는 알코올이 신체 건강에 악영향을 미친다. 첫째는 임신 계획을 구상하는 시기부터 임신과 출산으로 이어지는 임신 기간으로 임신을 계획하거나 임신한 여성들은 알코올을 섭취하면 안 된다. 둘째는 청소년기(15세부터 19세까지), 셋째는 노년기(65세 이상)이다.

알코올을 섭취하는 노인들은 기본적으로 치매가 발생할 위험률이 매우 높기 때문에, 나는 내가 진료하는 모든 환자에게 늦어도 70세부터 알코올을 아예 섭취하지 말라고 조언한다. 65세 이상인 노인들은 뇌 속 신경 세포의 수가 불과 몇 년 전보다 훨씬 더 감소한다. 따라서 뇌 속 신경 세포의 수를 되도록 많이 유지하려면 늦어도 70세부터 알코올을 아예 섭취하지 말아야 한다.

육체 활동의 놀라운 효과

지난 20년 동안 육체 운동을 살펴본 연구 결과들은 규칙적인 운동의 중요성을 증명했다. 처음에는 건강에 유익하려면 격렬한 고강도 운동을 실행해야 한다는 연구들이 더는 믿어지지 않았다. 브라질에 있는 펠로타스연방대학교의 나단 페데르Nathan Feder 교수가 진행한 실험에서, 8만 2,872명의 실험 참가자들은 남녀가 평균 63.9세의 연령으로 동등하게 나뉘었다. 대표적으로 영국의 고령화 연구 패널(영국 내 50세 이상의 장노년층을 표본으로 하여 여러 학문이 융합한 총체적인 데이터를 수집하고 영국인 노화의 모든 측면을 살펴보는 종단 연구) 조사를 2002년부터 2019년까지 진행한 결과에 따르면, 신체적 활동을 꾸준하게 실행한 사람들은 치매가 발생할 위험성이 낮았다. 또한 신체적 활동을 적당한 수준이나 높은 수준으로 실행한 80세 이상의 노인들은 신체적 활동을 실행하지 않은 50세에서 69세의 장노년층 성인들보다 치매가 발생할 위험성이 훨씬 더 낮았다.

또한 운전할 수 있을 때는 절대로 걷지 않으며 신체 활동을 하지 않고 주로 장시간 앉아서 생활하는 사람들은 생활 방식을 바꾸는 것만으로도 놀라운 변화를 경험했다. 주로 자주 일어서거나, 계단으로 오르내리거나, 매일 1.5킬로미터 정도를 걷는 등 신체 활동을 꾸준히 하는 것만으로도 장시간 앉아서 생활했을 때와 다르게 신체 건강과 정신 건강이 놀라울 정도로 향상했다. 영국 의학 저널에 실린 엉뚱하면서도 흥미로운 실험에 따르면, 집안일을 틈틈이 실행하는 노인들은 모든 다른 신체적 활동과 관계없이 주의력과 집중력, 기억력, 감각력, 운동 기능 등이 향상했다. 이런 실험은 아무리 아주 잠깐이라도 제자리에서 일어나 가볍게 실행하는 신체적 활동이 주의력과 집중력, 기억력, 감각력, 운동 기능 등을 향상시키고, 결과적으로 건강에 유익하다는 사실을 우리에게 다시 한 번 더 상기시켜 준다. 가장 높은 수준에서 실행하는 모든 신체적 활동은 뇌 신경계 세포(뉴런)의 접합부인 시냅스의 기능과 인지 회복력을 촉진한다.

에필로그

신경과학자가 전하는 기억력에 대한 마지막 조언

나는 이 책을 집필하는 동안 다양한 지점에서 당신이 기억력을 어느 정도로 강화하는 데 도전하도록 기억력 강화 방법을 제안했다. 내가 여기에서 '어느 정도'라는 표현을 사용한 이유가 있다. 당신이 기억력을 성공적으로 강화할 수 있는 길을 계속 따라가다 보면, 스스로 기억력 강화 방법을 터득하게 되고 그와 더불어 당신의 기억력이 매우 강화된다는 사실을 알게 될 것이기 때문이다. 또한 우선 당신이 이 책을 읽기 시작하기 전에 당신의 기억력이 얼마나 제대로 작동하느냐에 따라 목표도 달라질 것이다. 하지만 처음으로 이 책을 읽기 시작한 시점의 기억력이 어떤 상태든지 간에, 내가 제안하는 기억력 강화 방법을 매일 열정적으로 연습하다 보면 당신의 기억력을 확실하게 강화할 수 있다.

결정적으로 독자들 가운데 일부는 경쟁력 있는 기억술사와 마찬가지로 기억력을 성공적으로 강화하기를 갈망할 수도 있기에, 나는 그런 독자들을 위해 다음과 같은 내용을 다루려고 한다.

나는 로어 맨해튼에 있는 콘 에디슨 본사에서 매년 개최한 연례 대회인 제17회 미국 기억력 선수권 대회(US Memory Championship)에서 마지막에 최종 기조연설을 해달라는 요청을 받은 적이 있다. 그날 오전에 열리는 예선전 네 경기와 오후에 열리는 결승전 챔피언십 세 경기로 구성된 대회를 온종일 지켜보면서 나는 아침 일찍부터 나만의 시간을 보냈다. 내가 미국 기억력 선수권 대회에 참석했던 그 해에 일어난 상황을 간결하게 추려서 설명하자면 다음과 같다.

32명의 선수들은 참가 신청서를 제출하고, 예선전을 통과해 결승전 챔피언십 경기에 출전하기 위해 서로 경쟁했다. 오전에 열리는 예선전을 통과한 선수들이 줄어들고, 예선전을 통과한 여덟 명의 선수들이 오후에 열리는 결승전 챔피언십 경기에서 다시 경쟁했다.

예선전이 열리는 동안, 32명의 선수들은 기다랗게 붙여 놓은 여덟 개의 탁자에서 한 탁자 당 네 명씩 걸터앉아 탁자의 한쪽 끝에 놓인 모니터를 바라보며 경기와 관련된 모든 규칙을 확실하게 습득하고 있었다. 선수들 가운데 일부는 예선전이 열리는 동안 처음부터 집중에 방해되는 요소들을 제거하고자 선글라스나 헤드폰을 착용한 채 각자 자신만의 방식으로 집중력과 주의력을 끌어올렸다.

첫 번째 예선전에서는 선수들이 117가지의 이름과 얼굴들을 암기해야 했다. 선수들은 각자 117가지의 컬러 얼굴 사진을 받고서 사진에 묘사된 얼굴마다 성과 이름을 기억하도록 요청받았다. 그런 다음 선수들은 순서가 바뀌고 성과 이름이 제거된 채로 똑같은 117가지의 컬러 얼굴 사진을 받았으며, 사진에 묘사된 얼굴마다 성과 이름을 정확하게 식별해야 했다. 모든 사진에 묘사된 얼굴마다 성과 이름의 철자를 완전히 정확하게 식별했을 때, 1점이 부여되었다.

두 번째 예선전에서는 선수들이 컴퓨터가 생성한 숫자 목록을 신속하게 암기해야 했다. 컴퓨터가 생성한 숫자 목록에는 한 페이지 당 줄이 25개이며, 한 줄 당 숫자가 28개 정도 제시되었다. 선수가 모든 줄의 모든 숫자를 완전히 정확하게 암기했을 때, 20점이 부여되었다.

세 번째 예선전에서는 선수들이 시를 암기해야 했다. 시 한 편을 받고서 암기하도록 요청받았으며, 암기한 시를 마음속에 떠올리면서 원래 작성되었던 대로 처음부터 끝까지 정확하게 기록해야 했다. 각 시행마다 모든 구두점(마침표와 쉼표)과 대문자, 단어 철자까지 정확하게 기록했을 때 점수가 부여되었다.

마지막 네 번째 예선전에서는 선수들이 52장의 트럼프 카드를 신속하게 암기해야 했다. 이제 막 새로 개봉하여 순서를 마구 뒤섞은 52장의 트럼프 카드를 받고서 나열된 순서대로 정확하게 암기하도록 요청받았다. 선수들은 각자 받은 카드를 순서대로 암기한 후 카드의 앞면이 아래로 향하도록 탁자 위에 올려놓았다. 그런 다음 두 번째로 새로 개봉하여 순서를 마구 뒤섞은 카드를 받고서 첫 번째로 받았던 카드와 똑같은 순서로 배열하도록 요청받았다. 이때 두 번째로 받은 카드를 가장 짧은 시간에 완벽하게 배열한 선수가 결국 네 번째 예선전에서 우승했다.

점심시간 후, 오전에 열린 예선전 네 경기에서 가장 높은 점수를 받은 여덟 명의 선수들은 결승전 챔피언십 세 경기에 출전하게 되었다.

첫 번째 챔피언십 경기에서 선수들은 단어 목록을 암기해야 했다. 선수들은 각자 다섯 줄로 이뤄져 있으며 줄 당 20가지 단어로 편성된 단어 목록을 모두 똑같이 받았다. 이 단어 목록은 구상 명사(구체적인 형태를 갖춘 사물을 나타내는 명사)나 추상 명사, 형용사, 동사 등으로 구성된다. 그런 다음 선수들은 이 단어 목록에서 가능하면 많은 단어를 암기해야 했으며 단어를 아예 기억하지 못하거나 부정확하게 기억한 참가 선수 두 명이 처음으로 탈락되었다.

두 번째 챔피언십 경기에서 참가 선수들은 세 명만 살아남을 수 있는 경기에서 생존하고자 경쟁해야 했다. 여섯 명의 선수들은 각자 순서대로 무대에 나와 청중들 앞에서 자신의 이름이나 생년월일, 전화번호, 집주소, 가장 좋아하는 반려동물, 가장 즐기는 취미 세 가지, 가장 좋아하는 자동차, 가장 선호하는 음식 등 개인 정보를 열거하듯이 낭독했다. 몇 분 후, 참가자들은 여섯 명의 선수들이 각자 제공한 개인 정보를 모두 암기하도록 요청받았다. 모든 정보를 완전히 정확하게 기억하고 각자 두 번의 실수만 허용되었다. 세 번째 실수를 범한 참가 선수는 결국 삼진 아웃으로 탈락되었다. 오로지 세 명만 살아남을 때까지 진행되었다.

마지막 세 번째 챔피언십 경기에서 선수들은 52장의 트럼프 카드 꾸러미 두 개를 암기해야 했다. 세 번째 챔피언십 경기는 그날의 결정적인 경기였다. 마지막까지 살아남은 세 명의 선수들은 52장의 트럼프 카드 꾸러미 두 개를 받고서 나열된 순서대로 정확하게 암기하도록 요청받았으며, 첫 번째 트럼프 카드 꾸러미의 맨 첫 번째 카드에서부터 두 번째 트럼프 카드 꾸러미의 맨 마지막 카드까지 순서대로 암기해 나가기 시작했다. 그런 다음 각자 차례대로 잇따라 자신들이 암기한 52장의 트럼프 카드 꾸러미 두 개를 순서대로 식별했다. 이때 실수하는 선수는 결국 탈락했다.

내가 대회에 참석했던 그 해에는 넬슨 델리스Nelson Dellis가 우승했다. 넬슨 델리스는 대회에서 우승한 다음 자신의 저서 《기억하는 방법》을 집필했는데, 이 책을 읽어보기를 추천한다.

기억력 강화에 꼭 필요한 모든 정보

나는 이 책을 집필하면서 내 목적을 성공적으로 달성했기에, 당신은 다음과 같은 정보를 확실하게 알아두어야 한다.

1. 기억력은 정신적인 측면에서 사고나 판단을 정확하고 날카롭게 계속 유지하는 데 매우 중요하다. 내가 이 책에서 기억력을 강화하고 유지하도록 제안한 정보들을 자세히 살펴보고 적극적으로 활용한다면, 알츠하이머병이나 행동변이 전두측두엽 치매와 같은 퇴행성 뇌 질환이 발생할 위험성이 훨씬 더 낮아질 것이다. 실제로 기억력이 제대로 작동하는 사람은 이런 질환이 발생할 가능성을 완전히 배제할 수 있다.
2. 기억력은 인내력과 지구력, 민첩성 등과 같은 신체적 특징과 매우

흡사하다. 이런 신체적 특징과 마찬가지로, 뛰어난 기억력을 위해 반복적으로 계속 훈련해야 한다. 같은 소리로 들리도록 운율을 맞추거나 같은 모습으로 보이는 대상을 설정하거나, 개인적으로 기억 장소를 형성하는 등 내가 제안한 기억술을 선택적으로 활용한다면, 기억력을 지속적으로 훈련하는 방법은 매우 수월하고 심지어 매우 흥미로울 수도 있다.

3. 기억력은 여전히 매우 취약하며, 광고업(역행적인 체제)이나 정치 체제(정치적으로 승인된 용어와 체제를 적용하여 과거 사건이나 상황과 현재 사건이나 상황을 기념하려는 정부의 시도), 현대식 사고방식(현재의 한정적이고 우세한 관점과 사고방식으로만 과거 사건이나 상황을 판단하는 사고방식) 등과 같은 세력에 긍정적인 영향과 부정적인 영향을 모두 받을 수 있다.

이 책에서 기억력을 강화하도록 동기를 부여하는 20가지 제안은 다음과 같다. 다음과 같은 20가지 제안을 가끔 시간이 날 때마다 반복적으로 읽어 보고, 기억력 개념과 기억력 강화 방법을 다시 새로 명확하게 학습하길 바란다. 또한 20가지 제안은 당신이 일화 기억이나 의미 기억, 절차 기억 등 어떤 유형의 기억을 찾아서 살펴볼 것인지를 결정할 때 신속하게 실행할 수 있도록 도와줄 수도 있다.

1. 기억력은 집중력과 주의력을 발휘할 때 자연스럽게 강화된다. 오로지 어떤 대상에 주의력을 기울여 집중할 때만 그 대상을 기억할 가능성이 커진다.

2. 세 가지 주요 요소, 이를테면 집중력과 주의력, 상상력을 발휘해야만 기억력을 명확하게 형성한다.
3. 기억력을 강화하면 결국 노화에 영향을 받지 않는 지력이 확실하게 강화된다.
4. 작업 기억은 가장 중요한 유형의 기억력으로서, 지력과 집중력, 주의력, 성취감 등과 관련되어 있다. 이에 따라 작업 기억 강화 운동을 매일 꾸준히 실행해야 한다.
5. 뇌는 감각 기관에 영향을 미치는 신체적 감각을 초기에 부호화하므로, 특히 감각 기억에 주의를 기울여야 한다. 시각 기억(우리가 보는 광경이나 모습)과 청각 기억(우리가 들은 소리나 울림)은 가장 중요한 유형의 감각 기억이다. 그렇다고 해서 후각 기억과 미각 기억을 소홀하게 여겨서는 안 된다.
6. 기억력은 집중력과 주의력을 최대로 발휘할 때 가장 효과적으로 강화한다. 당신은 하루 중 늦은 밤이나 이른 저녁 시간대에 집중력과 주의력을 최대로 발휘하여 기억력을 가장 효율적으로 강화하는가? 아니면 이른 아침이나 이른 오후 시간대에 집중력과 주의력을 최대로 발휘하는가?
7. 무언가를 기억하려고 노력할 때마다, 어떤 기억 시스템이 활성화되는지를 확인해야 한다. 무언가를 기억하려고 할 때, 필요에 따라 단 몇 초 동안만 즉각적으로 기억할 수 있는 단기 기억 시스템이 활성화되는가, 아니면, 목적에 따라 지속적으로 몇 분이나 몇 시간 동안 기억할 수 있는 작업 기억 시스템이 활성화되는가? 아니면

필요에 따라 어떤 기억 시스템이 활성화되는지를 의식적으로 인식할 수 있는가? 무언가를 기억하려고 할 때는 일화 기억 시스템이나 작업 기억 시스템이 활성화될 수도 있다. 혹시라도 작업 기억 시스템이 활성화된다면, 시각 기억 정보와 공간 기억 정보뿐만 아니라 내적 언어도 동시에 기억할 가능성이 크다. 시각 기억 정보와 공간 기억 정보, 내적 언어는 모두 작업 기억에 저장된다. 당신은 무언가를 기억하려고 할 때, 글이 아니라 말로 표현하기를 거부하는가? 그렇다면 그때는 절차 기억 시스템이나 암묵 기억 시스템이 활성화된다.

8. 심지어 어떤 새로운 자료를 학습한 후에도 이미 학습한 자료를 계속 반복적으로 머릿속에 떠올리면서 기억하려고 노력한다면, 그때는 장기 기억이 강화될 것이다. 또한 이미 학습한 자료를 계속 반복적으로 머릿속에 떠올리면서 상세히 암송한다면, 기억력은 눈에 띄게 더욱더 강화될 것이다.

9. 뇌는 완벽하게 끝마친 작업보다 도중에 중단하거나 아직 완벽하게 끝마치지 못한 작업을 훨씬 더 잘 기억하는 경향이 있다. 따라서 새로운 자료를 학습하여 기억하려고 한다면 학습을 완벽하게 끝마치기 전에 잠깐 휴식을 취하는 방법이 내용을 기억하는 데 가장 좋다. 자료를 학습하다가 일시적으로 주의를 다른 곳으로 돌려 잠깐 휴식을 취한다면, 휴식을 취하지 않고 꾸준히 학습할 때보다 훨씬 더 기억력이 강화되어 내용을 정확히 기억하면서 학습을 성공적으로 마무리 지을 수 있을 것이다.

10. 단어 목록을 학습하는 동안에는 청각적으로 학습할 것인지 아니면 시각적으로 학습할 것인지를 결정해야 한다. 당신은 단어 목록을 들은 후에 다시 반복하기가 더 좋은가, 아니면 단어 목록을 읽은 후에 다시 반복하기가 더 좋은가?
11. 특정한 사실이나 사건, 상황, 이름 등을 기억하는 데 어려움을 겪을 때는 마인드맵을 구성해야 한다.
12. 새로운 자료를 학습할 때는 특히 물리적 환경에 주의를 기울이고, 학습한 자료 내용을 기억할 때는 새로운 자료를 학습할 때 주의를 기울였던 물리적 환경과 똑같은 물리적 환경을 마련할 수 있도록 최대한 노력해야 한다.
13. 일단 새로운 자료를 학습했다면, 학습한 내용이 일상적인 신체적 행동으로 자연스럽게 이어지도록 기억력을 형성해야 한다(절차적 기억력). 기억력을 형성하는 과정을 의식적으로 인식하는 과정으로 전환하여 절차 기억을 형성하는 데 방해되지 않도록 주의를 기울여야 한다.
14. 스트레스를 완화하는 데 가장 좋은 방법은 스트레스로 가득 찬 사건이나 상황을 정신적으로 재구성하는 방식이다. 스트레스로 가득 찬 사건이나 상황을 정신적으로 재구성한다면, 기본적으로 스트레스로 가득 찬 사건이나 상황과 관련된 기억을 다시 형성할 수 있을 것이다.
15. 기억력을 강화하는 데 필요한 도구는 종이나 연필, 스톱워치, 초침 시계, 음성 녹음기 등이다.

16. 휴대전화는 기억력을 강화하는 데 매우 유용한 도구이다. 장황하게 긴 숫자를 무작위로 생성할 때 이용할 수 있다. 휴대전화로 장황하게 긴 숫자를 무작위로 생성한 다음에는 내가 설명한 기억력 강화 방법들을 제대로 활용한다면 긴 숫자를 읽고, 암기한 후, 다시 정확하게 기억해 낼 수 있다. 흥미롭거나 복잡한 환경을 즉시 기억하고 싶을 때는 휴대전화로 사진을 찍으면 된다. 휴대전화는 비언어적인 자료를 기억하는 데에도 확실히 유용하다. 또한 당신은 책이나 신문 기사를 읽을 때 기억하고 싶은 짧은 구절을 받아쓰기하듯이 그대로 옮겨 적기보다 사진을 찍을 수도 있다. 마지막으로, 누군가와 통화할 때는 기억하고 싶은 대화 내용을 녹음하면 된다. 통화를 마친 후에는 기억할 수 있는 모든 내용을 기록한 다음, 휴대전화로 녹음 내용을 귀담아들으면서 놓친 부분을 스스로 파악하고 그에 따른 시각적 이미지를 구성하여 시각적 기억력을 형성한다. 예를 들어, 통화를 한 후 상대방이 체육관에 가자고 말을 깜빡 잊었다면, 상대방이 당신과 통화를 하면서 자전거 핸들에 체육관 이름을 선명하게 새기고 깃털이나 마시멜로로 만든 역기를 들고 있는 모습을 상상한다.
17. 기억하려고 노력하는 대상을 시각화하기 위해서는 그에 따른 배경으로 예술 작품을 활용해도 좋다. 내가 가장 선호하는 예술 작품은 현재 예일대학교 아트 갤러리에 전시되어 있는 1957년 에드워드 호퍼Edward Hopper의 작품인 〈웨스턴 모텔〉이다. 시각화하려는 배경으로 에드워드 호퍼의 작품인 〈웨스턴 모텔〉을 선택했다

면, 창문의 문지방에 있는 기다란 창턱이나 길고 편평한 받침대가 놓여 있는 침대, 편평한 표면을 형성하고 가장 멀리 떨어져 있는 먼 산들 등과 같이 편평한 표면에 수많은 시각적 이미지를 구성하여 시각 기억을 형성할 수 있다. 그야말로 마음의 눈으로 바라볼 수 있을 때까지 작품의 세세한 부분들을 골똘히 살피면서 학습하기 시작한다. 그런 다음에는 눈길을 다른 곳으로 돌린 채 〈웨스턴 모텔〉을 묘사하며 설명해 본다. 이때, 당신은 침대 옆 탁자 위에 아주 작은 시계와 목대를 자유자재로 굽힐 수 있는 거위목 스탠드를 포함했는가? 또한 오른쪽 아래 부분에 있는 의자 위에 옷을 포함했는가? 〈웨스턴 모텔〉을 묘사할 때 이런 모든 세세한 부분들을 시각화하는 것 자체가 기억력을 강화하는 훈련이다. 기억력을 강화하는 데 전념하면서 세세한 모든 부분을 시각화하고자 배경으로 활용했던 호퍼의 작품은 각자 자신만의 방식으로 구성하는 개인적인 기억 극장의 역할을 할 수 있다. 〈웨스턴 모텔〉이 매력적으로 느껴지지 않는다면, 기억 장소를 형성하기에 적합할 정도로 수많은 사물을 포함되어 있는 구상파 작가의 예술작품을 선택하는 것이 가장 좋다.

18. 낮잠을 취하는 방법을 익힌다. 특히, 시험이나 연구 발표를 준비하고자 열심히 공부한 후에는 낮잠 시간을 따로 마련해 두어야 한다. 필요에 따라 기억 정보를 복구하는 능력은 낮잠을 취하는 동안 뇌에서 발생하는 암호화 현상과 기억 강화 현상이 부차적으로 향상될 것이다.

19. 짤막하고 별로 중요하지 않지만 암기하기에 짜증스러울 정도로 귀찮은 용어나 이름, 쉽게 생각해 낼 수 없는 짧은 구절 등을 성공적으로 기억하려면 시각적 이미지를 활용해야 한다. 내 아내 레아가 가장 좋아하는 개 품종은 벨기에에서 유래하였으며 온몸이 검은색 털로 싸여 있는 작은 개 품종인 스키퍼키(Schipperke)이다. 개의 품종이 뭐냐는 질문에 답변하는 데 여러 번 실패한 후, 레아는 개를 데리고 산책할 때 "그 개의 품종이 뭔가요?"라는 간단한 질문에 쉽게 답변할 수 있었다. 나는 작은 돛단배(작은 개)에서 건장한 선장(Skipper, 스키퍼)이 거대한 열쇠(Key, 키)를 들고 있는 시각적 이미지를 형성했다. 기억하기 어렵고 힘든 대상은 습관적으로 매우 야만스럽고 괴상한 시각적 이미지로 전환하거나, 그렇지 않으면 관심을 끄는 시각적 이미지로 전환해야 한다.
20. 기억 극장은 당신이 정기적으로 마주치는 장소를 포함하여 형성해야 한다. 앞에서 언급했던 바와 같이 나는 우리 집에서부터 길을 따라 걸으며 산책하는 동안 도달할 수 있는 장소 몇 군데를 기억 극장으로 형성했다. 또한 나는 내 사무실에서부터 길을 따라 걸으며 산책하는 동안 도달할 수 있는 장소 몇 군데도 기억 극장으로 형성했다. 실제로 기억 극장을 형성할 때는 장소가 두세 군데 이상으로 필요하지 않다. 기억 극장을 형성할 때 가장 중요한 사실은 장소를 자세히 살펴보면서 장소에 따라 시각적 이미지를 선명하게 구성할 수 있어야 한다는 점이다.

당신이 노력한 만큼 당신의 기억력을 매우 강화할 수 있기를 진심으로 바란다. 우선 이 책에서 제안한 기억 강화 원칙과 기억술을 더욱더 빨리 적용할수록, 스스로 설정한 목표를 더더욱 빨리 달성할 수 있을 것이다. 이때 가장 중요한 것은 무엇일까? 그저 상상 속에서 희망만 품고 있는 것이 아니라, 일상적인 활동 속에서 기억력을 강화하는 일이 무엇보다 가장 중요하다.

부록1

용어 사전

감각 기억 한 사람이 무언가를 적극적으로 보거나, 듣거나, 맛보고 있을 때 시각이나 청각, 미각 등 주요 감각을 순간적으로 단 몇 초 동안만 인식하고 기억하는 일시적인 감각적 기억력을 가리킨다.

감정적 유대감 특정한 사건이나 상황에서 감정적으로 강한 연관성을 가진 기억은 더욱 강력하게 부호화되고 가장 쉽게 떠오른다.

기저핵 구조적으로 대뇌 피질 아래에 바닥(기저)을 형성하는 커다란 신경핵의 집합체로서, 근육 운동과 관련하여 산책과 같은 자동적인 신체적 근육 운동을 조절하는 역할을 담당한다. 산책을 한다면 목적지는 대뇌 피질에서 결정하지만, 근육 운동 반응은 주로 기저핵에서 조절한다.

다중 부호화 학습된 기억 정보를 두 가지 이상의 감각(일반적으로 시각과 청각)과 연결하여 복원하는 데 기초가 되는 원칙을 가리킨다. 다중 부호화는 대부분 기억력 시스템을 작동하는 데 가장 중요한 요소이다.

대뇌 피질 대뇌 반구의 가장 바깥층을 감싸고 있으며 신경 세포가 모여 있는 회백질로 이루어진 부분이다. 부위에 따라 기능이 다르며 각각 기억과 집중, 사고, 언어, 각성, 의식 등과 같은 주요 기능을 담당한다. 대뇌 피질은 신체로부터 들어오는 자극을 감각 피질로 입력하고 운동 피질로 출력하여 신체적 움직임을 통제하고, 해마에서 처리된 기억 정보를 저장하며, 전반적으로 뉴런(신경 세포)이 분포되어 있다.

변연계 뇌의 중심부에서 원처럼 도는 회로를 총칭하는 대뇌의 한 부위로서, 대뇌 피질에 둘러싸여 대뇌 피질의 안쪽 아래 깊숙한 곳에 있다. 또한 대뇌 피질과 간뇌 사이의 경계에서 서로 연결된 뇌의 영역들로 구성되어 있다. 모든 감정적인 신호가 강하게 시작되어 감정을 만들어 내는 부위이다. 변연계는 신경 섬유로 서로 연결된 대뇌의 우측 측두엽과 좌측 측두엽, 시상, 시상하부, 대상엽, 해마, 편도체 등을 포함한다.

비서술적 기억(비선언적 기억) 반복적으로 실행하는 기술이나 학습 과정을 의식적으로 생각하지 않고 습관적으로 기억하는 능력을 가리킨다. '말로 설명하지 않고도 인지하고 실행'하는 절차 기억이나 암묵 기억을 포함한다.

상태 의존 기억 무언가를 기억할 가능성은 장소와 시간, 분위기 등과 같은 측면에서 본질적으로 학습한 경험을 맥락에 따라 재현할 때 증가된다.

서술 기억 "당신의 주소는 무엇입니까?"와 같은 질문에 답변하고자 말로 또렷하게 표현할 수 있는 기억력을 가리킨다. 서술 기억은 특정한 사건이나 상황을 명확하게 서술할 수 있는 의미 기억과 일화 기억을 포함한다.

선행성 기억 상실증 새로운 일화 기억이나 새로운 의미 기억을 형성하는 능력을 상실한 증상이다. 오래된 기억은 보존될 수도 있다.

시각 기억 한 사람의 마음속에 시각적 이미지를 깊이 새겨 두거나 기억하는 능력을 가리킨다. 시각 기억은 감각적 이미지의 한 유형이다.

신체적 근육 운동 프로그램 거의 의식적으로 생각하지 않고 자동적으로 실행할 수 있는 일련의 연속적인 신체적 움직임을 가리킨다.

암묵 기억 의식적으로 학습하고 기억하려고 애써 노력하지 않지만, 반복적으로 겪는 경험에 따라 부호화하는 비서술적 기억력의 한 유형이다. 암묵적 기억력은 의식을 수반하지 않기에 절차적 기억력과 밀접하게 연관되어 있다.

연상주의 주로 사건이나 상황, 감정, 개념 등에서 연상되는 연결 고리를 형성하며 기억을 떠올린다는 학설이다. 과거에 두 사람이 같은 상황을 함께 경험했을 때, 함께 겪은 상황을 제대로 기억하는 한 사람은 두 사람이 함께 경험한 상황에서 연상되는 연결 고리를 형성하여 다른 한 사람의 기억을 끌어낸다.

연합피질 대뇌 피질의 영역 가운데 운동 영역이나 감각 영역을 제외한 나머지 영역을 가리킨다. 각각의 운동 영역이나 감각 영역에서 보내는 각종 기억 정보를 통합하는 고도의 정신 활동을 수행한다.

의미 기억 반복적으로 학습되는 일반적인 개념에 따른 기억을 가리킨다. 대부분의 경우에 의미적 기억력은 본래 의식적인 기억에서 비롯되었다고 확신할 수 없다. 미국의 제34대 대통령인 드와이트 아이젠하워 Dwight Eisenhower가 미국의 제35대 대통령인 존 F. 케네디John F. Kennedy의 바로 직전 대통령이었다는 사실은 기억하지만, 그러한 사실을 학습했을 때의 상황은 정확히 기억하지 못한다.

일화 기억 특정한 시간과 장소에서 개인적으로 경험한 사건이나 상황을 기억하는 능력을 가리킨다.

작업 기억 한 사람이 그때 당시에 의도한 바에 따라 마음속으로 여러 가지 다양한 환경을 설정하면서, 작동 상태로 유지되는 단기적 기억력을 재구성하고 조작할 수 있는 정신적 작업 공간을 가리킨다.

지각적 유창성 과거에 경험한 사건이나 상황을 현재도 반복적으로 경험하면서 주위 환경에 점점 더 능숙해지고 친근감을 느끼는 현상을 가리킨다.

청각 기억 한 사람의 마음속에 소리를 깊이 새겨 두거나 기억하는 능력을 가리킨다. 청각 기억은 감각 기억의 한 유형이다.

카그라스 증후군 카그라스 망상이라고도 알려져 있다. 카그라스 증후군 환자는 자신의 친구나 배우자 등 평소에 잘 알고 지내던 주변 사람들에게 친근감을 느끼지 못하고 이상하고 낯선 감정을 느끼는 증상이다. 결과적으로 카그라스 증후군 환자는 자주 마주치는 사람들을 다른 사람인 척 행세하는 '사기꾼'으로 인지하고, 가족처럼 지내는 반려견이 완전히 똑같은 모습으로 분장한 다른 반려견으로 바꿔치기 되었다고 믿을 수도 있다. 카그라스 증후군 환자는 반려견의 모습과 행동이 예전과 똑같지만, 그래도 반려견의 모습과 행동에서 평소와 다르게 뭔가 이상하고 낯선 감정을 느낀다.

편도체 해마가 포함된 측두엽 전방의 피질 내측에 존재하며 작은 구형으로 아몬드 모양의 구조를 이룬다. 활성화되는 편도체는 감정과 관련된 기억을 복구하거나 기억 정보를 포함하는 감정적 요소를 처리하는 데 매우 중요한 역할을 한다. 편도체는 전통적으로 분노나 공포, 불안 등과 같은 부정적인 감정을 처리하는 데 핵심적인 역할을 하며 일반적으로 감정과 관련된 학습이나 기억에 관여하는 핵심적인 부위로 알려져 있다. 또한 편도체는 예를 들어 연속적으로 이어지는 푸른색의 어딘가에서 붉은색이 번쩍이는 현상과 마찬가지로 특히 경험에서 유난히 부각되거나 매우 중요한 감정적인 기억 정보들을 처리하는 데에도 매우 중요한 역할을 한다. 편도체는 바퀴의 테두리처럼 대뇌의 중심부에서 시작하여 대뇌의 한쪽 끝에서 다른 한쪽 끝으로 뻗어나가 원형으로 도는 회로를 일컫는 변연계 회로에 부분적으로 속한다. 그런데 변연계는 대뇌 피질과 간뇌의 중간에 위치해 있고, 대뇌 피질에 둘러싸여 있다. 동기 부여와 기억, 학습, 감정 표현 등과 관련된 기억 정보를 처리하는 데 가장 중요한 역할을 한다. 분노하거나, 속상하거나, 영광스러울 정도로 행복한 감정을 느낄 때는 변연계가 활성화된다.

해마 동물 해마 모양을 닮은 구조물로서, 기억력을 형성하고자 해마의 앞쪽 끝부분에서 맨 처음으로 기억 경로를 따르는 편도체와 상호 작용한다. 해마는 시각이나 청각, 후각, 미각, 촉각 등과 같이 뇌로 입력된 모든 감각의 기억 정보를 저장하고 있다가 대뇌 피질로 전달하는 신경 섬유와 직접적으로 연결되어 있다. 이에 따라 해마는 뇌로 들어온 모든 감각의 기억 정보를 단기간 저장하고 있다가 대뇌 피질로 전송하여 장기 기억으로 저장하거나 삭제하는 이런 모든 감각 기억 시스템을 일화 기억과 장기 기억으로 조정할 것이다. 또한 해마는 변연계의 일부, 주로 편도체와도 연결되어 있다. 주먹을 꼭 쥐어 보면 해마와 편도체를 시각화할 수 있다. 주먹을 꼭 쥘 때는 아래로 길게 늘어뜨린 엄지손가락이 하부 측두엽을 나타낸다. 주먹을 꼭 쥔 상태에서 아래로 길게 늘어뜨린 엄지손가락을 밖으로 향하도록 길게 뻗을 때는 엄지손가락의 끝부분이 자신 쪽을 가리키며, 검지손가락이 손바닥 안쪽으로 둥글게 구부러진 채 검지손가락의 끝부분이 손바닥의 엄지손가락 부위를 향한다. 이때 손바닥 안쪽으로 둥글게 구부러진 검지손가락에서 위쪽 둘레가 해마의 위치이다. 검지손가락의 끝부분이 편도체의 위치로 시각화될 수 있다.

부록2

참고 문헌

논문과 학술 잡지 기사

D. 데니스(D. Dennis)와 A. C. 샤피로(A. C. Shapiro) 등, "암기할 항목을 시각화하는 학습은 수면을 취하거나 깨어 있는 내내 기억력을 성공적으로 강화한다." 학습과 기억력(Learning & Memory) (2020): 451-456.

F. J. 반 샬크비크(F. J. Van Schalkwijk)와 C. 사우터(C. Sauter), K. 회들모세르(K. Hoedlmoser) 등, "충분한 밤잠과 낮잠은 서술 기억과 절차 기억을 강화하는 데 영향을 미친다." J. 수면 연구(J. Sleep Res.) 2019; 28 (1):e12649.

J. L. 옹(J. L. Ong)과 T. Y. 라우(T. Y. Lau), X. K. 리(X. K. Lee) 등, "낮잠은 해마 기능을 회복시키고 서술 학습을 향상시킨다." 수면(Sleep) 2021.

J. N. 코우신스(J. N. Cousins)와 K. F. 웡(K. F. Wong), B. L. 라구나트(B. L. Raghunath) 등, "주입식 학습보다 낮잠이 장기 기억에 유익하다." 수면(Sleep), 2019: 42 (1): zsy207.

O. 라흘(O. Lahl)과 C. 위스펠(C. Wispel), G. 윌로젠스(G. Willogens) 등, "일상생활 가운데 아주 잠깐만 충분한 수면을 취하더라도 서술 기억이 강화된다." J. 수면 연구(J. Sleep Res.) 2008; 17: 3-10.

R. L. F. 렁(R. L. F. Leong)과 N. 유(N. Yu), J. L. Ong(J. L. Ong) 등, "습관적인 낮잠과 습관적이지 않은 낮잠에 따라 기억력이 강화되는 정도가 달라진다." 수면(Sleep) 2021; zsaa 27.

폴 베르헤헨(Paul Verhaeghen), "사람들은 기억력 강화 훈련을 통해 작업 기억을 강화할 수 있다." 미국 심리학회의 실험 심리학 저널(The American Psychological Association's Journal Of Experimental Psychology): 학습과 기억력과 인식(Learning, Memory And Cognition), 제30권 6호; (2004년 11월 4일).

도서

넬슨 델리스 에이브럼스(Nelson Delis Abrams) 지음,《기억하자! 뉴욕: 이미지(Remember It! New York: Image)》, 2018.

론 화이트(Ron White) 지음,《군인의 기억(The Military Memory Man)》, 2009.

마크 A. 글럭(Mark A. Gluck), 에두아르도 마르카도(Eduardo Marcado), 캐서린 E. 마이어스(Catherine E. Myers) 지음,《학습과 기억: 뇌에서 행동까지》, 최준식과 신맹식, 한상훈, 김현택 옮김, 시그마프레스, 2019.

메리 카루더스(Mary Carruthers), 얀 M. 지올코브스키(Jan M. Ziolkowski) 지음, 《중세의 기억술: 글과 사진을 수록한 작품 모음집(The Medieval Craft of Memory: An Anthology of Text and Pictures)》, University Of Pennsylvania Press, 2002.

사이먼 크리츨리(Simon Critchley) 자음, 《기억 극장(Memory Theater)》, Other Press, 2014.

스티브 조르덴스(Steve Joordens) 지음, 《기억력과 인간 수명(Memory and the Human Lifespan)》, The Great Courses

알랭 누(Alain Nu), 《정신 상태(State of Mind)》, C.F.B Productions, 2015.

앤드류 C. 파파니콜라우(Andrew C. Papanicolaou) 지음, 《기억 상실증: 기억 장애의 임상 의학 교과서(The Amnesias: Clinical Textbook of Memory Disorders)》, Oxford University Press, 2006.

앨런 D. 배들리(Allan D. Baddeley) 지음, 《인간 기억의 본질적 요소(Essentials of Human Memory)》, Psychology Press, 2006.

엔델 툴빙(Endel Tolving), 퍼거스 L. M. 크레이크(Fergus L. M. Craik) 지음, 《기억력의 옥스퍼드 핸드북(The Oxford Handbook of Memory)》, Oxford University Press, 2000.

제임스 L. 맥거프(James L. McGaugh) 지음, 《기억력과 감정: 지속적인 기억을 구성하는 주요 요소(Memory and Emotion: The Making of Lasting Memories)》, Columbia University Press, 2003.

조슈아 포어(Joshua Foer) 지음. 《1년 만에 기억력 천재가 된 남자: 전 세계 사람들을 깜짝 놀라게 만든 기억의 위대한 힘》 류현 옮김, 갤리온, 2016.

칼 H. 프리브램(Karl H. Pribram) 지음, 《내부 관점 형성: 나의 관점(The Form Within: My Point of View)》, Prospecta Press, 2013.

키케로(Cicero) 지음, 《헤레니우스를 위한 수사학'(Rhetorica AD Herennium)》, 해리 캐플란(Harry Caplan) 옮김, Harvard University Press, 1954.

프랜시스 A. 예이츠(Frances A. Yates) 지음, 《기억술(The Art of Memory)》, Penguin Books, 1978

해리 로레인(Harry Lorayne)과 제리 루카스(Jerry Lucas) 지음, 《뇌를 웃겨라》, 양영철 옮김, 살림 Life, 2008.

헨리 L. 로디거 3세(Henry L. Roediger III)와 야딘 두다이(Yadin Dudai), 수잔 M. 피츠패트릭(Susan M. Fitzpatrick) 지음, 《기억의 과학: 개념(Science of Memory: Concepts)》, Oxford University Press, 2007..

미국 최고의 신경과학자가 전하는 기억력의 비밀

늙지 않는 뇌

1판 1쇄 2023년 3월 22일
1판 2쇄 2023년 4월 17일

지은이 리처드 레스탁
옮긴이 윤혜영
펴낸이 유경민 노종한
책임편집 장보연
기획편집 유노라이프 박지혜 장보연 **유노북스** 이현정 함초원 **유노책주** 김세민
기획마케팅 1팀 우현권 **2팀** 정세림 유현재 정혜윤 김승혜
디자인 남다희 홍진기
기획관리 차은영
펴낸곳 유노콘텐츠그룹 주식회사
법인등록번호 110111-8138128
주소 서울시 마포구 월드컵로20길 5, 4층
전화 02-323-7763 **팩스** 02-323-7764 **이메일** info@uknowbooks.com

ISBN 979-11-91104-61-5 (03180)

- — 책값은 책 뒤표지에 있습니다.
- — 잘못된 책은 구입한 곳에서 환불 또는 교환하실 수 있습니다.
- — 유노북스, 유노라이프, 유노책주는 유노콘텐츠그룹의 출판 브랜드입니다.